小学科学实验教与学

主　编：王家友　窦玉满
副主编：宗全全
参　编：李志坚　鲍丽芹　孙　楠
　　　　王　雯　曹珏杰　黄　凯

东南大学出版社
SOUTHEAST UNIVERSITY PRESS
·南京·

图书在版编目(CIP)数据

小学科学实验教与学 / 王家友,窦玉满主编. — 南京:东南大学出版社,2024.4
ISBN 978-7-5766-1388-9

Ⅰ.①小… Ⅱ.①王…②窦… Ⅲ.①科学实验-教学研究-小学 Ⅳ.①G623.62

中国国家版本馆 CIP 数据核字(2024)第 076384 号

策划编辑:张丽萍　责任编辑:陈　佳　责任校对:子雪莲　封面设计:毕　真　责任印制:周荣虎

小学科学实验教与学

XIAOXUE KEXUE SHIYAN JIAO YU XUE

| 主　　编：王家友　窦玉满
| 出版发行：东南大学出版社
| 社　　址：南京市四牌楼2号　邮编：210096　电话 025-83793330
| 出版人：白云飞
| 网　　址：http://www.seupress.com
| 经　　销：全国各地新华书店
| 印　　刷：江阴金马印刷有限公司
| 开　　本：787 mm×1092 mm　1/16
| 印　　张：15.75
| 字　　数：383 千
| 版 印 次：2024 年 4 月第 1 版第 1 次印刷
| 书　　号：ISBN 978-7-5766-1388-9
| 定　　价：52.00 元

本社图书若有印装质量问题,请直接与营销部调换。电话(传真):025-83791830

前　言

当前,国际环境正面临百年未有之大变局。在如此复杂多变的国际背景下,国家的综合竞争力决定着一个国家、一个民族的兴衰存亡。在国家综合竞争力中科技创新是关键因素之一。同时,科学技术本身的日新月异对人类和社会发展具有巨大、深刻的影响。由此可见,提升国民的科学文化素养和创新能力具有重要和迫切的现实意义。习近平总书记在2023年2月21日中共中央政治局就加强基础研究进行第三次集体学习时提出:"要在教育'双减'中做好科学教育加法,激发青少年好奇心、想象力、探求欲,培育具备科学家潜质、愿意献身科学研究事业的青少年群体。"党中央、国务院十分重视科技教育,先后出台了若干关于加强科学教育的相关文件,如《教育部关于加强和改进中小学实验教学的意见》(教基〔2019〕16号),该文件明确指出,实验教学是国家课程方案和课程标准规定的重要教学内容,是培养创新人才的重要途径。又如教育部等十八个部门联合印发了《关于加强新时代中小学科学教育工作的意见》,要求按照中央"双减"工作部署,聚焦立德树人根本任务,完善课程体系,修订科学教材,推进学科建设,开展科学研究,调动社会力量,推动中小学科学教育学校主阵地与社会大课堂有机衔接,提高学生科学素质,培育具备科学家潜质、愿意献身科学研究事业的青少年群体,培养社会主义建设者和接班人。

在此背景之下,反观我国目前科学教育教学队伍的现状,特别是小学科学教育教师队伍,形势不容乐观。全国范围内,师范院校的小学科学教育专业开设率很低,小学科学专职教师队伍人员数量严重不足,兼职现象普遍存在,教学质量亟待提升。这样的教学现状与国家对科技教育的高度重视形成极大反差。提高小学科学教师队伍的专业素养和教学水平迫在眉睫。为此,我们组织了教学一线的骨干教师,从一线教学的角度出发,编写了《小学科学实验教与学》。通过本书的编写,期待给从事科学教育的老师和关心科学教育的人士提供借鉴。

在进行本书编写的前期,我们就在思考两个问题。第一个问题,这本书适合谁读?第二个问题,通过阅读,他们能收获些什么?

首先，我们觉得这本书的读者应该主要指向三类人。第一类应该是在职科学教师，特别是刚入职乃至工作1~5年的年轻教师。他们刚走上工作岗位，要快速高效地将学校所学与一线教学进行融合，要重点关注小学科学中的实验教与学。因为在小学科学教育教学中，实验教学所占比例及其地位都很高。第二类应该是大学生。在大学就读的师范生，他们要提前了解小学科学教育教学的相关理论和一些常用的具体知识和技能。第三类可以是小学生。本书在编写过程中，用专门的篇幅介绍了一些领域中重要实验的具体做法，还在相对固定的教学内容之外，适当拓展了课外的相关实验，还专门设置一个章节对创意实验进行了简单介绍，以期激发孩子们学习科学的热情与兴趣。

其次，通过阅读，期待读者能收获些什么？我们想，不管是大学生还是在职的科学老师对于小学科学教育教学，首先要了解以下问题：小学生学习科学的主要特点是什么？科学是什么？科学教育是什么？科学教育发展的历史大概经历了哪些阶段？在这些阶段有哪些主要的流派？各个流派的主要观念是什么？背后的理论是什么？在明确这些问题的答案后，教师然后才能聚焦实验教学。我们重点对实验教学进行具体阐述，对各个领域中的重要实验进行了具体描述。这里需要说明的是《义务教育科学课程标准（2022年版）》（以下统一简称《科学课程标准（2022年版）》）中教学内容的阐述已淡化了四大领域，而采用了核心概念加跨学科概念的形式展开，其目的是更好地突出科学课程的整体性和综合性，更好地培养学生的科学素养和探究能力，让他们能够更好地理解和应用科学知识。对此，我们十分赞同。同时，我们考虑为了便于一线教师更方便地查阅，便于编写者更方便地进行编写，我们仍然围绕传统的四大领域展开。当然，在具体展开过程中，我们遵循了新课程标准的内容板块的相关要求。为此，本书的内容聚焦以下几个板块：

第一板块简要介绍科学、科学教育、儿童、小学科学教育的发展史以及主要流派。

第二板块简要介绍实验教学的相关理论。

第三板块涉及通用技术方面的一些内容，这部分内容也包含了目前所出现的一些新技术、新手段。

第四板块分别对物质领域、生命领域、地球与宇宙领域以及技术工程与社会这四个领域的重点实验及其拓展实验进行了具体的举例说明，同时还针对创意实验进行了一些尝试。

第五板块涉及实验室的建设与管理问题。比如实验室建设与管理中的新趋势、新要求、新特征以及建设与管理过程中需要的一些表格、台账资料等。

本书的编写得到了我们一线科学老师的大力支持，他们不仅各自承担起不同板块的编写任务，同时还对本书的整体架构和编写体例贡献了自己的智慧。对于他们的辛勤付出，在此表示深深的谢意。

本书在编写过程中得到了淮安市教育技术装备部门的指导和帮助，还得到了原江苏省教研室科学教研员卢新祁先生的指导。江苏省小学科学特级教师周振宇先生对本书的编写提出了诸多宝贵的建议。在此,向关心、支持本书编写的领导和专家表示衷心的感谢!

当然,本书在编写过程中因受到诸多因素的影响及本人水平的限制,肯定还存在不少值得商榷之处,敬请各位小学科学教育同仁及读者朋友们批评指正,以便于我们更好地改进,为提高孩子们的科学素养贡献我们的微薄之力。

王家友

2023.12

目 录

第一章 儿童、科学和科学教育 ········· 001
  第一节 什么是科学 ········· 001
    一、"科学"的演变 ········· 001
    二、儿童的科学与科学家的科学 ········· 002
    三、教育工作者的科学 ········· 003
  第二节 儿童和科学 ········· 004
    一、儿童眼中的科学 ········· 004
    二、儿童眼中的科学家 ········· 004
    三、儿童为什么喜欢科学 ········· 005
    四、通过科学儿童能学到什么 ········· 006
    五、儿童享有什么样的科学教育 ········· 007
    六、儿童通过理解学习科学 ········· 008
    七、教师通过探究教科学 ········· 009
  第二节 小学科学教育的发展历程 ········· 010
    一、国际上科学教育的发展历程 ········· 011
    二、基于标准的美国的科学课程改革 ········· 012
    三、我国的小学科学课程改革 ········· 012
    四、2022年版义务教育科学课程方案及课程标准要义 ········· 014
    五、科学课程发展的新方向 ········· 016

第二章 小学科学实验教学 ········· 019
  第一节 小学科学实验教学概述 ········· 020
    一、小学科学实验概述 ········· 020

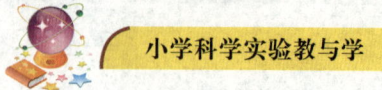

　　二、小学科学实验教学概述 ·················· 022

第二节　小学科学实验教学方法与教育价值 ·················· 023
　　一、小学科学实验教学方法与教学范式 ·················· 023
　　二、小学科学实验教育价值 ·················· 031

第三节　小学科学实验教学设计 ·················· 040
　　一、小学科学实验教学目标设计 ·················· 040
　　二、小学科学实验教学器材设计 ·················· 042
　　三、小学科学实验教学过程设计 ·················· 043
　　四、小学科学实验教学评价设计 ·················· 046

第三章　小学科学实验通用器材的使用 ·················· 049
　　一、常见的测量类实验器材的使用 ·················· 049
　　二、常见的加热类实验器材的使用 ·················· 055
　　三、常见的实验器材加工技术 ·················· 058
　　四、基于信息化的实验器材使用方法 ·················· 060

第四章　物质科学领域 ·················· 065

第一节　物质科学领域概念概述 ·················· 065
　　一、物质的结构与性质 ·················· 065
　　二、物质的变化与化学反应 ·················· 065
　　三、物质的运动与相互作用 ·················· 066
　　四、能的转化与能量守恒 ·················· 066

第二节　物质的结构与性质相关实验 ·················· 067
　　1. 空气占据空间 ·················· 067
　　2. 空气能被压缩且具有弹性 ·················· 068
　　3. 观察热空气上升现象 ·················· 068
　　4. 观察空气的热胀冷缩现象 ·················· 069
　　5. 观察水的热胀冷缩现象 ·················· 070
　　6. 观察金属的热胀冷缩现象 ·················· 070
　　7. 探究常见材料在水中的沉浮 ·················· 071
　　8. 了解净化水的方法 ·················· 072
　　9. 制取氧气并检验 ·················· 073
　　10. 制取二氧化碳并检验 ·················· 073
　　11. 利用简单电路判断物体的导电性 ·················· 074

第三节　物质的变化与化学反应相关实验 ·················· 075
　　1. 水中可以溶解一些物质 ·················· 075

2. 探究影响物质溶解快慢的因素 ……………………………………………… 076
　　3. 观察水的蒸发和水蒸气凝结现象 …………………………………………… 076
　　4. 水沸腾和结冰现象 …………………………………………………………… 077
　　5. 观察产生新物质的变化 ……………………………………………………… 078
　第四节　物质的运动与相互作用相关实验 ………………………………………… 079
　　1. 认识摩擦力 …………………………………………………………………… 079
　　2. 认识弹力 ……………………………………………………………………… 080
　　3. 研究拉力大小与改变小车运动快慢的关系 ………………………………… 081
　　4. 探究光在均匀介质中沿直线传播的现象 …………………………………… 082
　　5. 探究影子形成的秘密 ………………………………………………………… 082
　　6. 认识光反射现象 ……………………………………………………………… 083
　　7. 观察光通过三棱镜的色散现象 ……………………………………………… 084
　　8. 认识透镜 ……………………………………………………………………… 084
　　9. 声音是怎样产生的 …………………………………………………………… 085
　　10. 声音是怎样传播的 ………………………………………………………… 086
　　11. 探究声音高低、强弱变化的原因 ………………………………………… 087
　　12. 连接简单电路 ……………………………………………………………… 088
　　13. 探究磁铁的磁极与磁极间的相互作用 …………………………………… 089
　　14. 制作简易指南针 …………………………………………………………… 090
　第五节　能的转化与能量守恒相关实验 …………………………………………… 090
　　1. 观察热传导现象 ……………………………………………………………… 090
　　2. 观察热对流现象 ……………………………………………………………… 091
　　3. 认识热辐射现象 ……………………………………………………………… 092
　　4. 制作简易电磁铁 ……………………………………………………………… 093
　　5. 认识杠杆 ……………………………………………………………………… 094
　　6. 认识轮轴 ……………………………………………………………………… 094
　　7. 认识斜面 ……………………………………………………………………… 095
　　8. 认识滑轮和滑轮组 …………………………………………………………… 096
　　9. 认识摆 ………………………………………………………………………… 097
　第六节　案例分析 …………………………………………………………………… 098
　　1.《光的反射现象》教学设计 ………………………………………………… 098
　　2.《光是怎样传播的》教学设计 ……………………………………………… 100

第五章　生命科学领域 …………………………………………………………………… 103
　第一节　生命科学领域概念概述 …………………………………………………… 103
　　一、生命系统的构成层次 ……………………………………………………… 103

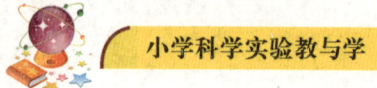

  二、生物体的稳态与调节 ……………………………………………………… 103
  三、生物与环境的相互关系 …………………………………………………… 104
  四、生命的延续与进化 ………………………………………………………… 104
 第二节 生命系统的构成层次相关实验 ………………………………………… 104
  1. 观察种子 ……………………………………………………………………… 104
  2. 观察根 ………………………………………………………………………… 105
  3. 观察茎 ………………………………………………………………………… 106
  4. 观察叶 ………………………………………………………………………… 107
  5. 观察花 ………………………………………………………………………… 108
  6. 观察果实 ……………………………………………………………………… 109
  7. 观察卵 ………………………………………………………………………… 110
  8. 观察鱼 ………………………………………………………………………… 111
  9. 制作一个生态瓶 ……………………………………………………………… 112
  10. 测量肺活量 ………………………………………………………………… 112
  11. 模拟心脏跳动和血液循环 ………………………………………………… 113
  12. 测量心跳和脉搏 …………………………………………………………… 114
  13. 观察洋葱表皮细胞 ………………………………………………………… 115
 第三节 生物体的稳态与调节相关实验 ………………………………………… 116
  1. 种子萌发的外界条件 ………………………………………………………… 116
  2. 根的吸水作用 ………………………………………………………………… 117
  3. 茎的运输作用 ………………………………………………………………… 118
  4. 叶的光合作用 ………………………………………………………………… 119
  5. 叶的蒸腾作用 ………………………………………………………………… 120
  6. 模拟人的呼吸 ………………………………………………………………… 120
  7. 比较人体吸入和呼出的气体 ………………………………………………… 121
  8. 检测食物中的淀粉 …………………………………………………………… 122
  9. 检测食物中的蛋白质 ………………………………………………………… 123
  10. 检测食物中的脂肪 ………………………………………………………… 124
  11. 食物在口腔里的变化 ……………………………………………………… 125
 第四节 生物与环境的相互关系相关实验 ……………………………………… 126
  1. 根具有向地性 ………………………………………………………………… 126
  2. 根具有向水性 ………………………………………………………………… 127
  3. 植物的向光性 ………………………………………………………………… 127
  4. 蚯蚓对光照和湿度的选择 …………………………………………………… 128
 第五节 生命的延续与进化相关实验 …………………………………………… 129
  1. 种一株植物 …………………………………………………………………… 129

  2. 饲养蚕 ·· 131
 第六节 案例分析 ··· 132
  1.《观察叶》教学设计 ··· 132
  2.《感受我们的呼吸》教学设计 ···································· 134

第六章 宇宙与地球领域 ··· 136
 第一节 宇宙与地球领域概念概述 ·· 136
  一、宇宙中的地球 ·· 136
  二、地球系统 ··· 137
 第二节 宇宙中的地球相关实验 ··· 137
  1. 制作一个简单的地球模型 ··· 137
  2. 昼夜交替现象模拟实验 ·· 138
  3. 谁先迎来黎明模拟实验 ·· 139
  4. 制作简易圭表来观察日影的四季变化 ························· 140
  5. 地球的公转与四季变化 ·· 142
  6. 建立行星的位置关系模型 ··· 143
  7. 日食 ··· 144
  8. 建一个星座模型 ··· 146
  9. 建立银河系模型 ··· 147
 第三节 地球系统相关实验 ·· 148
  1. 风的模拟实验 ·· 148
  2. 制作一个简易的日晷 ·· 149
  3. 认识几种常见的岩石 ·· 150
  4. 制作岩石和矿物标本 ·· 151
  5. 比较岩石、沙和黏土 ·· 152
  6. 观察土壤 ··· 153
  7. 比较不同的土壤 ··· 155
  8. 地震成因模拟实验 ·· 156
  9. 火山喷发模拟实验 ·· 157
  10. 模拟风卷起的沙子对岩石的影响 ····························· 159
  11. 降雨给土地带来的变化 ·· 159
 第四节 案例分析 ·· 160
  1.《日食》教学设计 ·· 160
  2.《风的作用》教学设计 ··· 163

第七章 技术工程与社会 ·········· 166

第一节 技术工程与社会概念概述 ·········· 166
一、工程设计 ·········· 166
二、工程物化 ·········· 167

第二节 工程设计与物化有关实验 ·········· 167
1. 做一顶帽子 ·········· 167
2. 制作一个小温室 ·········· 169
3. 制作一个过山车 ·········· 170
4. 模拟安装房间照明电路 ·········· 172
5. 设计制作一个降落伞 ·········· 173
6. 设计制作小车 ·········· 174
7. 用浮的材料造船 ·········· 176
8. 用沉的材料造船 ·········· 177
9. 设计制作一个生态瓶 ·········· 178
10. 制作一个潜望镜 ·········· 180
11. 重现"造纸术" ·········· 181
12. 制作一个保温杯套 ·········· 182
13. 搭建塔台模型 ·········· 183

第三节 案例分析 ·········· 185
1.《小小工程师——"塔台模型"》教学设计 ·········· 185
2.《"降落伞"实验》教学设计 ·········· 188

第八章 小学科学实验室建设与管理 ·········· 192

第一节 小学科学实验室建设 ·········· 192
一、实验室通用要求 ·········· 192
二、实验室专用要求 ·········· 193
三、科学实验室仪器配备 ·········· 195
四、科学实验室设备配置 ·········· 197
五、科学实验室文化建设 ·········· 197
六、科学综合探究室的建设微探 ·········· 198

第二节 小学科学实验室管理 ·········· 200
一、实验室组织管理与队伍建设 ·········· 200
二、实验室仪器设备管理 ·········· 201
三、实验室账册管理 ·········· 202
四、实验室制度管理 ·········· 205
五、实验教学的管理 ·········· 208

六、科学实验室的使用 ……………………………………………………… 210

第九章　学生科学创意实验 …………………………………………………… 212
1. 巧做蛇形摆 …………………………………………………………………… 212
2. 一起来做吸尘器 ……………………………………………………………… 213
3. 小小杆秤最公平 ……………………………………………………………… 214
4. 神秘空间——无限观赏盒 …………………………………………………… 215
5. 模拟霜的形成 ………………………………………………………………… 216
6. 自制酸奶 ……………………………………………………………………… 217
7. 神奇的紫甘蓝 ………………………………………………………………… 218
8. 检验饮料色素 ………………………………………………………………… 219
9. 植物拓染 ……………………………………………………………………… 220
10. 无字密信 …………………………………………………………………… 221
11. 小小气象站 ………………………………………………………………… 223
12. 热风轮 ……………………………………………………………………… 225
13. 日晷、太阳高度 …………………………………………………………… 226
14. 自制经纬仪 ………………………………………………………………… 228
15. 模拟雨 ……………………………………………………………………… 229
16. 木工小匠制作粉笔盒 ……………………………………………………… 230
17. 花朵小夜灯 ………………………………………………………………… 232
18. 迷你扫地机器人 …………………………………………………………… 233
19. 自制弹簧测力计 …………………………………………………………… 234
20. 水位报警器 ………………………………………………………………… 236

第一章
儿童、科学和科学教育

在国家综合竞争力中科技创新是关键因素之一。提升国民的科学文化素养和创新能力具有重要和迫切的现实意义。在此背景下,科学教育的重要性日益彰显。而儿童期是培养年轻一代科学素养的重要时期,儿童科学教育作为科学教育的基础组成部分,其重要意义不言而喻。

第一节 什么是科学

科学如此重要,不禁要问一个本源性的问题:什么是科学?想回答这个问题,难度很大,历史上不少哲学家和科学家曾试图给科学下一个定义,可都不是很成功。他们对科学的解释很难获得大多数人的认同。我们只能对科学进行一个历史的检索,便于读者对科学有个多视角的、简略的认识。

一、"科学"的演变

"科学"一词最初由近代日本学界用于对译英文中的"Science"及欧洲其他语言中的相应词汇。"科学"一词来自拉丁文,意指求知,就此而言指的是了解自然物理的环境和现象。欧洲语言中该词来源于拉丁文"Scientia",意为"知识""学问"。仅在一个世纪前,"科学"一词指的是系统的探究,在日语、法语和泰米尔语中,"科学"一词也是这个意思。德语中的"科学"一词指的是探究外部世界。尼采认为,科学是一种社会的、历史的和文化的人类活动,它是在发明而不是在发现不变的自然规律。达尔文也曾给科学下过一个定义:"科学就是整理事实,从中发现规律,做出结论。"达尔文的定义指出了科学的内涵,即事实与规律。科学要发现人所未知的事实,并以此为依据,实事求是,而不是脱离现实的纯思维的空想。

法国的《百科全书》这样定义:"科学首先不同于常识,科学通过分类,以寻求事物之中的条理。此外,科学通过揭示支配事物的规律,以求说明事物。"

苏联的《大百科全书》这样定义:"科学是人类活动的一个范畴,它的职能是总结关于客观世界的知识,并使之系统化。'科学'这个概念本身不仅包括获得新知识的活动,而且还包括这个活动的结果。"

近代的科学,旨在理性、客观的前提下,用知识(理论)与实验完整地证明出的真理。它是指以培根倡导的实证主义、伽利略为实践先驱的实验方法为基础,以获取关于世界的系统知识的研究。它分为以自然现象为对象的自然科学和以社会现象为对象的社会科学,与艺术、哲学、宗教、文学等相区别。现代科学还包括以人类思维存在为对象的思维科学。

甲午海战以后,中国掀起了学习近代西方科技的高潮。许多人认为,中国最早使用"科学"一词的学者大概是康有为。他出版的《日本书目志》中就列举了《科学入门》《科学之原理》等书目。辛亥革命时期,中国人使用"科学"一词的频率逐渐增多,出现了"科学"与"格致"两词并存的局面。在中华民国时期,通过中国科学社的科学传播活动,"科学"一词才取代"格致"。

据《说文解字》记载:科,会意字,"从禾从斗,斗者量也",故"科学"一词乃取"测量之学问"之义。从唐朝到近代以前,"科学"作为"科举之学"的略语,"科学"一词虽在汉语典籍中偶有出现,但大多指"科举之学"。最早使用"科学"一词之人可溯及唐末的罗衮。我国的教科书上一般将科学分为自然科学(或称为理科)和社会科学(或称为文科),而诸如心理学、哲学(有别于科学)在中国与自然科学、社会科学等概念被认为存在划分不清、界限模糊的情况,因而"科学"一词常被模糊地使用。工程学科称为工科,理科和工科合称理工科,而文科和理科又合称文理科。从准确、可验证性并能达到普遍公认的角度讲,"科学"一词指自然科学。广义的科学包含了自然科学、社会科学和思维科学三大类。

根据《现代汉语词典》(中国社会科学院语言研究所词典编辑室,1978年),"科学"被解释为:反映自然、社会、思维等的客观规律的分科的知识体系;合乎科学(精神、方法等)的。

《辞海》1979年版:"科学是关于自然界、社会和思维的知识体系,它是适应人们生产斗争和阶级斗争的需要而产生和发展的,它是人们实践经验的结晶。"

《辞海》1999年版:"科学是运用范畴、定理、定律等思维形式反映现实世界各种现象的本质的规律的知识体系。"

二、儿童的科学与科学家的科学

科学家的科学是作出解释和形成理论,而儿童的方法是使用观察。当儿童尝试解释周围世界的时候,是依据个体的经验。他们用已有的知识以及自己的语言来解释。如果儿童的看法是基于有价值的证据,那么这些看法就是科学的。但是有些内容往往很难直接观察得到。科学家总是从观察中寻求客观的解释,儿童则倾向于从观察结果中自己作出解释。

关于儿童的科学的思考有以下特点。第一，儿童倾向持有以自我为中心或以人为中心的观点。第二，他们的观点是基于日常的经验和通常的使用语言。第三，儿童对具体的解释比内在的理论更感兴趣。第四，他们赋予无生命的物体以人类或其他动物的特征。第五，儿童认为他们看不到的东西就不存在。我们可以看出作为一种求知的方式，儿童的科学在对日常发生的现象作出解释方面是很有效的。

总而言之，儿童像科学家一样，用证据支持他们的观点，但是儿童是凭借自己缺乏指导的感官能力，对发生的日常现象，建构自己对科学的认识。成年的科学工作者使用诸如电子显微镜、电子探测器、计算机等先进的技术设备，利用实验室等为科学研究而专门提供的环境，他们的科学更为系统和客观。

三、教育工作者的科学

科学教育工作者对于科学的本质的认识直接影响着提升学生科学素养这一核心目标。通过对科学本质大概念的相关研究可以发现，现阶段大多数研究主要从三个方面确立科学本质的了解，即科学知识的本质、科学探究的本质和科学事业的本质。《以大概念进行科学教学》一书共凝练了四个关于科学本质的大概念。

1. 对科学整体的理解

我们所生活的世界是可以被认识的，科学的主要目标是解释自然世界和物质世界中存在的与所发生的各种现象。人们在解释现象的过程中逐步获得了经验证据，并以此阐明了科学知识，积累了科学研究方法，并将科学知识运用于生产生活中，带来了诸多便利。科学不仅仅是一种知识体系，也是产生知识的过程系统，即科学认识论，同时在此过程中需要人类的想象和创造。

2. 对科学知识的理解

科学知识的产生要基于证据，且需要随着新证据的发现而不断修正。科学知识与结论的产生是基于经验与证据的，科学知识具有一定的确定性。因为经过了严格的论证，在一定时间里它可以保持不变。但科学知识不是绝对真理，是可以改变的。随着时间的推移，新的证据有可能会出现，科学知识要与之相适应，必须发生改变和调整。

3. 对科学探究与实践的理解

科学探究是科学研究的基本方式，其方法和程序是多种多样的。科学研究始于科学问题的提出，研究过程包含提出问题和解决问题。科学研究过程需要人类的想象力和创造力。科学研究方法是多种多样的，应根据具体研究选择合适的方法。科学受科学家文化背景信仰和看待事物方式的影响，具有一定的主观性。

4. 对科学事业的理解

科学是人类共同的事业，应用科学、工程和技术能造福人类社会，但有时也会产生危害。科学家的工作和研究过程应该是别人可以重复的。科学应受社会伦理道德的约束，要遵守道德规范。科学应促进社会的发展。科学总体上给人类带来了赋值，但也会产生不良后果，不同文化背景与行业的人都能对科学有贡献。科学家应公开自己的成果，让别

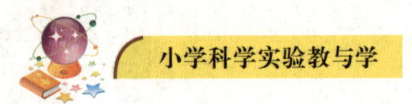

人来评判和学习。科学家的工作必须正确记录,并经过科学共同语的确认。

第二节 儿童和科学

儿童这一群体鉴于自身的认知特点,对科学有自己独特的理解。儿童眼中的科学是具体的、丰富的,但同时也是零散的。当然,随着年龄的增长,他们对科学的认识会越来越全面、越来越合理。

一、儿童眼中的科学

儿童会用自己的特长来描述他们眼中的科学,比如有些儿童喜欢用语言来描述,有些儿童喜欢用图画来描述,有些儿童在用语言描述的同时加入自己的肢体动作。他们对什么是科学这一问题的答案主要集中在以下方面:

科学就是做实验;

科学可以帮助我们解释很多现象;

科学就是发现问题、提出猜想、进行实验观察;

科学就是发明创造;

科学就是科学家在做实验;

科学就是研究宇宙飞船;

科学就是能让我们看到未来;

科学要进行观察,观察很重要;

科学就是研究;

通过学习,我们可以获得很多科学知识;

生活中处处有科学,科学可以使我们的生活更方便;

科学包含物理、化学、地球与宇宙、外太空……

从这些充满童趣的回答中不难看出儿童对科学的理解是丰富的,他们往往将科学与具体的现象、具体的人和物、具体的事情联系在一起。跳出儿童作为个体模式的回答,分析儿童作为群体的回答,儿童遵循了自身的认知特点,将科学本质这一重要概念同自身的实际经验相结合,对科学本质这一问题进行适当分解。他们的理解涉及科学是一种解释;科学是很多知识;科学涉及科学家在做实验;科学涉及高科技产品;科学能帮助我们解决问题;科学能帮助我们改善生活;科学需要做实验;科学需要严谨的态度;科学研究是一个很严密的过程……

二、儿童眼中的科学家

当你想到科学家最先进入你脑海的是什么形象呢?我们可以组织一个画科学家的测试,该测试让儿童画出当他们想到科学家时进入头脑的第一个画面。许多孩子描绘了这么一个画面：一个着装白色大衣并被他职业的东西（如试管、烧瓶、酒精灯、电器等）所包围的男性，通常较少的孩子会画女性科学家。通过对儿童眼中的科学家形象开展研究，发现随着儿童就读年级的逐渐升高，他们对科学家形象的刻画越来越板。这种模式化的科学家形象是通常在漫画书、电视节目或电影中看到的卡通形象。模式化的形象可能包含了一些真相，因为人们以此来描述科学家。

三、儿童为什么喜欢科学

儿童自诞生以来，就用他们自己独特的方式来探究这个世界，他们通过视力和听力还不太发达的眼睛和耳朵进行观察，他们通过自己的小手和小嘴进行表达，他们通过自己牙牙的语言与人交流。儿童是与生俱来的探究者。儿童是天生的科学家。儿童为什么喜欢科学？原因有以下几种。

1. 科学能解决儿童感兴趣的问题

儿童和成人在探究自然世界方面都有天生的兴趣。在科学学习中，儿童学习自然知识，提高解决问题的能力，因此科学为满足儿童与生俱来的好奇心提供了机会。儿童想知道许多事情，科学为找到这些问题的答案提供了一条线索。提出问题有利于培养儿童的观察力，使他们更好地理解周围的环境。

但儿童往往不能做出很好的口头表达。教师可以引导儿童观察物体、操作物体，观察他们操作后得到的结果。儿童在观察操作过程中要与教师或同学进行交流，这样儿童可以学到关于周围世界的很多知识。

2. 科学能培养儿童的科学素质

儿童应该学习科学的另外一个原因是要培养他们的科学素质。作为一名教师，必须使儿童为适应不断变化的世界做好准备，科学和技术的进步已经戏剧性地改变了我们对宇宙的理解，几乎每天都有新产品和新程序被发明或发现，它们为人类带来巨大利益的同时，也带来了新的社会需求和问题与争论，比如健康和老龄化、生物技术能源的利用、自然资源的保护。21世纪需要更多在科学、卫生保健等方面受过特殊训练的人才。所有学生都必须具有科学素养，才能够在认识问题、作出解答等方面发挥积极的作用。

3. 科学能与其他学科联系起来

科学对于儿童来说是极为有趣的，能充分激发儿童学习动机，特别是活动型的与日常生活相关联的科学活动，因此将科学与其他学科相联系，极大地丰富了课程内容。比如科学可以发展学生的语言技能。阅读科学家的传记，可以得到很多灵感。关于特定主题如磁铁、天气、简单机械的工作原理等科普书籍，既有趣又有很大的信息量，也很有意义。科学写作能提炼研究程序，整理探究步骤，每个步骤都能有效提高探究能力和写作能力。坚持记科学日志、记录数据、绘制图标，也将科学与写作联系在一起。学习科学时，儿童可以运用他们的数学能力，如测量技术与估算，把数据整理成表格，科学也可以与社会、美术、英语及其他学科紧密结合。

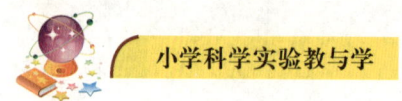

四、通过科学儿童能学到什么

科学课上孩子们学什么？主要有四个领域的内容：科学探究、科学知识、科学思维以及科学态度和价值观。

1. 科学探究

人类从一出生就尝试理解周围世界。儿童和成人通过收集、组织和解释信息，了解周围的世界，史前的人们就利用尝试对错和反馈信息解决问题。近几个世纪问题解决的方法经过提炼成为科学探究的策略，科学探究在科学学科里得到了发展和应用，并在解决家庭、工作、社区及事件的许多问题中起了积极作用，完整的探究过程包括提出问题、研究问题、回答问题、发表结论并与他人交流。

2. 科学知识

科学知识是人类建构起来的，可以用来描述预测和解释各种自然现象。科学知识经过科学家的研究，已经积累了数个世纪。在教科学时将科学知识分为两类有利于理解，一类是事实性知识，另一类是概念性知识。

（1）事实性知识。事实是对可观察到的物体和事件的客观陈述，科学事实不是对随意的现象进行单纯的描述，而是根据已有的知识和假设，判断哪些事实有价值，哪些事实没有价值，然后进行选择性的收集。

（2）概念性知识。事实性知识来自感官世界，概念性知识却来自人们的感觉经验中形成的观点。有三种主要的概念性知识。一是概念。概念通常来自经验，人们在已有经验基础上将新的经验进行组织，形成一定的观点。概念是将许多观察到的事物现象进行分类，形成较小的几种类型，这样能使人们对世界的理解更清晰更简洁。二是原理。原理是对概念间关系的概括，原理是通过观察和研究部分事件和情况，概括出一般性的结论，用来解释其他相似的事件或情况。三是理论。儿童和科学家都有认知世界的理论，科学理论是用来解释事实、概念、原理、假说等的系统结论。由于科学具有动态的本质，应当把理论看作是最好的猜想，是对事物结构或发展规律的解释性提议。

3. 科学思维

通过科学学习，儿童可以掌握分析与综合、比较与分类、抽象与概括、归纳与演绎、联想与想象、重组思维、发散思维、突破定式等基本的思维方法及其在科学领域的具体应用，他们能基于经验、事实抽象概括出理想模型。通过学习，培养儿童具有初步的模型理解和模型建构能力，能合理分析与综合判断各种信息、事实和证据，能运用证据与推理对研究的问题进行描述、解释和预测。通过学习，培养儿童具有初步的推理与论证能力，能对不同观点、结论和方案进行质疑、批判、检验和修正，进而提出创造性见解和方案，从而具有初步的创新思维能力。

4. 科学态度和价值观

科学及其运用是社会性的活动，从中反映了人的态度和价值观。儿童在科学探究中有许多重要的态度价值观和思维习惯要学习，并且表现出以下态度价值观和思维习惯。

（1）充满好奇心。儿童特别热衷于发现世界。培养和维持儿童对自然界的好奇心，必要时重新点燃他们的好奇心，在科学教育中至关重要。教师应当时刻将课堂中的科学学习与相关环境和现实世界的问题联系起来，揭示科学家和科学的人文层面，把科学与人文、艺术、文学、数学以及社会主题联系起来，以自己的好奇心和情绪为学生树立榜样。正如一条古老的谚语所说：如果你想点燃别人，你自己必须能够发光发热。

（2）尊重证据。科学家坚持以证据来支持他们的结论和主张，尊重证据就意味着当事实发生变化时要尊重事实，并对他们的观点进行严格的检验，在教学中应经常提问学生，你为什么这么想？你的证据是什么？让学生养成问自己问题的习惯。

（3）要有怀疑精神。科学家必须对自己及他人的研究结论保持怀疑的态度。当有证据不支持已有的解释时，即使最初的结论是由他们自己得出的，科学家们也必须去改变它。

（4）乐于运用科学。正如玛丽·巴德·罗所说，教学生怎样更好地运用自己已有的科学概念，恐怕是探究式学习中一项最重要的任务。学生有时具有相关的知识，但在遇到问题时不知道运用这些知识，学生应该意识到他们掌握的知识不仅是要记住的信息，还是解决问题时所要应用的程序。帮助学生应用知识，有一个方法就是引导学生评价解决问题的过程，而不仅仅是看结果。

（5）合作学习。儿童一般组成学习小组一起提出问题、回答问题、分析数据、化解困难、发表报告。成功的合作需要小组成员之间有一定的依赖性，组员之间相互学习，乐于接受他人的批评和建议。学习小组在学习中通过内部交流和与其他小组交流，相互了解和启发，刺激大家进行更深入的探究。

（6）关心他人，关心自然环境，关心人类社会。科学知识在科学研究中形成，科学知识在技术中得到运用，从而造福人类社会。科学知识在运用中常伴随着负面影响，科学家、政治家、教育家和具有责任心的公民正日益努力，就自然资源的损耗等问题对公众进行科普教育。

教师必须帮助学生认识并关心科学对他们的日常生活和社会的影响。

五、儿童享有什么样的科学教育

1. 记忆科学

曾有专业人士开展过如下的互动活动：

在小学科学学习经历中，你能记住哪些？花5分钟的时间，试着回忆在小学期间自己经历了哪些科学内容与活动。自己对哪些记忆犹新？写下你所想到的，并与人交流。

答案可能出现以下几种：根本回忆不出；根本没学过；回忆出一些。

在这些答案中，大多数情况是回忆自己实际所做的科学活动比回忆必须写下的科学内容更生动、更具体。相对于写下的事实性内容，人们对早期儿童自己所做的科学活动更记忆犹新。教师怎样看待科学和科学学习是很重要的，这会影响教师如何对学生的问题做出反应，如何激发和培养学生内在的好奇心。

2. "概念"和"过程"

目前,科学教育界和一些重要的科学教育组织表达了如下的主张:强调少教知识内容,多提高调查过程能力;强调以探究的方式开展科学教学;强调学科之间的融合;主张面向所有学生;重视激发儿童对科学的兴趣,特别强调培养具有科学素养的公民。

遵循上述的主张,我们设计活动时,必须有一个明确的重点。如果想要建构能培养儿童的科学过程能力的课堂,那么我们就必须设计活动的过程导向目标。简单地说,过程导向的目标就是通常所说的学习目标,其中的动词不仅是一些科学过程,也是一种科学过程能力。这样,科学知识就成为儿童学习科学过程的载体,通过它,儿童掌握了科学过程。而这样的结果是促进了儿童在科学过程和科学结果两方面学业成绩的同时发展。

当然,我们在强调以过程为导向的小学科学教育的同时,并非摒弃了科学概念。科学概念是科学教育目标中重要的一环。我们不应对立地看待过程与概念之间的关系,不要认为过程重要而科学概念就不重要,科学探究过程与科学概念之间是相互促进的。对于科学概念与过程,我们应该建立以下的认识:科学概念应该成为儿童学习科学过程的载体,通过它,儿童掌握了科学过程。而这样的结果是促进了儿童在科学过程和科学结果两方面学业成绩的同时发展。以科学过程为导向的小学科学教育目标是以过程为基础的,并把教师要确定的科学概念作为探究过程中的媒介,而这种过程往往是课程的核心。

通过上面的事例可以看出,科学家、科学教育专家以及相关专业人士一致认为,儿童学会如何探究世界、如何发现问题、如何发现问题的答案、如何对科学问题开展调查是很有必要的。他们认为,学会探究比积累大量的科学知识重要得多!

六、儿童通过理解学习科学

儿童是天生的学习者,儿童有强烈的好奇心,对世界有不可思议的感知能力,对他们所经历的一切,具有丰富的想象力。他们被赋予了学习能力,但儿童不是只听别人讲或者读书进行学习,他们在自己的学习中扮演着活跃的角色。现代认知理论把学习看作一个建构的过程,在儿童与同伴和教师一起学习的过程中,建构着自己的理解。他们在建构新知识的过程中,有选择地对信息进行思考,用各种方法组织所选择的信息,如排序、分类、联系,形成新的事实性和概念性知识,然后将新知识和已有知识进行整合,扩大他们的知识基础,并在一定的情境中加以运用、巩固,从而达到更好的理解。

兰本达教授在《小学科学教育的"探究—研讨"教学法》一书的序言中指出:"通过对自然事物的观察、描述、相互交流、感受和解释,在头脑中形成、认识对象的模型,然后在实践中加以检验,从而找出纷繁复杂的现象之间的关系和联系,形成对自然界的有序理解。这种方法思想不仅对学生的未来学习有用,而且对他们生活的各个方面也有用。"她认为儿童通过支配材料发现意义,通过动手和思维来探究科学,通过语言交流明确意义。

以多元智力理论出名的霍华德·加德纳指出,如果不服从于理解,无论是基础性的还是技能性的学科都没有价值。加德纳认为,为了理解的教育,使得教育集中于一点,增进对世界的理解。

当学生理解科学概念、原理或观点时，他们可以运用这些知识。例如，他们可以将概念与真实经验联系起来，将新的观念与原有观念相结合，在进行推理、预测、解释时，运用新概念。要了解学生是否获得了理解，可以根据"他们知道什么""他们是怎么知道的"来确定，学生如果获得了理解，还可以批判性地检验他人和自己的知识。

如果课程、教材和测试都强调记忆和回忆，学生发展理解的机会就会较少。太强调记忆会导致所学知识是片面的、不完整的，并与特定情境相联系。相反，在科学知识基础上的理解使得知识是完整的、促进理解的，而且能在更广泛的情境中应用。

"知道"和"理解"

生活中，人们对于"理解"和"知道"是混用的，几乎没有区分，其实它们是两个不同的概念，在《追求理解的教学设计》一书中曾对这两个概念进行专门的比较。

一般来说，"理解"的目标是利用已有内容生成或揭示一些有意义的事情——利用我们记忆中的已有知识去发掘事实和方法背后的含义并谨慎地加以运用。而"知道"主要指向的是一系列必须用心习得的事实、技巧和步骤(表1-1)。

表1-1 "知道"与"理解"的区别

知道	理解
• 事实	• 事实的意义
• 大量相关事实	• 提供事实关联和意义的理论
• 可证实的主张	• 不可靠的、形成中的理论
• 对或错	• 有关程度和复杂性
• 知道一些正确的事情	• 我理解为什么它是知识，什么使它成为知识
• 根据所知回应提示	• 我能够判断何时使用以及何时不用我所知道的知识

理解面临着对思维的挑战。如果遇到一个智力问题，我们会对其建议判断并利用全部知识和技能解决它。正如布鲁姆所指出，理解是通过有效应用、分析、综合、评价，来明智、恰当地理解事实和技巧的能力。约翰·杜威在《我们如何思维》中对理解进行了清晰的总结，认为"理解是学习者探究事实意义的结果"。

综上所述，不难看出儿童是靠理解来学习科学的。

七、教师通过探究教科学

学生在探究实践的过程中形成对科学概念的理解。这势必要求科学课堂教学以探究为主。研究表明：探究式教学在形成要解决的问题、创造性、自主学习能力方面都很有效，在培养观察能力、逻辑推理能力方面也很有效。探究式教学培养出来的学生比传统课堂培养出来的学生在科学统考中会获得更好的成绩，他们具有更好的过程技能和分析技能。

蒙瑞说动手做的、探究式的教学有利于培养学生科学素质，使学生熟悉科学过程、理解科学本质，培养学生批判性思维和对科学的正确态度。在探究式科学课堂的影响下，儿童发生了一系列积极的变化，这些变化包括：认为发现科学更有趣、更令人兴奋；希望能上更多的科学课;发现科学在日常生活中更有用;具有更多的成就感;对科学和科学家持更积极的态度。

1. 对教师的要求

A. 应该有多少知识

不管如何解决此问题都暗含着这样一种思想:无论知道多少科学知识,总是不够的。原因之一就是今天已知信息处于爆炸时代;原因之二就是科学知识的不断变化。

B. 应该具有什么

美国的《国家科学教育标准》建议从事科学教育的教师要有扎实的、广泛的科学知识基础,能够理解科学探究的本质及在科学中的核心作用,理解如何运用科学探究的能力与过程;能够理解主要的科学学科里的基本事实与概念。

此外,从事科学教育的教师要能在科学学科之内及学科之间建立概念性的联系;在处理个人与社会事务时,能运用科学探究的方式并具备科学探究的能力。

2. 通过探究为主的方法进行教学

科学教育研究专家提倡,让儿童进行与科学家的研究方法类似的科学探究,在此过程中建构科学知识、探究技能、培养科学思维习惯。学生作为探究者,要为构建自己的知识和理解能力负责。教师参与学生的探究过程,助推学生的探究活动顺利进行;当学生有问题的时候给予指导,引导学生进行研究,指导他们分析结果,调动已有科学知识进行解释。由此可见,学生只有在充分"动手做"的基础上,加上自己的思维,才能真正进行科学学习,他们主要通过探究来学习科学,建构自己的理解。

探究式教学对教师提出较高要求。教师在探究教学的过程中要扮演不同的角色。首先,教师是探究活动的组织者和引导者。教师要凭借自己对学生的了解和对科学学科的理解决定如何吸引学生参与探究,如何启动探究,如何鼓励学生讨论、交流,如何进行评价,等等。其次,教师是探究活动的指导者和参与者。在探究式教学中,教师要做的重要的事情就是决定给予学生多少指导,即要准确把握指导的度,多了会剥夺学生的主动权,少了会影响学生的探究热情。简单地说,在探究式教学中,教师应该与学生共同构成一个学习共同体,在这个共同体中,教师与学生一起分享彼此的智慧与成果。

经过探究式课堂教学的长期影响,学生会形成一些探究特质。他们会在真实复杂的情境中根据自己的经验提出可以研究的问题。他们在围绕主题设计方案时会优先考虑证据,证据意识较为强烈,他们习惯用证据来进行描述、解释和预测,并在此基础上形成科学概念,而且他们的批判、质疑意识也较为强烈。

第三节　小学科学教育的发展历程

过去,科学并不是小学教育中最重要的课程之一,科学课很少被看成同阅读、算术、语言、艺术学科那样重要。但时至今天,科学已越来越被人们所重视。在小学教育中,科学教育已成为基础而又核心的课程,科学教育的好坏直接反映了国家和地区公民素质的高低。科学教育是如何一步步被人们所接受并予以高度的重视,科学教育经历了哪些重要的发展阶段,让我们一起梳理一下。

一、国际上科学教育的发展历程

1. 书本学习

19世纪50年代前的美国,只有在相当于小学教育水平的学校开设科学这门课程,并且主要目的是引导学生学好技术。在那个时期背诵是主要的教学方式,学生要记忆大量的实用知识。

2. 实物学习

19世纪初,裴斯泰洛齐就倡导在小学进行实物教学,随着裴斯泰洛齐教育思想19世纪中期在欧美各国逐步传播,以及初等义务教育在这些国家的实施,实物教学形态的科学启蒙教育开始在工业化国家得到推广。实物教学的主要做法是教学生详细描述各种动物、植物和矿物,使其观察和学习自然现象。通过实物教学,希望学生学会观察和交流这两种研究科学的基本能力。

3. 自然学习

19世纪中晚期,提倡改善学校科学教学最有力的声音来自科学家。这些科学家非常重视学生如何进行科学这门学科的学习以及让他们经历科学思维的逻辑过程。例如托马斯·赫胥黎和赫伯特·斯宾塞认为,科学教学应该基于物质世界的直接经验,而不是基于教师或教科书的文字。正是学生与自然事物和现象的直接接触,使科学成为课程中一门独特的学科存在,并证明了其作为一门学科存在的合理性。

19世纪90年代至20世纪初,美国教育开始摆脱欧洲传统教育的影响,进入教育理论和实践的创新时期,当时美国著名心理学家霍尔的儿童研究和杜威的实用主义教育思想开始对美国教育产生影响。

20世纪50年代至60年代,美国的教育工作者高度重视学科体系和理性严谨的课程材料,出现了一批更关注联系社会的材料和数学材料,主要关注环境意识、个人相关性以及科学与社会之间的关系。

4. 探究学习

20世纪60年代,施瓦布提出将"探究"运用于课堂教学。1964年卢瑟福在科学教育中首次提出科学探究,以便与一般意义上的探究加以区分。之后科学探究的相关研究逐渐增多并成为科学教育的重点议题。80年代的美国"2061计划"强化了"科学探究"在科学教育中的主导地位。随后1996年的美国《国家科学教育标准》明确提出"作为探究的科学"(science as inquiry),将探究作为科学课程改革的首要关键词,倡导以类似科学家工作的范式完成理科的学习,为世界范围内的科学课程改革提供了参考和引导。

二、基于标准的美国的科学课程改革

在第一颗人造地球卫星发射不到一年，1958年8月美国通过了《国防教育法》，并将大量联邦资金用于开发科学和数学的新课程材料，并在20世纪50年代和80年代加强教育系统的严谨性，被视为解决这些国家安全问题的良方。

1.《国家在危急中》

20世纪80年代，美国教育部成立了国家优质教育委员会，该委员会对美国教育体系进行批判性评估。该委员会于1983年发布了题为《国家在危急中》的报告，该报告呼吁各级政府努力提高美国学生在所有学术领域特别是在数学和科学领域的能力水平。

2.《面向全体美国人的科学》

1989年，美国科学促进会发布了《面向全体美国人的科学》的报告。该报告提出，所有公民为有效地参与现代社会生活均需掌握科学、数学、技术和社会科学的概念和技能，除了这些领域的核心思想外，《面向全体美国人的科学》还就科学、数学和被设计的世界的本质、历史视角与系统模型、稳定性和变化等问题以及科学思维习惯提出了建议。

3.《科学素养的基准》

1989年，为实现《面向全体美国人的科学》中的愿景，"2061计划"的重点从学校的课程模式转移到将各种观念转换为每个年级的"基准"。《科学素养的基准》成为科学领域第一份国家标准文件。

4.《K-12科学教育框架》

美国国家研究理事会成立了新K-12科学教育标准框架委员会，于2011年7月颁布了美国《K-12科学教育框架》（以下简称新《框架》，这里的K-12是指学生从幼儿园到高中的受教育阶段，是美国、澳大利亚等国家免费教育的年段）。新《框架》广泛征求了科学家、科学教育工作者、教育研究人员和其他科学教育相关人员的意见，并由美国国家科学院、全美科学教师协会、美国科学促进会、美国成就公司等单位共同完成。在研制新《框架》过程中，研究理事会认为K-12科学教育将焦点放在了一定数量的学科核心概念和跨学科概念上，这样的设计可以使学生在今后学习中不断巩固和提升自己的知识和能力，并能够将这些知识和能力与需要从事的科学探究和工程设计的实践进行整合。同时，新《框架》强调12个等级的科学教育要围绕三个维度展开，即科学及工程实践、跨学科概念和学科内的核心概念，并阐明了将工程和技术编入自然科学的理由：一是反映和理解人类建造世界的重要性；二是更好地整合科学、工程和技术的教和学的过程所具有的价值。

三、我国的小学科学课程改革

小学科学这门课程在我国已有超过百年的历史，我国的小学科学课程改革经历了较长的周期，从清政府的"格致"到民国时期的"自然""常识"，再到解放初期的"自然"，以至于后来的"科学"，其时间跨度大，变化程度也大。我们不妨借用刘默耕先生的研究成果，梳理一下我国科学课程发展历程。

1. 解放初期以来,从"常识"到"自然"

有的大区初小有"常识",有的大区初小没有"常识",高小都设历史、地理、自然。自然课是每周三课时(每课时50分钟)。1951年,全国初小都取消了"常识"。高小都设历史、地理、自然。自然课是每周三课时。

1956年,我国学习苏联的第一个自然教学大纲规定,初小阶段的自然课在语文课中进行教学。除语文课中编有自然课文之外,规定每周要专门拿一节语文课来上"自然专课"。高小每周两课时自然课。

1963年,颁布第二个自然教学大纲。因全国多数初小语文教师反对在语文课中承担自然教学任务,教育部又坚持初小不单设自然课,所以第二个自然教学大纲只规定了高小的自然教学任务。从此,有史以来初小都有的自然或常识课无形中被砍掉了。

2. 改革开放之后,从"自然课"到"自然"

1978—1981年,颁布第三个全国通用的《自然常识》教学大纲(《自然常识》之名自此始),仍只在小学最后两年设"自然常识"课,每周仍是两课时。但学制已改为五年制,所以学习的年级从原来的五年级和六年级降低到四年级和五年级。

1982年秋起,根据新教学计划提前于三年级起开设"自然"课(恢复"自然"的名称,取消了"常识"两个字)。但按新教学计划,每学期减少了一周,每节课减少了五分钟。计算下来增加的时间不足原教学时间的一学期,还不够解决"压缩饼干""深、难、重"的问题,所以必须改弦易辙,另寻"加强"自然课之道(新教学计划要求"加强"自然课教学),就是精简知识量而注重发展学生的认识能力(学习能力和运用能力)。

1984年,教育部颁布《全日制六年制城市小学教学计划(草案)》和《全日制六年制农村小学教学计划(草案)》,对城市小学和农村小学的数学、自然常识、外语、劳动课程各自提出了不同的要求。其中规定,在各地确定一些试点,一般为40分钟一节课,为照顾低年级儿童的特点,每节课可以定为35分钟。自然常识课,一般从三年级开设,条件良好的学校也可以在一、二年级试设,每周各1课时。农村小学六年级开设农业常识(或林业、牧业常识等)。

1986年,《九年义务教育全日制小学、初级中学课程计划(初稿)》规定,小学阶段开设思想品德、语文、数学、自然、社会、体育、音乐、美术和劳动等课程。因为与初中的联合教学计划,六三制与五四制课程课时有所区别。五四制:条件较好学校可于一、二年级开设自然课,每周1课时,三至五年级每周2课时。六三制:一至四年级为每周1课时,五六年级为每周2课时。

1988年9月,《九年义务教育全日制小学、初级中学教学计划(试行草案)》调整了课时比例,增加了自然课程的总课时数。

1992年,《九年义务教育全日制小学、初级中学教学计划(试行)》正式发布,允许有条件的小学增设外语,同时,"科技文体活动"被首次纳入活动课程中。

1994年,《九年义务教育全日制小学自然教学大纲(试用)》调整意见,五年制小学三年级的自然课时由每周2课时改为1课时,六年制课时不变。

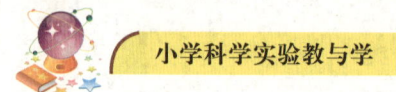

3. 进入 21 世纪，从"自然"到"科学"

2001年，教育部开始组织编写新的《国家小学科学课程标准》，据此，学科名由"自然"改为"科学"。2001年全国课改实验区38个，2003年实验教材修订后增加至380个，后进入课改推广阶段，2004年覆盖全国2/3学校，2005年实行100%全覆盖。

2017年，教育部发布《义务教育小学科学课程标准》，将小学科学课程起始年级调整为一年级，一、二年级按照每周不少于1课时安排科学课程，三至六年级课时数保持不变。

2022年，《义务教育课程方案和课程标准（2022年版）》[以下简称《课程标准（2022年版）》]发布，包括义务教育课程方案以及义务教育道德和法治课程标准、义务教育语文课程标准、义务教育科学课程标准等16个课程标准，其中科学课程标准对一至九年级的科学学习进行了整体布局，强调了科学课程的综合性、实践性。

四、2022 年版义务教育科学课程方案及课程标准要义

《科学课程标准（2022年版）》立足我国义务教育科学教育的现状，提炼了包括科学观念、科学思维、探究实践、态度责任四个方面的核心素养发展要求，调整了课程结构，精简了课程内容，课程设计注重综合性、实践性，突出育人导向，强化实施指导，为进一步深化义务教育科学课程改革提供方向引领，对科学教师在核心素养的理解、课程内容的组织、课堂教学的实施等方面提出了新要求。

1. 修订背景

深入贯彻习近平新时代中国特色社会主义思想，全面落实党的十八大、十九大和十九届六中全会精神以及全国教育大会精神，落实立德树人的根本任务，反映国际科学教育改革的趋势，深化义务教育科学课程改革，是本次义务教育科学课程标准修订的重要背景。

第一，落实立德树人根本任务。党的十八大以来，党和国家对教育提出了一系列新要求，其实质是在教育中落实立德树人根本任务。为此，构建我国学生发展核心素养体系，进一步推进课程、教学和评价改革，是深化基础教育综合改革、落实立德树人根本任务的迫切需要，也为义务教育科学课程标准的修订提供了重要依据。

第二，反映国际科学教育改革趋势。进入21世纪以来，国际科学教育改革集中在三个方面：一是基于核心概念，整合课程内容。基于核心概念，整合学科知识，促进学生参与技术与工程实践，实现学生对重要原理的深入探索，发展学生对科学知识的深度理解，提升学生的科学素养，已经成为国际科学教育研究者的共识，也是国际科学课程改革的方向。二是基于年龄特征，合理安排进阶。学习进阶是对核心概念理解的逐级深入和持续发展。通过学习进阶，发展学生对核心概念的理解，帮助学生形成良好的知识结构，使其深度理解科学知识，提高解决问题的能力，已成为当代基础教育科学课程改革的核心理念。三是重视科学探究，强调积极思维。进入20世纪以来，科学探究一直是各国科学教育改革的核心主题。科学教育相关人士提出，科学探究的初衷是以科学探究教学来达到训练学生思维的目的。受社会发展背景和科学教育价值观的影响，不同历史时期的教育工作者对科学探究的理解有所不同，主要有三种观点：将科学探究视为教学方法、将科学

探究视为学习过程、将科学探究视为育人目标。无论哪种观点，都重视以思维能力的培养为核心，创设能够引起认知冲突的教学情境，促进学生自主探究与合作交流；强调让学生通过总结反思建构合理的认知结构，通过应用迁移深化对知识的理解，提高解决真实问题的能力。

第三，针对科学课程改革中存在的问题。近二十年来，义务教育科学课程改革取得了显著成绩，如课程目标基本体现了社会主义核心价值观的基本要求，课程内容初步反映了核心概念和学习进阶的基本思想，增加了技术与工程的内容。但能够体现科学课程育人价值的核心素养发展要求还没有被提炼，课程结构不能反映综合性的要求，课程内容还需要精简，课程的衔接性、适切性、指导性等都有待进一步完善、提高和加强。实际课堂中的科学探究教学仍然简单地关注探究的过程，聚焦操作技能训练，忽视了学生在探究过程中的积极思维及思维能力的培养，导致学生无法真正理解科学探究的本质，不能灵活解决真实情境中的问题，限制了学生核心素养的发展。

2. 主要特征

从《课程标准（2022年版）》的整体出发，对其进行研读，可以发现不少新的特点，体现了新时代对科学教育的新要求。

（1）一至九年级整体设计

国家的课程方案强化了课程育人导向，对义务教育阶段的学科内容进行了整体设计，理顺了一至九年级的课程要求，科学课程也不例外。这虽然有利于科学课程的整体规划和实施，但也对教材编写者和一线教师提出了更高的要求。科学教师的眼光不能只放在自己所任教的年级上，需要瞻前顾后，注重前后联系，关注学段衔接，从整体和大局的视角出发看待问题。

（2）基于核心素养的要求

核心素养是《课程标准（2022年版）》修订的基石，也是课程培养的目标。科学课程要培养的核心素养，主要是指学生在学习科学课程的过程中，逐步形成的适应个人终身发展和社会发展所需要的正确价值观、必备品格和关键能力，是科学课程育人价值的集中体现，包括科学观念、科学思维、探究实践、态度责任等方面。

（3）更加体现综合性和实践性

综合性和实践性是本次所有课程标准修订的亮点，也是《课程标准（2022年版）》的重要特点。课程方案提出设立跨学科主题学习活动，加强学科间的相互关联，带动课程综合化实施，强化学科的实践性要求。这样做的目的是培养学生的核心素养和关键能力，为适应未来社会打下基础。《课程标准（2022年版）》淡化了四大领域的名称，隐去了《课程标准（2017年版）》中凸显的物质科学、生命科学、地球宇宙科学以及技术与工程四大领域，强化了十三个学科核心概念，旨在通过这些概念的学习，逐步形成与之相关的四个跨学科概念。

（4）以核心概念和学习进阶建构课程内容体系

学习进阶是近年来国际教育中的一个热门话题，它刻画的是学生思维的发展过程，是"对学生在一个时间跨度内学习和探究某一主题时，依次进阶、逐级深化的思维方式的描述"。在较大时间跨度内（六至八年），学生在学习和研究某一概念或主题的过程中，思维是依次进阶的。"进"描述的是学生的认知发展方向，"阶"指出了发展过程中的关键点，并提供了对应的解决方案。学生的学习进阶过程就像爬楼梯的过程，起点是学生在未接受教育之前的原有经验，目标是接受教育后所要达到的水平，中间过程类似于逐级上升的台阶，各个台阶象征着学生在不同的年龄阶段所能达到的不同水平。当前，通过学习进阶促进学生对核心概念的深度理解，帮助学生形成良好的知识结构，实现学以致用，提高解决问题的能力，已经成为科学课程改革的重要理念。

（5）新增学业质量标准

学业质量是学生在完成课程阶段性学习后的学业成就表现，反映课程核心素养的要求。它以课程核心素养为主要维度，结合课程内容，对学生学业成就的具体表现特征进行整体刻画。《课程标准（2022年版）》规定了学生应该学习什么内容、学到什么程度。其中的学业质量标准规定了学生的学业成就表现，反映了学生的掌握程度，也反映了课程目标的实现程度。《课程标准（2022年版）》按四个学段对学业质量标准进行描述，呈现每个学段结束时学生的学业质量表现特征，并从学习结果的角度描述各学段学业成就的典型表现，以该学段大多数学生的典型表现特征为依据进行整体性描述，反映不同学段素养表现特征的质性差异，为有效实施教学、评价、考试命题等提供了指导。

五、科学课程发展的新方向

当前科学教育研究呈现出蓬勃发展、不断演化的景象，科学教育研究者需要掌握科研的进展和动态，以有限的资源有效支持和推进科学教育的发展和进步。洞察科研动向、追踪重点及热门议题将对科学教育研究的开展产生重要意义。我们有必要发现该领域的最新进展和发展方向，透视国际科学教育改革的现状格局及前沿图景。目前，据科学教育专业人士分析，科学课程研究主要聚焦九个领域：课程内容、知识组织、学习进阶、概念转变、情境学习、元认知、情感反应、认知工具和学习技术。

1. 课程内容

过去几十年里，课程研究人员的大部分工作集中在人们如何学习上，但是正如西蒙·佩伯特希望的，关于人们如何学习的研究能更多地拓展到他们学习了什么。

《科学课程标准（2022年版）》中对课程内容进行了精简、整合和调整，反映了科技进展和专题教育要求，着力减轻了学生学业负担，突出了综合课程的特点，取消了学科领域、技术核心概念设计课程，充分体现了课程内容要"少而精"的国际发展趋势。

2. 知识组织和学习进阶

科学教育者一直感兴趣于科学内容是如何为学生组织和排序的。通常，这是从学科领域中选择主题性类别并按逻辑顺序对他们进行排列来完成的。20世纪60年代，人们以更加主题化的方式来组织科学内容，以减少概念的数量。布鲁纳在《教育的过程》中提出了"螺旋式课程"的概念，即引入主题，然后在学生的整个教育过程中的更高层次上重新审视这些主题。最近，人们致力于在实证研究的基础上确定"学习进阶"，即"2061计划"

所称的"学生理解"的进阶,这些学习进阶是学生学习路径的模型,并且得到了适当的发展。

3. 概念转变

学习过程是不断建构或重构认识的系列过程,而建构新理解则意味着概念转变。建构主义方法的一个基本原则是:只有自己对已有概念不满意时才会出现概念转变,而不是因为别人告诉你什么。如果儿童形成的某一新概念比以前更可信,他就会暂时地接受它,并以它取代先前的观点。为了能被长久地接受,新概念必须具备以下三个条件:(1)新概念必须具有解释力,它必须对每一种现象都有合理的解释;(2)新概念必须有预测力,它必须能对将来要发生的一些现象做出准确的预测;(3)新概念必须被他人认可。儿童在小组内相互讨论,在讲述出自己的想法并倾听他人看法的基础上形成自己的观点,当儿童听到他人(包括教师)提出的批评意见以及一些儿童自己都没有想过的尖锐问题时,他们便会修正与完善自己的观点。正如迪塞萨所说,"即便不依赖概念转变理论中的具体细节,关注学生朴素观念的建构主义的启发式教学仍然是很强大的,仅仅是告诉教师如何理解学生朴素概念的教学干预,就取得了惊人的成效"。

4. 情境学习

给学生提供有用的任务,使学生学习的内容与他们的日常生活息息相关,给学生提出他们能够运用自己所学知识来解决的问题,这些激励学生学习的方法都并不新鲜,这是在20世纪上半叶科学教育一个特别重要的特点,许多进步时代的教育者主张在课堂上使用有意义的项目来激励学生。如今,在真实情境中利用真实问题进行学习,被称为情境学习。《科学课程标准(2022年版)》在实施指导中明确指出:要注重创设真实情境,引发新的认知冲突,激发学生在实践中积极思考,引导学生对所学知识进行方法及形成的态度进行总结,并应用到真实情境,迁移到其他领域。由此可见我国对情境学习是十分重视的。在情境教学中,突显了以下几个方面:注重真实情境的创设,强调情境与知识整合,强调情境学习与评价相结合,注重情境学习的实际应用,注重情境学习与其他学习方式的结合。其目的旨在使学生在情境中探究科学知识,培养科学探究能力,促进学生全面发展。

5. 元认知

根据美国儿童心理学家弗莱维尔的观点,元认知就是对认知的认识。具体地说,元认知包括三方面的内容:一是元认知知识,即个体关于自己或他人的认知、活动过程、结果以及与之相关的知识;二是元认知体验,即伴随着认知活动而产生的认知体验或情感体验;三是元认知监控,即个体在认知活动进行的过程中,对自己的认知活动积极地进行监控,并相应地对其进行调节,以达到一定的目标。因此,元认知过程实际上就是指导调节我们的认知过程,选择有效认知策略的控制执行过程,其实质是人对认知活动的自我意识和自我控制。

研究人员发现,当学习者用语言描述他们正在扩充的知识时,学习更加有效。根据索耶的说法,"在大多数情况下,学习者在开始表达想法之前是不会真正学到东西的,换句话说,当学生将自己的思维大声表达出来时,他们学习的速度和深度要超过安静学习时"。

因此，课程开发人员将活动嵌入有关材料中，为学生提供在课堂上表达自己思想的机会。元认知也包含自我监督，即学生被要求思考他们正在学什么，他们在上某堂课或某个单元之前不知道但现在想知道的东西。

6. 情感反应

我们通常不太重视教育中的情感反应，尽管我们知道它们是影响学生学习的重要因素。正如布兰斯福德及其同事指出的那样，信息资源在任何学习生态中都很重要，但情感和动机资源也很重要，因为他们可能会对学生的努力程度、注意力以及参与学习的欲望进行调节。我们需要更好地理解学习互动中的情感、关系和交际方面的相互作用。情感反应是如何调节学习的，它们又是如何从学习中产生的？情感反应在学习科学过程中作用显著，情感与认知活动紧密相连，它可以影响我们的学习态度、学习效果和学习中的行为表现。因此，在教学过程中我们应注重培养儿童积极的情感反应，使他们在学习中保持积极向上的态度和行为，更好地应对学习和生活中的挑战。

7. 认知工具和学习技术

随着手持设备正在快速增加，越来越多的科学内容正在网上发布，研究界对运用这些技术来研究学生学习和帮助学生学习越来越感兴趣，学习技术是强有力的教学辅助手段，因为它们可以让学生访问网络的信息，使用图像和可视化工具，观察和研究数据模式，利用电子网络来扩大与他人的合作以及动手制作多媒体作品。在许多课程开发工作中，使用技术来改善科学教育是显而易见的。

第二章
小学科学实验教学

　　科学课程要培养学生核心素养。科学核心素养主要是指学生在学习科学课程的过程中，逐步形成的适应个人终身发展和社会发展所需要的正确价值观、必备品格和关键能力，是科学课程育人价值的集中体现，包括科学观念、科学思维、探究实践、态度责任等方面。小学科学教育对学生科学素养的形成具有奠基性的作用，其中小学科学实验教学是国家课程方案和课程标准规定的重要教学内容，是探究实践活动的重要组成部分，也是学生形成科学观念、掌握科学探究方法、发展科学思维、树立科学态度和增强社会责任的重要途径，在培养学生科学核心素养方面有着不容忽视的重要地位。

　　教育部在2019年发布了《关于加强和改进中小学实验教学的意见》（教基〔2019〕16号），文件指出：要全面贯彻党的教育方针，落实立德树人根本任务，发展素质教育，努力构建与德智体美劳全面培养的教育体系相适应、与课程标准要求相统一的实验教学体系。要夯实基础，开齐开足开好国家课程标准规定实验，切实扭转忽视实验教学的倾向；拓展创新，不断将科技前沿知识和最新技术成果融入实验教学，丰富内容，改进方式；注重实效，强化学生实践操作、情境体验、探索求知、亲身感悟和创新创造，着力提升学生的观察能力、动手实践能力、创造性思维能力和团队合作能力，培育学生的兴趣爱好、创新精神、科学素养和意志品质。文件提出了加强实验教学的八项举措，包括：完善实验教学体系、创新实验教学方式、规范实验教学实施、提高教师实验教学能力、保障实验教学条件、健全实验教学评价机制、加强实验教学研究与探索以及强化实验教学安全管理。

　　作为小学科学教师，应当将"改变学习方式"渗透于教学的各个环节，以学生的发展为本，为每一个学生提供更多的学习经历，使教学更加符合学生的发展需要。"实验"无疑是很重要的一种学习方式方法，特别对于自然科学，只有经过"做的过程"，才能更深刻地感受科学的真谛，应用于实践，学之有味，用之有道。本书依据《科学课程标准（2022年版）》和现行小学科学教材内容对小学科学实验教学设计和实验教学设计进行分析，对小学科学实验和小学科学实验教学进行概念界定，对科学实验教学的价值进行分析，努力为小学科学实验教学设计提供可借鉴的方法指导。

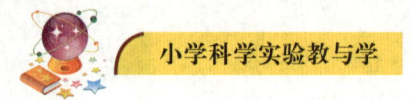

第一节 小学科学实验教学概述

一、小学科学实验概述

1. 小学科学实验的概念

在古代社会,科学实验就已经在人们探索自然界奥秘的过程中逐步酝酿产生。古代人们不满足于在自然条件下观察事物,想要探究更多事物的奥秘,开始尝试对被研究事物加以一定条件的干预,这就是早期的科学实验。但是,这样的实验还只是以原始朴素的形式出现,它还没有成为一种独立的社会实践活动形式。

严格意义上的科学实验是从近代开始的,近代自然科学的主要特点就是实验方法的运用。从近代到现代,科学实验经历了很大发展,特别是科学实验的社会性得到了逐步提高。1940年以后,科学实验的规模愈来愈大。科学实验再也不是科学家个人的事业,而成为整个社会事业的一个有机组成部分。关于科学实验的概念界定,《辞海》中指出,科学实验是根据一定的目的,运用一定的仪器、设备等物质手段,在人工控制的条件下,观察、研究自然现象及其规律性的社会实践形式。《科学学辞典》中认为科学实验是人类发现真理、检验真理和发展真理的特殊的实践形式,是自然科学认识活动的一种直接的重要基础。上述两种概念均将实验作为一种研究自然的实践形式。而当生产实践发展到一定阶段,实验也逐渐成为一种科学方法。《中国大百科全书·哲学》中对于科学实验的定义为:人们为实现预定目的,在人工控制条件下研究客体的一种科学方法。它是人类获得知识、检验知识的一种实践形式。它主要包括了三个要素:作为认识主体的实验者,作为认识客体的实验对象,作为主客体中介的实验物质手段。

与科学实验的定义有所不同,小学科学是一门以实验探究为基础的学科。小学科学的学习要以探究实践活动为核心,而实验则是探究实践活动中最常用的一种方式。达·芬奇也指出"科学如果不是从实验中产生,并以一种清晰的实验结束,便是毫无用处的,充满谬误的"。本书对小学科学实验的概念界定为:小学生在教师的指导下,运用其感官、仪器有目的地认识人为控制条件下的事物变化和发展规律的一种探究实践活动。

作为一种实践活动,小学科学实验需要凸显学生主体地位,小学生积极主动地参与实验条件的设定、实验现象的观察、实验数据的记录与分析、实验结果的讨论交流等活动,培养学习兴趣、动手操作能力、观察能力、思维能力和表达能力,真正成为科学探究实践活动的主体,成为科学学习的主人。

2. 小学科学实验的类型

科学实验有许多分类方法,在科学实验教学中也有多种体现形式。对科学实验做适当分类,明确并掌握各类实验的基本要求与教学规律,有利于教师合理组织实验教学,同时也有助于学生高效地开展实验实践活动。如果根据实验的环境分类,可以分为实验室实验和自然态实验;根据实验的目的分类,可以分为探究性实验和验证性实验;根据实验的数据是否量化分类,可以分为定性实验和定量实验;根据实验的作用分类,可以分为析因实验、对比实验和模拟实验等类型。下面介绍小学科学实验教学中常见的几种实验类型。

（1）仪器演示和模拟实验

仪器演示（演示实验）属于直观教学基本方式,是教师演示实验过程,展示实验现象,引导学生观察、思考、分析实验现象,得出结论。

在科学实验中遇到受客观条件限制而无法对某些自然现象进行直接实验时,人们便寻求间接实验的方法。首先设计出与自然现象或过程（原型）相似的模型,然后通过模型来间接地研究原型的规律性,这种实验方法称为模拟实验。

（2）基本实验

基本实验属于科学实验的起步阶段,是将小学生能够接触到的科学领域内的基本仪器和设备展示在其面前,并要求学生能够认清基本材料、物品,掌握基本仪器的操作方法的过程。经过这个阶段的实验学习,学生能记住和模仿老师的示范动作,并知道实验中的观察对象是什么,并用适当、准确的语言对实验对象进行描述和解释。

（3）基础实验

基础实验是在基本实验的基础上进行的。经过阶段的学习,学生能够运用之前掌握的实验知识技能,表述实验原理、方法、步骤和操作注意事项及实验要点,此外还要能够对简单的文字资料和图表进行说明、总结、概述。

（4）科学—社会—生活—环境实验

这个部分的实验内容是基于此前学生对于基本实验和基础实验已经有了很好的掌握,对于实验仪器的操作、实验对象的观察研究、实验结论的总结概述都有了很好的提升之后进行的,重在充分考量科学、社会、生活、环境之间的关系。针对紧密围绕社会生活的健康、能源、材料的科学实验部分,这类实验要求学生能够运用之前学过的知识,自行设计实验解决实际生活问题。在对实验材料的选择上,能够做到节能、经济、环保;在实验对象的操作上,能够独立观察、分析、总结;在实验方法上,能够选择多种不同的手段进行操作。

（5）科学探究实验

探究实验是科学实验的最高境界,也是科学实验的最终归宿。学生经历前面的实验训练,已经能够很好地理解实验原理,挑选实验仪器和材料,掌握实验的方法步骤,具备一定的科学素养,也形成了一定的探究能力。在此基础上,此阶段的主要任务是让学生能够主动地发现问题,对身边的一些不明了的问题提出自己的猜想和假设,并能够运用已经学过的知识,对自己设计的方案进行评议、修改、实验,最后形成科学的解释。

二、小学科学实验教学概述

1. 小学科学实验教学概念

小学科学实验教学是指在实验室等教学场所中,学生在教师指导下,运用一定的仪器设备进行独立操作,观察和研究这种操作引起的现象和过程,以此来探究自然规律和解决问题的一种教学方式。实验教学是小学科学教育的重要组成部分,对于培养学生的科学核心素养有着重要的作用。

实验教学是一种更科学、合理的教学方法,是科学教学中不可缺少的部分。小学科学实验教学用一个个丰富多彩的探究活动,贯穿科学学习始终,引导学生亲历探究实践活动。在小学科学实验教学中,教师组织和引领学生自己制订计划,自己设计实验过程,亲历实验过程,分析实验现象,得出实验结论,把过程和结果很好地统一起来;学生动手操作,动脑思考,亲自实践,在感知、体验的基础上,内化成科学探究实践能力。其间,学生需要在实验的不同阶段描述个人或小组对于实验方法、实验现象的认识与发现,其思维过程也需要通过描述性语言来体现。实验教学就是让学生在"动手"的基础上"动脑",真正地让学生的思维动起来,以此来建构科学概念,提升科学素养。鉴于此,在小学科学教学中,要重视实验教学,积极发挥实验教学的育人价值。

2. 小学科学实验教学中的教师角色定位

德国教育家第斯多惠曾经说过,科学知识是应该传授给学生的,应该引导学生去实现它们并独立地掌握它们。当下,科学教学已经由以往灌输式的教学方式转变为参与式、探究式、启发式的教学方式,教师在科学实验教学中的角色也由讲授者变成科学探究活动的支持者,变成学生科学探究活动中的引导者和亲密伙伴。

教师在实验教学中需要创设出有利于科学探究学习的情境,让学生经历像科学家那样的科学探究过程,体验学习科学的乐趣,培养科学探究的能力,提升科学核心素养。教师应从各个方面为学生的探究活动提供尽可能多的帮助,使他们的探究学习得以顺利进行,包括为学生提供有结构的活动材料、活动时间和活动空间。在具体的实验探究过程中,教师还要对学生的探究实践活动给予适当的帮助和适时的调控,以亲密伙伴和"平等中的首席"角色出现在学生面前,既尊重学生的探究活动,又能在学生探究出现困难的最关键环节给予指导和帮助,助力学生顺利完成探究实践任务。

3. 小学科学实验教学组织形式

小学科学实验教学组织形式是指在小学科学教学中,根据一定的实验教学目的和实验教学内容,师生共同按照特定的程序和时间关系所进行的教与学活动。依据师生组织形式的不同,小学科学实验教学可以分为班级授课实验学习、个别指导实验学习和小组合作实验学习等类型。小学科学学习中,有许多实验需要两人或两人以上合作才能完成,小组合作学习中,学生之间可以互相交流研讨,产生思维碰撞,有助于学习目标的达成,也有助于培养学生乐于交流、善于合作的品质,所以,小组合作学习是小学科学实验教学的最主要的组织形式。

开展小组合作学习,教师需要遵循"组间同质,组内异质"的原则合理分组,要指导小组内合理分工,确定组长、操作员、记录员、器材保管员等角色,明确个人的职责,同时也要求"既要分工,也要合作",在具体的实验操作时,需要多人配合才能完成。实验教学中,学生会因为对新颖、奇特的实验器材和有趣的实验过程产生浓厚兴趣,在实验的交流研讨环节仍然会有学生不断地触碰、玩耍实验器材。为避免这样的现象发生,教师可以和学生约定一个停止实验的信号,当学生听到这一信号时立即停止实验,整理器材准备汇报。同时,要求各组的器材保管员把整理好的器材摆放到指定的器材集中点,保障实验教学研讨等活动高效进行。

第二节 小学科学实验教学方法与教育价值

一、小学科学实验教学方法与教学范式

小学科学实验教学方法是指在小学科学实验教学过程中为达到实验教学目的,由一定的实验教学原则指导,运用恰当的教学手段而进行的师生相互作用的活动方法。小学科学实验教学主要有实验讲授法、演示实验法、自主探究法、小组合作探究法、案例分析法等方法。科学实验教学范式是指在科学实验教学过程中,根据教学思想或教学理论,围绕一定的实验教学目标,采取一系列的教学方法和策略,师生遵循的比较稳固的教学程序而进行的活动结构框架。主流的实验教学范式有"四动"教学法、探究式教学法、"5E"教学法、"探究-研讨"教学法等。了解和掌握实验教学范式有利于教师把握实验教学环节,设计教学过程;有利于教师实施课堂教学,提高实验教学效果。本书主要介绍两种影响比较大的教学范式:"5E"教学法和"探究-研讨"教学法。

(一)"5E"教学法

"5E"教学法源于美国生物科学课程研究会(The Biological Sciences Curriculum Study,BSCS,1989),由参与(Engagement)、探究(Exploration)、解释(Explanation)、迁移(Elaboration)、评价(Evaluation)这五个基本的教学环节构成。因为5个单词的英文开头字母都是"E",所以命名为"5E"教学模式。20世纪50年代以来,美国人一直关注科学教育的质量,某种程度上是源于对苏联抢先发射人造卫星的一种应激反应。20世纪60年代早期物理学家卡普拉斯等人开发出了 SCIS 课程。他们在 SCIS 教师用书中提出了由"初步探究""概念引入""概念应用"三个环节构成的学习环教学模式。20世纪80年代,随着认知理论的发展,BSCS 认为若要有效地进行科学教学,并帮助学生构建科学概念,教师不仅要让学生进行探索,更重要的是要先了解学生针对特定教学内容的前概念。此外,教师在教学过程中还应及时了解学生的概念构建进程,所以在最后又增加了"评价"教学环节。1989年,BSCS 基于以上考虑,在原有学习环教学模式的基础上,进一步提出了基于建构主义理论和概念转变理论的"5E"教学模式。

在"5E"教学模式提出之前的教学策略主要是发现式教学模式。它是一个很有吸引力的模式,能很好地激发学生学习科学的兴趣和激情。但它也存在一些弊端,因为过分强调开放探究而在建构和应用科学知识以及有计划地发展探究能力方面有所忽略。在"5E"教学模式中,有更清晰的目标以及希望学生学到的特定概念和解释,它的步骤更加详细,每一步都有目标和进入下一步的准备,能更好地培养学生的探究能力。

"5E"教学模式包括以下五个环节。

1. 参与

这是"5E"教学模式的第一步。该环节的目标可以细分如下:

(1) 明确研究主题,激发学生兴趣。

(2) 充分了解学生对该研究主题的前概念,帮助学生将已学过的知识与现在的活动目标联系起来。

(3) 进行必要的安全提示。安全必须放在首位,所以,在正式进行探究活动之前,必须进行安全提示。

2. 探究

这是"5E"教学模式的主体。在此环节,教师为学生提供安全的、民主的、时间充分的、材料丰富的课堂,必要时为个别学生提供一定的支架式服务。学生根据选定的研究范围自主操作材料、进行观察、相互交流,形成初步的观点(还不能算作概念,只能是初步的解释)。通过这样的师生活动就为后面进行解释、形成概念积累了具体经验。

3. 解释

在此环节,教师首先让学生描述观察到的现象,解释现象产生的原因,其他学生认真倾听并适时提出疑问。教师要鼓励学生用自己的语言进行解释,并适时询问学生这样解释的理由,并在学生广泛参与的基础上适时规范地讲解学生所需要的科学概念,鼓励学生用新概念进行新的解释。这样,学生就将新概念的学习与上一阶段的真实经验联系了起来。也就是教师帮助学生在探究事实证据的基础上学习新概念,运用新概念进行描述和解释,回答最初提出的问题。

4. 迁移

迁移活动为学生在新的情境中应用新学习的科学概念和技能提供了机会。在这一阶段,学生扩展自己的概念,并运用前一阶段刚刚获得的科学概念,在新的环境和新的问题情境中去实践、验证、应用和巩固。玛丽·巴德·罗曾经指出:"概念应用是探究教学中常常被忽略的部分,只有在概念应用过程中才能达到科学的理解。"

5. 评价

评价是学习环中的重要环节,但不是一个特定的阶段,它贯穿整个教学过程。此环节目标在于促进学生的学习和教师的教学。评价是由教师、学生共同完成的。评价分为正式评价、非正式评价和自我评估三种形式。

案例分析：《食物链和食物网》教学设计

■ 教学内容
教科版小学科学五下第一单元第六课《食物链和食物网》

■ 教材分析
生命科学领域作为小学科学课程的主要内容之一，与物质科学领域、地球科学领域相比较，生命科学领域更具生命教育价值。引导学生经历具体的生命现象的探究，提高学生对生命本质的认识，养成科学健康的行为习惯和生活态度，形成人与自然和谐统一的观念、可持续发展的观念、进化的观念，增强社会责任感和使命感，就是科学教师要通过生命科学领域的教学要达成的目标。

在此之前，学生已经关注了植物和动物中一个个生命体的特点，形成了对动植物共同特征的总体认识，研究了动植物的一生的生命周期。本课出自科教版科学五年级下册"生物与环境"这一单元，主要阐述了动植物对环境有基本的需要，动植物都会对它们需要的环境进行选择，不同的生物对环境有着自己特有的需要，所有的生物都会引起它们所生存的环境的变化。本课涉及植物与动物、动物与动物之间存在着非常复杂的关系；生物与生物之间是相互依存、相互作用、相互影响的，在一定范围内的生物必须和谐共处；生态平衡受到破坏，生物的生存就会受到威胁。在此之后，我们将继续带领学生了解生物的多样性及生物的微小世界。

■ 学情分析
学生之前接受了较为系统的科学教育，所以具备了比较丰富的科学知识和一些基本的科学技能，对于科学探究过程也有一定的了解。

从知识经验来看，学生已经具备一些生物之间的食物关系，但是他们只能描述个体之间的食物关系，还没有系统地接触一条完整的食物链，对于食物链的开端和结束以及它们之间的循环关系、能量的流动及转换都没有系统学习，对于人在这个能量流中的关系还不是太清楚，所以有提升的空间。

从知识技能来看，学生之前已经经历了不少的科学探究活动，比较熟悉科学探究过程，他们的科学探究能力已经有了较好的发展。比如观察能力，他们不仅学习观察细节，观察真实情况，同时关注相同与不同；以及他们的预测推理能力、识别和控制变量的能力、实验能力，等等。而这些能力的具备，为本课的学习提供了坚实的方法基础。

■ 教学目标
知道动植物之间存在着食物能量交换关系；知道什么是生产者和消费者；知道不同的动物吃不同的食物，动物要维持生命就要消耗这些食物；发现事物之间的相互联系和相互影响。

■ 教学重难点
重点：动植物之间存在着的食物能量交换关系，能用食物链和食物网来进行解释。

难点：不同的食物链之间交错的关系所形成的食物网这一关系的建立，以及人在食物链和食物网中的位置关系。

■ **教学准备**

学生组：各种动植物的图片、不同颜色的线团。

教师组：课件。

■ **教学过程**

一、参与：提出关于周围环境中动植物之间的食物关系问题

小明的老家原本有一个美丽的湖泊，水中鱼虾自由遨游，岸边水鸟众多，一派生机盎然。但现在水中的鱼虾越来越少，岸边还出现了不少死掉的水鸟。经检验发现死鸟的体内存有大量的农药残留。（视频播放）

师：死鸟的体内为什么会出现大量的农药残留？

师：究竟是怎么回事？引出食物关系。

板书：食物。

【从生活中提出现实的问题，形成差异性资源，引起学生兴趣，激发学生进行猜测。同时了解学生前概念，帮助学生将已学过的知识与现在的活动目标联系起来。】

二、探究：用简单的图片进行探究，呈现周围环境中的食物关系

1. 探究花园里的生物之间的食物关系。首先和学生一起找出花园里有哪些生物，让学生自己试着描述完成谁被谁吃。

（预设的资源：花、草、落叶、蚜虫、瓢虫、蚯蚓、小鸟）

2. 试图通过图片的方式建立一个比较完整的食物关系。

方法：在上面的范围内一人选择一个动物，然后和大家一起研究它吃什么，它又被谁吃？向上向下一直找。用适当的方式表示它们之间吃与被吃的关系。每组学生及时记录下这样的关系。

（预设资源：花、蚜虫、瓢虫、小鸟）

引导学生发现不足，引出箭头，即花──→蚜虫──→瓢虫──→小鸟。

3. 在上述环境里写下不同的食物关系，引导写完整，如落叶──→蚯蚓──→小鸟，探究更多的生物之间的食物关系。

教师将资源及时呈现。

【从单一的食物链入手，通过呈现学习资源，引导学生发现箭头的必要性，逐步形成食物链完整的表述方式，为下面的教学做好方法上的准备。】

三、解释：利用丰富的资源，引导学生归纳概括，用食物链加以解释

1. 食物链这一概念的构建。

（1）观察讨论，思考下列问题。

上面这些关系有什么共同特征？（从植物开始，到食肉动物结束；环环相扣）

植物所需要的能量来自哪里？

（2）介绍食物链、生产者、消费者的概念。

（3）选择两个食物关系，用食物链的概念加以解释。

【在丰富的资源基础上，和学生一起经历信息的收集、整理、分析的过程，学生有了丰富的参与体验，然后通过学生的研讨，将原本零散的、表层的经验提升为系统的、关联的科学概念，符合学生构建科学概念的规律。】

2．食物链相关解释的拓展。（能量流、分解者、循环）

（1）引导学生的拓展。

师：对于食物链还有什么问题要提出。（小鸟被谁吃？鹰被谁吃？人被谁吃？）

通过讨论拓展食物链中菌类所担当的分解者的角色，自然界能如此周而复始地演变跟食物链的不断循环有关。

（2）教师主动的拓展。

在这一食物链中你觉得哪种生物的数量最多，哪种生物的数量最少？通过活动，学生认识到植物在食物链中数量最多，是生产者，它们的能量主要来源于太阳，拓展了食物链中能量流的传递。

【十分有必要进行一些拓展活动，比如食物链的循环、能量流的感受、分解者的作用等。因为食物链本身的一些特征必须让学生整体感悟，虽然有些知识在中学还要学习，但这里的认识是建立在解决学生实际需要的基础上，且目标定位不同于中学要求，当学生产生问题时，我们不应消极地回避。】

四、迁移：在类似环境下建立食物网概念

1．呈现水田里的环境（水稻、稻螟虫、蝗虫、蜘蛛、螳螂、蜻蜓、小鸟、蛇、老鹰、青蛙、白鹭、鱼、虾、田鼠、黄鼠狼、猫头鹰等）。

2．游戏方式构建食物网。

方法：小组成员用不同颜色的线团组成一条条食物链，重复的不算。再观察不同的食物链之生物之间有没有食物关系，组成网状。

3．介绍食物网。

【通过游戏的方式组织教学，一是符合孩子们本身的认知特点；二是能通过游戏直观形象地构建食物网的概念。】

五、评价：保护生态平衡

1．用食物链的知识解释"螳螂捕蝉，黄雀在后"，形式：画图。

2．青蛙的问题。（用食物链的知识加以解释）

一只青蛙一天能吃60多只害虫，而一年中有半年是它的冬眠期。所以一只青蛙一年能吃的害虫数 $60×(365÷2)=10\,950$。青蛙有惊人的捕捉害虫的能力，所以能较好地控制农田害虫，大大提高农作物的产量。同时减少化学农药的使用，达到生物防治、保护生态环境的目的。

夏天到了，每当这个时候稻田里的青蛙就呱呱地叫个不停，近几年来青蛙越来越少了。到底到哪去了呢？

在20世纪初，美国亚利桑那州北部的森林还是松杉葱郁、生机勃勃的，大约有四千只的鹿在林间出没。时任美国总统罗斯福为了有效地保护鹿，决定由政府雇请猎人去那里消灭鹿的大敌——狼。请你预测一下,将会出现怎样的后果?原因是什么?

六、拓展:通过网络和书籍阅读关于食物链和食物网及相关的生态平衡的资料

推荐阅读:放飞5亿只周氏啮小蜂"生物武器"防治美国白蛾

http://news.enorth.com.cn/system/2004/06/27/000809485.shtml

■ 附板书设计

《食物链和食物网》

生物之间像链环一样的食物关系,叫作食物链。

花──→蚜虫──→瓢虫──→小鸟
生产者　　　　消费者

生物之间这种复杂的食物关系形成一个网状结构,叫作食物网。

(二)"探究—研讨"教学法

"探究—研讨"教学法是美国兰本达教授倡导的一种自然教学方法,对我国的小学自然教学改革产生了深远影响,对新课标背景下的小学科学实验教学依然起到了积极的指导作用。"探究—研讨"教学法属于探究式教学方法的一种,是教师引导学生对自然事物进行观察、描述和互相交流感觉,让学生在头脑中形成解释认识对象的思维模式,并在实践中加以检验,从而找出复杂现象之间的内在联系,获得对自然界有秩序的理解的一种教学方法。

1. "探究—研讨"教学法的教学特点

"探究—研讨"的教学过程主要由"探究"和"研讨"两个环节组成。在探究环节,教师选择与新授科学概念相联系的"有结构"的材料(即各部分联系紧密,通过其相互作用能揭示一系列有关现象的材料),按一定的层次提供给学生,让学生独立去支配,以便探索出这些材料所能揭示的,也是教师期望儿童认识的事物性质与规律,从而获得对事物的感性认识和初步的理性认识。在研讨环节,教师则侧重引导学生把已获得的认知用自己的语言表达出来,通过学生之间的互相交流、争论、启发和补充,使他们对纷繁复杂的事物之间的关系有了更深的理解,让已有的感性认识上升为理性认识,从而建构更高水平的科学概念。"探究"和"研讨"两个环节,是紧密联系的。"探究"越充分,"研讨"就越深入;"研讨"越深入,建立的概念就会越清晰而准确。所以,"探究"和"研讨"对于科学概念的形成和发展具有同样重要的意义。

"探究—研讨"教学法有以下几个特点:一是让学生通过变革客观现实的实践来学习。"探究"活动就是让学生通过这种实践来学习的一种方式。教学中,教师不再是知识的灌输者,而是学生认识客观事物的指导者。教师的主要任务是为学生自己去独立地获取知识创造良好的环境与条件,并激励、引导学生自己动脑、动手、动口,独立思考、独立探索、独立创造、独立发表。这不仅有利于学生自学能力的提高,而且有利于促进学生创造性思维和独创精神的发展。二是让学生通过集体主义的社会性思维交流,集思广益地学习。"研讨"的过程就是发挥集体智慧集思广益的学习过程。把"探究"活动中个人的感性认识讲出来,互相交流、补充、争论、修正,逐步达到去粗取精、去伪存真、由此及彼、由表及里,

提炼、概括出科学概念。三是教学中学生的"主体"作用和教师的"主导"作用都能得到充分发挥。"探究—研讨"教学法彻底改变了教师"满堂灌"的"唯书""唯上"的教学方法,杜绝了教师"满堂问",学生千方百计地揣摩教师的需要"顺竿爬"。课堂上,学生都是处在主动地动手、动脑、动口的积极状态中,学生真正成了学习的主人,充分发挥了"主体"作用。

2. "探究—研讨"教学法的教学原则

"探究—研讨"教学法要遵循以下教学原则:一是必须引导学生对现实材料进行探究。兰本达的"探究—研讨"教学法非常重视引导学生对现实材料进行探究。所谓的现实材料是指教师在课前针对学生所要掌握的概念和学生的思维水平精心设计和选择的一些实物材料。引导学生进行科学探究就是要学生动手摆弄和操作这些实物材料,充分发挥他们的观察力、思维力、想象力和创造力等智慧才能,探索研究出材料中所包含的概念。二是需要给予学生研讨的机会。在学生对现实材料进行探究之后,要让学生发表他们探究的结果;对一些有争论的问题,可以讲出各人不同的意见;对有怀疑的地方可以提出问题。通过研讨可以把每个学生所看到的、所想到的集中起来,集思广益,使大家对所要认识的事物了解全面。在研讨中,学生要通过一定的语言给认识的事物命名,表达出事物之间的关系,这样就可使他们在探究中将获得的表象转化为概念,从感性认识提高到理性认识。三是教学过程应该是"学为主体,教为主导"的统一过程。即在教学过程中充分发挥学生的独立性和主动性,放手让学生独立自由地进行探究活动,让学生自己研讨寻求结论,教师不直接向学生讲解知识,甚至不作任何裁决,但在整个过程中,教师的作用又是必不可少的。学生探究所用的实物,要经过教师精心设计和选择;教师为学生创设出利于学习的情境;在研讨会中,教师鼓励每一个学生讲出自己的意见,指出矛盾的事件,又把矛盾交回讨论会中解决,并因势利导地帮助学生做出最后的"考察记录";等等。

3. "探究—研讨"教学法的教学过程

(1) 精心准备材料,诱发学生探索的欲望。实验材料是学生进行探究和发现的源泉。教师在深入钻研教材、教参的基础上,根据教学目标要求和儿童心理的特点去精心准备探究实验材料,使学生产生探索的欲望,朝着所期待的目标,运用材料充分探究,自行获取科学的结论。这是成功运用"探究—研讨"教学法进行教学的一个重要环节。

(2) 巧妙设计疑难,创设自由探究的情境。设计疑难的目的是,启发学生的思维,便于突出重点,克服难点。疑难要有一定的深度,要有明确的内容,要能调动学生的思维活动,创设学生自由探究的情境,诱发他们通过对所准备材料的"摆弄",主动发现问题、尝试解决问题。

(3) 组织集体研讨,归纳综合科学的结论。"探究"是学生对事物的感性认识阶段,而"研讨"则是学生对事物的理性认识阶段。教师必须在学生充分探究的基础上,认真组织好集体研讨,将学生的思维转化成语言,把每个人的"发现"转化为全班学生的共同财富,"推动学习者沿着概念箭头前进",使学生在研讨中感到所经历的是一种令人振奋的探索,这是运用"探究—研讨"教学法必不可少的一个重要阶段。

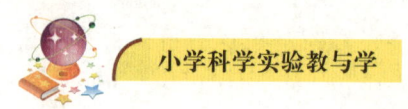

案例分析:《空气是物质》①教学片段

《空气是物质》一课,为指导七八岁的孩子认识"空气是一种物质"这一概念。教师事前给每一个学生准备一个新的塑料袋,一些橡皮圈和一件孩子们喜爱的、能吹的玩具,如小哨子、纸喇叭、像蝴蝶的舌头那样卷着一吹就会伸直放开的纸龙等,并有步骤地引导学生进行探究和研讨。

具体教学过程如下:

师:(把一只新塑料袋,水平地放在手上,让全班都看到)这口袋里面有东西吗?谁能回答这个问题?

生:没有。

师:你们能想出什么词来形容?你们怎么知道里面没有东西?

生1:薄。

生2:扁。

生3:像皮似的。

师:(用手张开塑料袋,拿住一边的口,在空中画了一个圈,很快把袋口捏住,然后拿着那只鼓圆圆的口袋对着全班)现在里面有东西吗?

生:(几个人一起说)空气。

师:我看不见什么空气,你们怎么知道里面有东西?

生:口袋的形状。

师:现在我给你们每人一只口袋,我看看你们对空气会有什么新发现?

(学生情绪激动,班长给每人发一个塑料口袋,学生拿到口袋后,各有不同的反应。有的开始动作很慢,小心地看看邻座;有的则使劲地张开口袋一挥,赶紧把装上空气的口袋收好口;其中有一个学生用鼓起的软乎乎的口袋抚弄自己的脸;有一个学生使劲把袋口往课桌上拍打;有一个学生的口袋有个小洞,她用下巴压口袋,让空气从洞口喷出来;突然,一个学生的口袋"砰"一声爆了,所有孩子都笑了起来)

师:(马上用坚定的口吻说)孩子们,(全班都静了下来)×××对空气有一个了不起的发现,过一会她会对大家说的,其他人没有必要再做这样的实验去压破口袋。虽然我多带了几只口袋以防万一,但是不够每人再发一个。(教室里的空气缓和了,学生又各忙各自的口袋,教师很快给破了口袋的学生一只新口袋)

师:(发现有些学生已经对口袋失去兴趣时,分别发给每个学生事前准备好的橡皮筋和玩具,并清楚地告诉学生)试试看,不放在嘴里能不能玩起来。

(所有的学生都玩起来了,教室到处嘟嘟声,吱吱声,窸窸窣窣的纸声,以及学生们高兴的喊声。有一个学生还试着用不同的力量挤压口袋,让哨子发出不同的声调。)

(过了一会,教师请同学们停下,把书桌往教室后面移,把椅子放在教室前面围成一个

---

① 选自一部题为《空气是物质》的教学实况纪录片。

圆圈,教师也把自己的椅子放在其中。)

师:科学家有所发现时,总要举行研讨会。我们现在就来举行一个研讨会。从我左边的同学开始,每个同学都讲讲你发现了什么?

生1:我压口袋时,里面的空气也在推我,空气是软的。

生2:我把口袋吹得硬邦邦的,我使劲在课桌上打,它也不会坏。

师:×××发现空气是软的;×××却发现空气是硬的,怎么解释这个不同呢?

生2:×××口袋的空气没我多,我使劲吹气,而且把袋口拧得很紧。

生3:我的口袋有个小洞,我把洞口对着我的脸挤口袋时,感到有空气出来。

生4:我把口袋放在纸龙口上,用一根橡皮筋箍住,然后用力压口袋,纸龙呼一声伸直了。

生5:我一打我那一袋空气,口袋"砰"的一声破裂了,空气全出来了。

师:×××和×××都告诉我们,他们口袋的空气出来了。×××听到声音;×××也许你也听到声音了吧!

生3:有一点很轻的声音,好像讲悄悄话似的。

师:有没有人能解释一下,为什么×××听到的像讲悄悄话,而×××听到的却是"砰"的一声。

生4:×××的口袋里空气力量足,空气是一下子出来的。

生6:我朝口袋里吹气,里面变浑了。

师:你知道怎么会变浑的吗?

生6:不知道。

师:有谁能说出原因呢?

生2:我用嘴吹时,我的口袋也浑了。那是很小的水滴生成的,是从我潮湿的嘴里出来的。

师:刚才大家讲的是关于空气的许多发现,科学家们在研讨会后会把自己的发现写下来,供别的科学家阅读,现在我当你们的秘书,你们告诉我写些什么,然后我把你们的发现做成考察记录,印出来,这样你们每个人都可以把我们的科学发现钉成一本书。你们想想看,怎样用一句话说出我们对空气的发现?

(学生分别提出建议,每提一种说法,教师都问下面的两个问题,你们同意×××的说法吗?你们同意他的表达方式吗?)最后每个学生都拿到这样一份记录:把空气压入喇叭,喇叭会发出嘟嘟声;压空气用的劲越大,喇叭发出的声音也越响;你可以感到有空气吹到脸上;口袋里的空气有时是硬的,有时是软的;空气可以使纸龙伸直;你的身体里一定有空气,你吹进袋里的空气是湿的。

二、小学科学实验教育价值

小学科学实验是科学教学的主要内容,也是探究实践活动的主要过程,对于学生科学观念的形成和观察能力、动手操作能力、创新思维能力的提高,也是一种有效手段。小学科学实验对学生学习兴趣的培养、知识技能的掌握、科学方法的训练及科学态度与精神的养成都起到了非常重要的作用。

科学是认识客观世界的动态过程。科学教育不仅仅要求学生通过动手实验,观察实验现象,收集、整理、分析实验数据来解决生活中遇到的实际问题,获得科学知识,更重要的是给学生创造了一个合理的、丰富多彩、适宜探究的学习环境,在经验丰富的教师指导操作的过程中,有自行尝试解决问题的机会。只有理性思考和科学推理相结合,使学生对原有的知识结构产生疑问,才能够激发他们的科学探究热情,主动探究,建构科学概念。

在这个过程中,科学实验帮助我们提供了解决问题的方法和思维方式。科学实验本身贯穿着科学与理性的思维,实证方法和实事求是的客观态度更是科学实验的本质特点。那么科学实验的广泛应用要求丰富的想象与预测、严密的推理和操作、精确的计算与分析。经过科学实验这种具有严密逻辑性实践活动的磨炼,学生的理性与情感完美整合、科学精神与人文精神相互融合,达到了全面提高学生科学核心素养的目的。

(一) 实验教学有效激发了学生学习科学的兴趣

2020年9月11日习近平总书记在科学家座谈会上的讲话中指出"好奇心是人的天性,少年儿童天生就有好奇心""学校是满足和支持儿童求知欲与探索欲的教育场所"。科学实验活动的本身就具有新奇、有趣等特点,再加上科学实验活动让学生动手、动眼、动脑、亲身参与实验,满足了他们的探索欲望,有助于呵护他们与生俱来的好奇心和求知欲,激发他们学习科学的兴趣。

案例分析:《认识棱镜》教学设计

■ 教学内容
教科版小学科学五上第一单元第五课《认识棱镜》

■ 教学过程
一、情境聚焦

1. 教师先出示彩虹的图片,然后吹出一个个肥皂泡,在阳光照射下肥皂泡呈现五颜六色,接着演示用三棱镜把太阳光分解成绚丽多彩的七色光。

2. 学生观察后提出问题:同样是彩色光,它们产生的原理是否相同呢?

【这些实验展示了平时不易见到的、容易忽视的现象或与生活经验不一致的情况,必然会引发学生强烈的好奇心和求知欲。面对新奇的实验现象,学生的思维异常活跃,提出了自己想要探究的问题。教师演示实验,创设了良好的科学探究情境,点燃了学生探究热情,激发他们通过实验去探究问题的答案。实验的过程既让学生形成了正确的科学观念,又增强了他们对科学学习的浓厚兴趣。】

3. 师:今天的学习可以帮助我们揭开彩虹的奥秘,认识这个自然界最美丽而神奇的光的现象。

板书课题:认识棱镜。

二、合作探索

1. 师:上节课我们通过实验发现,光在由空气斜射入水中时会发生偏折,光的路线发生了变化,这个现象叫作光的折射。那么光从空气中斜射到玻璃里时,也会发生折射吗?请说出你的猜想。

2. 师:下面让我们借助玻璃三棱镜研究一下这个问题。

【利用彩虹的现象激发学生对本课的学习兴趣,引导学生思考光的奥秘。通过上节课内容的回顾,提出新的探究问题。】

3. 观察白光通过三棱镜后发生的变化。

(1) 认识三棱镜结构。

① 出示三棱镜,学生观察三棱镜的结构特点:具有三条棱,截面是三角形,透明的玻璃体。

② 学生交流观察后,教师小结:光学上把横截面为三角形的透明物体叫作三棱镜。

(2) 实验探究白光通过三棱镜的折射现象。

① 教师介绍实验材料,关闭教室中所有的灯,拉上窗帘,营造一个较暗的实验环境。

② 教师指导实验方法与注意事项:

首先,手拿带有支架的三棱镜实验套装,把三棱镜及支架轻轻地放在平稳的桌面上。

其次,用手电筒的白光照射到三棱镜上,调节三棱镜的角度让白光通过三棱镜。

接着在另一侧竖立一张白纸作为屏幕,调整"纸屏"位置,收集三棱镜折射出的光,观察白纸上的现象。

(3) 学生分组实验探究,教师提示操作要领。

(4) 学生汇报观察到的现象,教师引导学生思考并进行小结。

4. 阅读资料。

白光由空气斜射入玻璃棱镜后,发生了折射,并在"纸屏"上出现了不同颜色的光。当白光进入棱镜时,由于不同颜色的光发生折射的程度不一样,就出现了各种不同颜色的光。太阳光用肉眼看上去几乎是白色的,但它是由许多不同颜色的光组成的,其他物体发出的光也具有不同的混合颜色。

5. 播放科普视频《彩虹形成的奥秘》。

雨后空气中有许多小水珠,这些小水珠相当于我们实验中的三棱镜,当太阳光照到小水珠时发生了折射,就分散出不同颜色的光,于是便形成了美丽、奇特的彩虹。可见,雨后出现彩虹,与太阳光的组成以及空气中的小水珠有关,跟白光通过三棱镜后出现不同颜色的光是一样的道理。

【在教师的指导下,学生借助三棱镜认识光的折射,认识光的色散现象,进而了解彩虹形成的原因。动手实验的过程有助于学生理解白光的组成,满足了学生探究彩虹之谜的好奇心。】

6. 制作一个彩色轮。

(1) 师:我们通过三棱镜对白光的折射,发现了白光可以分散出不同颜色的色光,那么色光是不是可以混合成白光呢?

(2) 学生学习了解彩色轮的制作材料与制作方法。

(3) 制作彩色陀螺(教师提示,扎孔或用剪刀时要注意操作安全)。

（4）制作并测试彩色轮，观察彩色轮快速旋转时发生的变化。

（5）教师小结：当陀螺或旋转轮快速旋转时会看到彩色轮慢慢接近白色，这说明不同颜色的色光混合在一起后会变成白色光，但必须是等量的红、蓝、绿三色光才能混合成白光。

三、交流研讨

1. 通过实验我们发现：白光通过三棱镜时会变成有规律的、不同颜色的色光组合——红、橙、黄、绿、蓝、靛、紫，所以三棱镜对光的作用是，让光发生折射，而且可以把白光分散出不同的色光。

2. 彩色轮或是彩色陀螺，在快速旋转时不同的颜色混合在一起，变成接近白色的颜色，这说明不同的颜色光可以混合成白光，也证明了白光是由不同色光组成的。但这里需要强调的是，一定是等量的三原色光，即红、蓝、绿三种光才能混合成白光。

四、拓展延伸

光的传播过程中除了折射现象外，还有哪些有趣的现象呢？同学们课后可以搜集相关资料，继续探究。

【学生通过对实验结果的讨论与思考，加深了对白光是由不同色光组成的理解，培养学生严谨的科学思维以及通过实验现象说明问题的证据意识。拓展延伸环节，通过问题将学生对光现象的探究热情从课堂延伸至课外，让学生的好奇心和求知欲在课堂之外也能够得以继续保持。】

（二）实验教学有助于学生创新实践能力的培养

创新精神和实践能力是学生发展核心素养的重要内容，培养学生的创新实践能力也是小学科学教学的目的之一。实验教学所具有的实践性是其他教学方式所无法替代的。实验教学是提高学生素养、培养学生创新精神和实践能力的最佳途径。实验教学既是一种科学探究实践，又是一种教育实践。学生既要通过实验验证和深化理论知识，也要通过实验来培养实际动手能力，当前大力宣扬的学生创新能力的培养更要依赖于科学探究实践活动。可以说，创新的过程一刻也离不开探究实践，离开探究实践的"创新"只能是凭空臆想。从这个意义上说，普及实验教学是培养学生创新实践能力的重要环节。

案例分析：《光的传播方向会发生改变吗》教学设计

■ 教学内容

教科版小学科学五上第一单元第四课《光的传播方向会发生改变吗》

■ 教学过程

一、情境聚焦

1. 教师打开激光笔对着黑板，提问：光在空气中是怎样传播的？

2. 提问：光在水中是怎样传播的？（出示教学课件）

3. 把水倒入玻璃杯中（不倒满）。如果光从空气射进水中，光的传播路线会发生改变吗？（板书课题）

二、合作探索

（一）实验1：观察光从空气射入水中的现象。

1. 思考：激光笔射出的光透过空气进入水中，会发生什么现象呢？
2. 探究：课件出示实验要求和注意事项，学生分组实验。
3. 交流：大家看到什么现象了？具体在哪个位置发生的？有没有其他发现？
4. 小结：光从空气斜射入水中，在接触面发生了弯折，光从空气垂直射入水中，没有发生弯折。

（二）实验2：观察铅笔放入水中的现象。

1. 思考：如果我们把铅笔垂直和倾斜方式依次插入水中，会看到什么现象呢？
2. 探究：出示实验要求，学生进行分组观察实验，并及时记录观察到的现象。
3. 交流：大家看到什么现象了？具体在哪个位置发生的？有没有其他发现？
4. 小结：光从空气斜射入水中，光的传播方向发生了改变，这就是光的折射。而光由空气垂直射入水中，光继续沿直线传播，不会产生折射现象。

（三）实验3：使鱼缸里的一条鱼看上去是两条。

1. 思考：鱼缸里只有一条鱼，有时候却能看到两条鱼。怎样才能看到两条鱼呢？请同学们自己尝试变换观察角度，并把看到的现象记录下来。
2. 探究：学生分组观察实验。
3. 交流：怎样调整观察角度，才能看到两条鱼呢？
4. 小结：在鱼缸两面玻璃的交界处，可以看到两条鱼。

三、交流研讨

（一）问题1：光从空气斜射入水中会在接触面发生偏折（弯折），铅笔倾斜插入水中也会在接触面发生偏折（弯折），你能解释这个现象吗？

1. 交流：小组汇报，全班交流。
2. 小结：光从一种介质斜射入另一种介质，比如从空气斜射入水中，光的传播方向会发生改变，这就是光的折射。如果是垂直射入，光线不会发生改变，比如从空气垂直射入水中，光继续沿直线传播。

（二）问题2：你是怎样调整观察角度，使鱼缸里的鱼看起来是两条的？你怎样解释这个现象？

1. 交流：小组汇报，全班交流。
2. 小结：来自鱼的光线，分别从鱼缸相邻两面的玻璃经过水再进入空气（玻璃可以忽略），光线发生了折射进入人眼。因此，在鱼缸两面玻璃的交界处，可以看到两条鱼。折射能够改变光的传播方向，进而改变我们所看到的现象。

四、拓展延伸

（一）思考：渔民在水面上看到了水里的鱼，捞鱼时应该注意些什么？为什么？

1. 交流：小组汇报，全班交流。
2. 总结：我们了解到光从一种介质斜射入另一种介质时会发生折射。在生活中有许

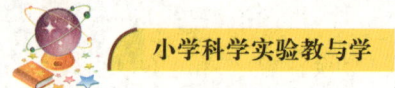

多这样的实例,同学们在生活中注意观察,能够发现更多关于光的折射的有趣现象。

(二)活动:学习魔术表演"消失的硬币",并尝试解释其中的道理。

兴趣是激发学生思维能力的重要因素,它能提高学生学习的积极主动性。本课中,教师精心创设情境,激发学生探究热情,吸引学生的注意力,聚焦核心问题思考。观察是科学研究的最基本方法,是创新思维的基础。本课中,通过多次的科学观察活动认识光的折射现象。通过设计和开展对比实验,探究光的折射现象,培养了学生的创新实践能力。

(三)实验教学可以发展学生的科学思维能力

科学中的许多概念、规律都是借助于实验研究而得到的。真实、生动、形象、直观的实验探究活动,不但能赋予学生丰富的感性知识,而且能通过感官刺激,唤起他们对科学知识学习的热情及对科学问题的深入思考,发展学生的科学思维能力。

案例分析:《空气能占据空间吗》教学设计

■ **教学内容**

教科版小学科学三上第二单元第二课《空气能占据空间吗》

■ **教学过程**

一、情境聚焦

1. 教师出示三个套有气球的塑料瓶,一个里面装满了水,另外两个是空的,教师在其中一个空的塑料瓶底部扎了一个孔,先让学生猜测哪个气球能吹大?

2. 请三名学生上台吹气球(两个是大家公认力气大的,一个是大家公认力气小的),让两位学生各吹一个气球。发现力气小的把气球吹大了,而力气大的两位同学气球一个是一点也吹不大,一个是只能吹大一点点。

学生讨论:装着水的瓶子里气球为什么吹不大?空的瓶子中气球为什么也吹不大?力气小的为什么可以把瓶子吹大?

3. 学生再次观察可以把气球吹大的空塑料瓶,发现底部有个小孔。

4. 汇报讨论结果:第一个瓶子中水占据了瓶子的空间,气球无法吹大;第二个瓶子里面有空气,气球也难以吹大;第三个瓶子底部有个小孔,吹气球时,瓶子里面的空气从瓶底流出(可以用手感觉到气体流出),气球就可以吹大了。

5. 师:像水、橡皮泥这样的液体、固体物质都会占据空间,通过刚才的实验,同学们认为看不见、摸不着的空气也能占据空间,那么我们能否找到更多的空气占据空间的证据呢?

板书课题:空气能占据空间吗

二、合作探索

(一)压杯入水实验

1. 出示一张纸巾,然后揉成纸团,提问:如果把它扔到水里,会怎样?出示塑料杯,如果把纸团粘在杯子底部,将杯子竖直倒扣入水中,水要淹没杯底(PPT出示图片),里面的纸团会湿吗?(预设:会或不会)

2. 我们怎么来证明?

3. 实验操作指导,PPT图文出示实验提示:揉成纸团,粘在杯底;竖直倒扣,没过杯底;杯中水面,画线记录;拿起杯子,擦干观察。

4. 学生小组合作完成实验并记录实验现象。

5. 互相交流:纸杯中的纸团没有湿,这是因为塑料杯中的空气占据了杯子里的空间,塑料杯入水后水无法进入杯子中。

(二) 扎孔观察

1. 引出扎孔:空气占据了杯子的空间,所以水进不去,你有办法让水进到杯子里吗?(预设:杯子底部扎一个小孔)

学生讨论交流:可以像刚才饮料瓶底扎小洞一样,给塑料杯的底部也扎一个洞。

师:为什么塑料杯底部扎个洞就可以让水进入杯中?

生:当塑料杯入水后,在水的压力下,杯中的空气会被水挤压出塑料杯,水就会占据原来空气占据的空间了。

师:你预测一下,如果把手放在小洞上方,当塑料杯入水后会感受到什么现象?

生:会感受到空气像风一样吹出来,有凉凉的感觉。

2. 实验要求:按住小孔,压杯入水;松开手指,观察变化。

3. 学生再次做水杯入水实验(杯子底部有孔),实验后交流发现。

生:杯子底部扎了小孔以后,杯子中水面变高了。

师:水面怎么会变高了呢?

生:水跑到杯子里面了。

师:水跑到杯子里后,空气去哪里了?

生:空气被水挤出了杯子,从小孔处跑出来了。

生:空气被水挤出了杯子,就是说刚才被空气占据的空间现在被水占据了,然后杯底的纸团就湿了。

(三) 打气观察

1. 师:水的本领还真大,把空气挤出了杯子,你能想办法让空气再回到杯子中去吗?

生:可以向杯子里吹气。

2. 出示打气筒:怎么吹?(预设:嘴巴)老师这里有更好的工具,我们就用它把杯子里的水赶出去。

3. PPT出示打气观察提醒:

(1) 按住杯子,球针入孔

(2) 慢慢打气,观察变化

4. 打气观察实验。

5. 交流实验现象:

生:当慢慢向杯子打气时,杯子里的水慢慢变少,水位下降。

师:这说明了什么?

生：说明杯子里的水被空气挤出去了，空气又重新占据了杯子的空间。

三、交流研讨

1. 师：在刚才的三次实验中，同学们分别看到了哪些现象？

生：第一次水没有进杯子，纸团没有湿；第二次水进入了杯子把空气挤出去了，纸团湿了；第三次往杯子里打气时空气把水挤出杯子，空气又重新占据了杯子的空间。

2. 师：这些现象告诉我们什么？

生：通过刚才的实验现象的观察，我们知道了空气能占据空间。

四、拓展延伸

生活中，很多地方用到了空气占据空间这一原理（PPT出示气垫等图片），课后小朋友们可以去生活中研究一下这些物品。

【情境聚焦环节，通过吹三个瓶子里气球的实验，激发学生的好奇心和求知欲，也引发了学生的思考，激发了学生的体会在科学事实的基础上进行预测和解释，通过观察和分析讨论，初步得出空气可以占据空间的解释。合作探索环节中，学生通过压杯入水、扎孔入水、打气入杯三个螺旋递进的实验活动，通过实验设计、预测实验现象、观察实验现象、分析实验现象、解释实验现象等实践活动，建构起"空气占据空间"的科学概念，发展了科学思维能力。】

（四）实验教学可以培养学生动手能力

动手能力是人全面发展的一个重要方面，也是教育的重要培养目标之一，而培养学生动手能力的最好途径就是实验操作活动。小学科学实验教学就是通过创造条件让每个学生有足够的动手空间和机会，以此来培养他们对科学的兴趣，提升学生的动手操作能力。教师要对怕动手、不会动手的学生加以个别指导，让他们从怕到不怕，从不会到会。这些都对提高学生动手能力、培育科学精神、培养创造能力有着积极的作用。

案例分析：《电磁铁》教学设计

■ 教学内容

教科版小学科学六上第四单元第五课《电磁铁》

■ 教学过程

一、情境聚焦

师：上一节课我们学习了《电能和磁能》，谁来说说电磁铁由哪两部分组成？（板书：电磁铁 线圈 铁芯）

师：要让电磁铁产生磁性，还要给电磁铁接上——（板书：电源）

师：日常生活中电磁铁运用很多，这是我们市里钢铁厂的电磁起重机。

（出示两张电磁起重机正在吸废钢铁的图片）

师：比较这两个电磁铁，你发现有什么不同？

生：磁力大小不一样。（板书：磁力大小）

师：猜想一下电磁铁的磁力大小可能和那些因素有关？

师:(出示电磁铁基本构造图)在讨论时,我们可以从电磁铁的基本结构和磁力产生的条件两个方面去思考。

小组合作讨论,汇报讨论结果。

(线圈的数量、线圈的粗细、导线的粗细、电池的数量、铁芯的大小、铁芯的长短、铁芯的粗细等)

师:同学们找到很多影响电磁铁磁性的因素,并进行了大胆的假设。这些假设是否正确呢?我们怎么来验证?

二、合作探索

师:我们还要靠实验来检验我们的假设。这么多的因素,我们先研究电磁铁的磁力和线圈数量有没有关系,好不好?

师:在实验之前,我们还要把这个对比实验设计好。下面请大家一起来小组合作完成电磁铁的磁力与线圈圈数关系的实验方案。

学生根据实验方案记录单设计实验。

小组汇报实验方案。

师:为了实验的公平,我们在做这个实验时还要注意什么?

师:为了节省时间老师给大家准备了同样的三组材料,可以三个线圈一起做,请组长做出合理安排,先做什么,再做什么,最后做什么。

第一步绕线圈,老师展示,在绕的时候要按一定的顺序。

老师看看有没有哪一组能在一分钟内绕好线圈,我们学校的最高纪录就是一分钟,看你们能不能打破。

师:总结绕线圈的表现。

在接下来的磁性大小的实验请组长分好工,谁拿电池,谁拿电磁铁,谁数大头针,谁记录,要落实到人,这样就可以节省时间,我们最快纪录是6分钟,看看我们班有没有小组能打破这个纪录,在实验之前老师还有一个提示:(课件出示操作说明)

操作说明:1.注意通电时间一定要短!不要长时间接通电磁铁,以免电池耗电太多,影响实验的准确性。

2.通电,把吸住的大头针移到空白处。吸过的大头针放在一边,不要再吸。

3.断电,数个数、记录。

4.为了实验数据更加科学准确,每个圈数都要进行多次实验,并取平均值。

师:明白了吗?好,开始实验,完成实验记录。

学生动手实验。教师巡视指导。

实验汇报,得出结论。

师:还想不想继续研究,下面请各小组来研究一下电磁铁的磁性强弱与电流大小的关系,讨论30秒钟(指名小组发言)。

用刚才的研究方法,确定研究的问题,先制订研究计划,小组讨论完成。

学生汇报研究计划,学生互评。在学生汇报时,要问其他组有没有补充的。

汇报完发放相关材料给学生实验，指导学生完成实验并汇报。

三、研讨总结

这节课我们主要研究了电磁铁的磁力大小，谁来告诉大家你有什么收获？电磁铁的磁性强弱与线圈匝数、电流大小的关系是怎样的？

你觉得电磁铁的磁性强弱还可能和哪些因素有关？

【合作探究环节，教师把制作电磁铁、缠绕不同匝数的线圈的任务分配给学生完成，包括让学生比较不同匝数的电磁铁磁性的强弱，都给了学生动手操作的机会，有助于提高学生的动手操作能力。】

第三节 小学科学实验教学设计

小学科学实验教学在具体设计的时候，应该立足于小学科学课的师资培养、全民科学素养的提高和小学学生创新精神的培养，以科学思维锻炼和创新能力培养为目的，将科学核心素养的提高贯穿于实验教学的全过程。

一、小学科学实验教学目标设计

小学科学实验教学目标是指小学科学教学中教师和学生以科学实验教学为主要手段，预期达到的学习结果和标准。小学科学实验教学目标决定着实验内容的确定、实验器材的选择、实验过程的设计、实验教学的组织等多个方面，是实验教学评价的依据，也是科学实验教学的出发点和最终归宿。

小学科学实验教学目标需要依据学生学情分析以及所要探究的科学知识结构的分析结果进行科学设计。

1. 学情分析

美国教育心理学家奥苏伯尔说过："影响学生的学习最重要的原因是学生已经知道了什么，我们应根据学生原有的知识状况进行教学。"教师通过学情分析，了解学生的认知现状，找到学习的真实起点——知识"此岸"，为科学实验学习"丈量"好学习点之间"长度"及期待学习生长力的高度，让学生的认知结构和认知规律清晰起来。

学情分析的主要内容是分析学生科学前概念的成因以及学生的知识经验、能力水平、情感态度等方面个体差异，教师可以通过测验、访谈、问卷调查等方法，着力调查学生学习经验与经历的基础情况，包括横向知识关联互动的思维过程方法、纵向知识循环上升的思想价值和基于综合目标的学情调查分析，了解学生知识经验和生活经历造成的思维差异，以此找到学习的真实起点，揭示学生的学习困难，暴露学生的相异构想，为科学实验目标的设计和教学活动过程的设计提供依据。

2. 科学知识结构分析

科学知识结构分析是指教师通过专业化地理解教材内容和编排体系，了解科学概念的形成背景,理解学生相关科学概念的学习进阶。科学知识结构分析不仅要找到科学概念的核心元素,而且还要发现这些核心元素间的有机联系,让核心元素与学习者联结,使元素尽显生机勃勃,不再是僵硬、生冷、呆板、失去意义的符号,从而促进小学科学的意义学习,让科学实验的深度学习自然发生。

在实验教学的准备过程中,科学教师应着眼于科学整体知识结构的建构,认真研读《科学课程标准(2022年版)》,理清相关领域学习内容的知识结构。科学教师可以配备多版本的主流科学教材,在备课时研读不同版本教材,比较分析教材的编排体系,特别是课时内容内部各关键元素之间的结构关联分析,课时内容与同单元其他课时内容、同领域其他单元内容、同学科其他领域内容以及学科外世界的结构关联分析,不断丰富小学科学实验教学内容的深刻内涵和丰盈外延。

(1) 课时内容内部关键元素的结构关联分析

通过课时内容各个教学要点关键元素结构的分解与重组,不断优化课时内容的呈现方式,丰富课时内容的内涵品质,使课时内容更有普适性、生长性、深刻性和简约性,更有利于教师深入浅出地开展科学实验教学,调动学生的科学学习兴趣和成长性思维,让科学学习和科学思维自然发生。例如教师在教学《声音是怎样产生的》这一内容时,通过对"声音是由物体振动产生的"这一科学概念的分析,可以聚焦"振动""物体"这两个关键元素,学生需要理解"振动"概念,也需要认识到物体有固体、液体、气体这三种状态。教学时可以让学生通过观察、模拟不同发声物体的运动方式理解振动形式,并指导设计实验方案,验证固体、液体、气体等不同物体振动时发出声音,振动停止声音停止,由此初步建构起"声音是由物体振动产生的"这一科学概念。

(2) 课时内容与同单元其他课时内容的结构关联分析

课时内容不是孤立存在的,它总是和同单元其他课时内容共同构成一个科学认知单元。因此教师要理清课时内容在本单元中的前沿后续以及在单元教学中重要作用,充分认识课时内容与本单元其他课时内容之间的结构关联,看到课时内容递进的层次,形成单元整体认知结构。

(3) 课时内容与相关单元内容的结构关联分析

如果把课时内容看作一个点,那么单元内容就是一条线。"点动成线,点线相连。"因此教师要理清课时内容与相关单元内容之间的前后联系,充分认识到课时内容与相关单元内容之间的结构关联,看到课时内容在相关单元内容中的重要地位和作用,形成点线相连的整体认知结构。

(4) 课时内容与相关领域内容的结构关联分析

如果把课时内容和相关单元内容看作点线关系,那么课时内容与相关领域内容就可以看作点面关系。在这里,我们不仅要分析课时内容与本领域的结构关联,还要分析课时内容和科学相关领域的结构关联,用点面结合、整体关联的眼光看待课时内容。

(5) 课时内容与学科外世界的结构关联分析

我们既要看到课时内容与相关课时内容、单元内容、领域内容之间的结构关联,即学科内的知识结构关联,还要看到课时内容与学科外其他学科知识乃至学生整个生活世界的结构关联,即课时内容与学科外的知识结构关联,将课时内容置于学生广阔的生活世界里来进行结构化学习设计,让课时内容真正充实起来,不断丰盈起来。

教师通过学情分析和科学知识结构分析,充分了解了科学实验的知识结构、方法结构与思维结构,为科学实验教学目标的制定奠定了基础。

3. 小学科学实验教学目标的制定

制定小学科学实验教学目标,首先要明确科学实验教学目标的基本构成要素,可以根据《科学课程标准(2022年版)》中对科学核心素养的界定,把科学实验教学目标分解为科学观念目标、科学思维目标、探究实践目标、态度责任目标四个方面;其次,要明确科学实验教学目标的层级关系,如科学观念目标可以分为了解、理解、掌握、评价等不同层次的目标要求,制定教学目标,要认真分析实验目标各部分的层级关系,根据学生的认识水平和实验内容,确定科学实验教学目标;最后,要做好科学实验教学目标的表述,用准确、科学、清晰的语言对科学实验目标进行表述。

案例:《摆的快慢》教学目标设计

《摆的快慢》是教科版小学科学五上第三单元第五课。

科学观念:通过实验,知道摆的快慢与摆绳的长短有关,摆绳越长摆动越慢,摆绳越短摆动越快;摆的快慢与摆锤质量无关,与摆锤重心有关。

科学思维:通过设计对比实验,观察、记录、分析数据,概括出影响摆的快慢的因素。

探究实践:让学生亲历改变摆锤质量、摆绳长短对摆的快慢的影响的探究过程,对实验数据进行分析,初步得出结论;通过认知冲突,引发学生思考并探究摆锤的重心与摆的快慢关系。

态度责任:在实验中进一步渗透"控制变量法",鼓励合作分享,大胆创新,对科学结论的科学性保持严谨求实的态度,并敢于质疑与否定。

二、小学科学实验教学器材设计

小学科学实验教学中,实验器材的设计是最为重要的工作之一,没有实验器材,教师就会"巧妇难为无米之炊"。如果没有恰当选择科学实验器材,往往就会导致这一课时实验教学不尽如人意。所以,教师需要在科学实验教学准备环节中认真分析、精心设计、科学准备实验器材,让科学实验活动高效进行。实践中,教师可以通过以下方式设计、准备科学实验器材:

1. 集体研讨,分工准备,共享成果

在实验器材的准备中,经常会遇到这样两种问题:一是如果完全按照教材设计的材料,仪器室根本没有,这样实验就很难进行;二是这样的材料有,但按照教材设计的实验方案做实验,实验效果并不尽如人意,难以达到预期的实验效果。要解决这两大问题,应该发挥科学教研组的集体智慧,通过集体教研、讨论分析,确定最为合适的材料,然后进行合理的分工准备,准备实验材料,并实现教研组内共享。

2. 学生参与,合理置换,自制创新

确定好科学教学所需的实验器材后,可以鼓励和引导学生参与实验器材的收集和整理工作,这样不仅可以大大提高实验器材准备的效率,也可以激发学生的科学探究热情。准备实验器材时,可以用一些生活中的常见材料去替换实验室的材料,例如用塑料杯代替烧杯,用筷子代替搅拌棒,等等。有时候,教师还可以带领学生,利用身边的材料,动手制作出经济、实用、直观的实验器材,不仅为学校节约了开支,同时也锻炼了学生的动手能力。

实验材料准备好了,教师切不可认为万事俱备,实验前一定要再次试做实验,确保实验效果明显,确保学生的实验探究顺利开展。

三、小学科学实验教学过程设计

小学科学实验教学过程设计是指教师根据所要探究的科学问题,在充分了解学生认知结构和科学知识结构的基础上,科学设计出实验探究教与学的进程。小学科学实验教学过程的设计可以按照科学探究的一般步骤去设计,分为提出科学问题、进行猜想和假设、制订实验计划与设计实验、实验与收集数据、分析与论证、检验与评价、交流与表达等环节。

1. 提出科学问题

教师需要创设合适的情境,引发学生观察,引导学生提出想要探究的科学问题。情境的创设必须以能够发挥它的激励、启发和反馈功能为前提。兴趣是最好的老师。只有当学生对自己所接触的事物产生兴趣,有了好奇心,才能够激发他的潜能主动自发地去提出想要探究的科学问题。学生提出的问题有时会多而杂乱,教师需要引导学生通过分析找出适合科学探究的问题。

2. 进行猜想与假设

这一环节主要是引导学生根据生活经验和认知基础,对提出的问题进行猜想。需要指出的是,猜想和假设是根据生活经验和认知基础作出的较为合理的解释,要杜绝毫无根据的胡猜乱想,教师需要在学生大胆猜想的基础上引导学生分析,剔除不合理的猜想。

3. 制订计划与设计实验

这一环节是实验教学的重要一环,是实验操作的基础。教师要启发学生讨论、思考,制定详细的实验研究方案。实验研究方案包括实验名称、实验猜想、实验器材、实验步骤等部分。实验教学中,教师可以印制格式化的实验研究方案供学生使用。

4. 实验与收集数据

这一环节是实验教学的核心,学生在教师的指导下完成实验探究活动,观察实验现象,记录实验数据。活动中要加强实验规范操作、安全操作的指导,提醒学生及时把实验数据填入记录表中。

5. 分析与论证

分析与论证的实质就是对探究的数据进行描述,对探究现象归纳总结的过程。学生通过对记录表中数据的计算、分析、比较后得到关于科学问题的初步解释。

6. 检验与评价

检验与评价的实质是对探究的反思过程,讨论科学探究中所存在的问题、获得的发现和改进建议等。检验与评价有利于发展学生的批判性思维,教师要以多种形式引导学生养成对探究的过程和探究的结果进行检验与评价的意识。例如:你的猜想与探究结果一致吗?探究过程中发现新问题了吗?实验方案和探究工具有什么缺陷吗?你有更好的实验方案吗……

7. 交流与表达

全班或同一组内围绕得到什么结论,如何得出结论,有什么体会等问题进行交流。学生交流汇报时,教师要关注学生的语言表达,引导学生用科学词汇表述实验的过程与结果。需要指出的是,科学探究活动不是一个线性的过程,一个问题的解决往往会生发出更多值得探究的科学问题,也就是科学探究是一个循环往复、螺旋上升的过程。交流与表达环节要重视学生对科学学习的自然延伸,把科学探究学习合理地拓展延伸,把课堂科学探究延伸到课外,让学生在课堂激发出的科学探究热情在课后的广阔时空中尽情释放。

实验教学过程的设计也可以简化为"情境聚焦,提出问题""合作实验,探究问题""交流表达,拓展延伸"三个环节。不管是怎样的实验教学过程,都要让学生经历趣味盎然而又引发深思的科学探究活动,要成为学生深度建构学习的"说明书",成为教师有效开展教学的"行程表"。

案例分析:《声音是怎样产生的》教学设计

■ **教学内容**
教科版小学科学四上第一单元第二课《声音是怎样产生的》

■ **教学过程**

一、情境聚焦,提出问题

(教师播放一段不同物体发出的声音)提问:同学们,你们听到什么声音?我们不时地听到各种声音,自己也能发出多种不同的声音。这些声音是怎样产生的呢?这节课就让我们一起来研究"声音是怎样产生的"。(板书课题:声音是怎样产生的)

【对学生进行声音是怎样产生的前概念调查,打破聚焦的局限性,快速聚焦本课主题。】

二、合作探究,研究问题

探究活动一:橡皮筋是怎样发出声音的

1. 提问:看来,大家的想法不太一样,那么声音到底是怎样产生的呢?下面就让我们通过实验来探究吧!这是一根橡皮筋,你能让它发出声音吗?你准备怎样做?跟同桌说一说你的想法,并请你拿出橡皮筋试一试吧!

2. 你是这样做的吗?(播放橡皮筋实验视频)

3. 皮筋发声时你看到了什么?请你重复实验几次,仔细观察橡皮筋发出声音时的状态和不发出声音时的状态有什么不同,并将橡皮筋发声时的现象用文字或示意图的方法记录在活动手册上。

4. 学生实验。

5. 学生汇报。

你能用手势来表示橡皮筋发声时与不发声时的状态吗?希望大家认真观察,能找出发声与不发声时不同点。

6. 提问:通过大家的汇报,你认为橡皮筋的声音是怎样产生的?哪些证据可以支持你的看法?(橡皮筋上下来回动发出声音。)(板书:橡皮筋上下来回动发出声音)

【引导学生完善实验设计,培养学生诚实地记录实验现象和从观察事实中对原因进行假设性解释的科学能力。】

探究活动二:其他物体是怎样发出声音的

1. 刚才同学们通过观察发现并推测,要让橡皮筋发出声音,必须让橡皮筋动起来,那是不是所有的物体都是这样呢?现在我们准备用钢尺、鼓、音叉来试一试。你准备怎样让它们分别发出声音呢?请你和同桌说一说。

2. 学生猜测。

3. 提问:你是这样想的吗?固定钢尺一端,拨动它的另一端使其发出声音;敲击小鼓,使其发出声音;手握音叉一头,用鼓槌敲击音叉上端使其发出声音。温馨提示:一定要敲击音叉的上端哦!(播放钢尺、鼓和音叉发声方法视频)

4. 提问:钢尺、鼓和音叉发声时也在来回动吗?它们发声时动起来有什么不同?有什么方法可以让我们明显地看到它们在动呢?

5. 学生思考。

6. 谈话:钢尺、鼓和音叉发声时也在来回动。钢尺发声时动得明显,鼓和音叉发声时动得不明显。我们可以用手去摸或者放置轻巧物体等方式。让我们一起看一看老师是怎样实验的吧!大家要认真观察老师的实验视频,仔细观察物体发声前、后的状态及发声情况,比较它们有什么不同。将物体发声时的现象用文字或示意图的方法分别记录在学生活动手册上。(播放教师实验视频)

7. 学生按照探究活动一,进行实验并记录观察到的结果。

8. 学生交流自己实验发现。

9. 师生小结:弹拨前钢尺不动,且不发声,弹拨后钢尺上、下动,且发出声音。钢尺停止动时,声音也随之停止。敲击鼓面和音叉前,鼓和音叉不动,也不发声。敲击后通过用手触碰或轻小物体的跳动都能感受鼓面和音叉在上下、左右地动,且发出声音。它们停止动时,声音也随即停止。(教师板书:钢尺上下来回动发出声音,鼓上下来回动发出声音,音叉左右来回动发出声音)

10. 教师讲解:我们把物体在力的作用下的往返运动称为振动。(补充板书:振动时)

11. 大家思考一下:怎样让发声的音叉马上停止发出声音?

12. 总结:因此,我们可以得出结论:声音是由物体的振动产生的。(板书:声音是由

物体的振动产生的）

【借助其他物体使不明显的现象显现化，并用多种方法让不同种物体发声，寻找到物体发声时都会振动，振动停止声音消失的共同特性，明确物体发声的根本原因。教师要引导学生养成用证据支持自己的观点、没有证据的观点不能轻易相信的科学态度。】

三、交流表达，拓展延伸

1. 提问：通过本课的学习，你认为声音是怎样产生的？有哪些证据可以支持你的想法？（声音是由物体的振动产生的。物体不振动时不发出声音，发声时物体都在振动，振动停止，发声现象也会消失）

2. 下面我们欣赏一段竖笛演奏。请你仔细观看，猜测一下，吹竖笛的时候是什么在振动？（学生只需要说出空气发生振动即可）

【强化振动是物体发出声音的根本原因，通过对竖笛发声原因的推测，拓展学生对振动的认识，意识到气体振动也可以发出声音，为下一节课做铺垫。】

3. 提问：其实，我们每个人的身上就有一个非常敏感、可以产生振动发出声音的器官，猜猜它在哪儿？（停顿10秒）是的，它就是我们的声带。同学们，你们知道声带是怎样发声的吗？阅读下面的资料，相信你一定能够找到答案。（原来当我们发声时，声带变紧，并快速振动，产生声音）

4. 那么怎样保护我们的声带呢，课后请同学们查阅相关资料了解。

【通过科学阅读帮助学生丰富知识，提出"如何保护我们的声带"的问题，把学生的科学探究延伸到课外。】

四、小学科学实验教学评价设计

小学科学实验的教学评价，对学生的科学学习、教师的课堂教学起到了诊断、激励、调节等作用。在实验教学中，需要关注教学评价，发挥评价的导向、反馈、强化等功能，帮助学生更好地参与科学实验探究活动。

1. 小学科学实验教学评价的类型

小学科学实验教学评价主要包括教学过程的教师评价、学习活动的学生评价和课堂教学效果的评价。根据评价方式的不同，实验教学评价可以分为定量评价和定性评价。随着实证主义的发展，定量评价成为教学评价的重要方法。然而以量化为主的教学评价过于关注学生的学习结果，忽略学生在科学实验当中的科学探究和科学精神的形成，因此在科学实验教学中需要将定量评价与定性评价相结合，这样可以更好地发挥评价的诊断、激励、调节的作用，帮助学生更好地达成科学实验的探究目标，发展科学素养。

根据评价功能和运行时间的不同，还可以将实验教学评价分为诊断性评价、形成性评价和总结性评价三种类型。诊断性评价偏重于摸清学生实验前的认知情况，为实验教学活动教学计划的制订、活动的组织、教学方法的选择提供依据；形成性评价是在教学计划实施过程中，对教育对象或者计划执行情况进行的连续性评价，可以及时了解实验教学过程中的情况，把握真实信息，迅速反馈信息，有利于监控实验教学过程，及时调节、修正偏差,完善执行过程、评价对象,使实验教学目标顺利而高效地达成;总结性评价是指对实验教学活动某一阶段成果的评价,也称终结性评价,其目的是全面了解评价对象在较长时间内所取得的成绩,以便总结经验,发现问题,为下一阶段的实验学习提供详实有效的资料。

2. 小学科学实验教学评价原则

小学科学实验教学评价要能够促进学生核心素养发展。要从科学观念、科学思维、探究实践、态度责任等方面全面评价学生,促进学生科学核心素养的发展;基于学业质量标准和学业要求,让学生明确课程内容的学习目标,指导学生用自评的方法发现学习过程中的问题和薄弱环节,分析形成的原因,并通过自我反思形成更好的学习方法。具体来说,实验教学评价需要遵循以下原则:

(1) 全面化原则。全面化原则是指在进行实验教学评价时,要对组成的实验教学活动的各方面做多角度、全方面的评价。实验教学具有复杂性,为了反映真实的效果必须把质性评价和量化评价综合起来,以求全面准确地判断,评价客体的实际效果,把握实验教学中的主要问题。在科学实验教学评价中,既要考查学生对科学概念的事实理解,又要评价学生在科学思维、探究实践、态度责任等方面的变化与进步。

(2) 多元化原则。多元化原则是指评价主体的多元化,评价者由多人承担,他们可以是教师、学生、家长,也可以是专家、学者等。不同的评价人群的评价角度不同,要充分发挥学校、教师、学生、家长等参与评价的积极性,综合利用各评价主体的评价结果,促进教与学方式的改变。

(3) 多样性原则。多样性原则是指教学评价方法的多样性,开展实验教学评价时可以采取多种方法对不同的目标、不同的内容进行评价。在评价过程中将定性评价和定量评价相结合,单项评价与整体评价相结合,纸笔测试与表现性评价相结合,综合利用各种方法,保证评价结果的准确性和有效性。

(4) 全程化原则。全程化原则是指评价时机的全程。评价是为了促进学生的学习和发展,因此评价就不能只在学习过程结束后进行,而应该贯穿整个实验教学过程之中。教师随时关注学生在实验教学中的表现与反应,给予必要的、适时的、恰当的鼓励和指导。

3. 小学科学实验教学评价设计

第一,要确定评价的目标。确定评价目标就是要思考为什么进行评价的问题,评价的目的是实验教学评价活动的出发点,不同的目标评价的侧重点不同。评价对象的确定和方法的选择需要符合评价目标的需要,根据实验教学内容和学生的认知情况等确定。

第二,选择恰当的评价方法。选择评价方法要根据评价的目标和设计的指标体系的具体要求,选择收集信息和分析信息以及得出评价结果的方法。要站在孩子的理解角度,设置可供选择的方式方法与路径策略,考查学生在实验活动中思维品质的开放性与成长性,发挥评价的引导激励价值,从而通过调控和调整学生的学习,促进师生的共同成长。方法确定以后,就可以设计出具体的方案步骤,科学准确地开展实验教学评价。

第三,要设计评价的指标体系。实验教学评价指标体系的设计,有利于实验教学质量水平的提升,有利于学生实验实践能力和科学素养的提升。小学科学实验教学评价要根据科学课程标准和评价目标制定具体的评价指标体系,确定指标的权重系数,设计评价量表。

第四,适时开展精准的评价。要根据评价目标,选择实验教学前、实验教学过程中以及实验教学结束后进行科学准确的评价。实验教学前的评价侧重于评价实验教学准备情况,包括实验器材准备情况、对学生实验前的知识结构等情况的了解;实验教学过程中的评价侧重于评价教师和学生在实验教学中的表现情况,包括教师实验指导的效果、学生参与实验的积极性、小组合作的成效等情况的评价;实验教学结束后的评价侧重于评价实验教学的效果,主要是实验教学具体目标达成情况的评价。

第五,要做好评价资料的收集整理工作。评价工作完成后,评价者要收集整理好相关的评价资料,及时归档,为后期的调阅做好相关准备,也为以后的实验教学评价留下宝贵的借鉴材料。

第三章
小学科学实验通用器材的使用

一、常见的测量类实验器材的使用

小学科学测量类实验器材包括以下几种：温度计、测力计、计时器、量筒、万用表等。

1. 温度计

用于测量温度的工具，常见有红液温度计和数字温度计。

（1）红液温度计（如图 3-1）

红液温度计是一种常见的温度测量工具，其内部含有红色液体（如酒精或煤油）。使用红液温度计测量温度时，请遵循以下步骤：

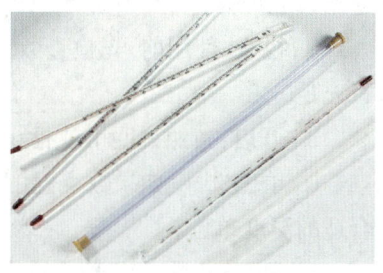

图 3-1　红液温度计

a. 检查：在使用前，先检查温度计是否完好无损，液柱是否连续且清晰可见。

b. 摇晃：轻轻摇动温度计，使液体分散均匀，并确保液柱下降到刻度范围内。

c. 测量：将红液温度计的敏感部分（通常是球形或砂锥形的底部）插入待测物体中。如果测量的是液体，需将温度计插入液体中约 2～3 cm，避免触底。测量气体时，尽量将温度计置于待测环境中心位置。

d. 稳定：等待液柱的液位稳定，这可能需要几十秒至几分钟。不要立即读数，以免误差。

e. 读取：液柱稳定后，从液柱顶端所处的刻度值读取温度。注意直接从水平方向阅读刻度，避免视差误差。

f. 记录：记录测量结果，并在需要时进行对比或分析。

g. 清洁和储存：使用完毕后，清洗并擦干温度计。将其放回保护套中，垂直存放在阴凉处。

注意：在操作过程中要小心，避免摔碎或损坏温度计。如遇破损，请按规定处理污染物质。

当红液温度计中的液柱断开时,可以尝试通过以下方法修复:

a. 确保安全:将温度计放在一个安全的地方,避免摔碎或进一步损坏。

b. 预热:将温度计握在手中,用手掌的热量加热整个温度计约1分钟。这会使液体稍微膨胀。

c. 快速摇晃:轻轻但迅速摇动温度计,让液体上下翻腾。这有助于将断开的液柱重新连接。

d. 重复操作:如果液体没有完全重新连接,请重复预热和快速摇晃的过程,或放入热水中进行修复,直到所有液体重新连接为止。

e. 冷却:当液柱重新连接后,放置温度计待其冷却至室温。观察液柱是否保持连续。

注意:在操作过程中要小心,避免将温度计摔碎。若无法将液体重新连接,建议更换新的温度计,以免影响测量准确性。

(2) 数字温度计(如图3-2)

数字温度计是一种电子设备,通过传感器将温度转换为数字信号并显示在屏幕上。使用数字温度计测量温度时,请遵循以下步骤:

图3-2 数字温度计

a. 检查:使用前,先检查数字温度计是否完好无损,屏幕是否清晰可见,电池电量是否充足。

b. 开启:按照说明书或标识,找到开关键并按下,开启数字温度计。

c. 单位选择:如果数字温度计支持多种温度单位(摄氏度和华氏度),根据需求选择合适的温度单位。

d. 测量:将数字温度计的传感器部分插入待测物体中。测量液体时,确保传感器没入液体且避免触底;测量气体时,将传感器置于待测环境中心位置。

e. 稳定:等待数秒至1分钟,使温度读数稳定。通常数字温度计比红液温度计反应更快。

f. 读取:从屏幕上直接读取显示的温度值。

g. 记录:记录测量结果,并在需要时进行对比或分析。

h. 关闭与存储:完成测量后,按下关闭键关闭数字温度计,将其放回保护套中,存放在干燥、阴凉处。

注意:避免将数字温度计置于极高或极低温环境中,以免损坏设备。定期检查和更换电池,确保测量准确。如长时间不使用,建议卸掉电池,避免因电池损坏而腐蚀内部元器件。

数字温度计的常见故障主要包括以下几种:

a. 无显示或显示异常:可能是电池电量不足、电池接触不良,或者是液晶屏损坏。更换新电池或清理接触点可解决部分问题;若液晶屏损坏,可能需要更换整个设备。

b. 读数不稳定:可能是传感器受到干扰(如磁场影响),或者受到振动。将其放在一个稳定、无干扰的环境中进行测量。

  c. 测量不准确：可能是传感器老化、损坏，或者被污染物遮挡。检查并清洁传感器，如有必要请更换新的温度计。

  d. 无法开机：可能是电池耗尽，按键故障，或者内部电路损坏。检查电池，并尝试更换新电池，如果问题仍未解决，则可能需要维修或更换设备。

  e. 温度单位切换失效：可能是按键故障或系统出现问题。尝试重启设备，或联系厂商进行维修。

  f. 自动关闭失效：可能是电池或电路问题。更换电池或联系专业人员检查和维修。

2. 托盘天平（如图 3-3）

  托盘天平是一种实验室常用的称量用具，根据杠杆原理制成，在杠杆的两端各有一小盘，左端放置要称量的物体，右端放置砝码，杠杆中央装有指针，两端平衡时，两端的质量（重量）相等。它通常由托盘、横梁、平衡螺母、刻度尺、分度盘、指针、刀口、底座、标尺、游码、砝码等组成，精确度一般为 0.1 g 或 0.2 g，荷载有 100 g、200 g、500 g、1 000 g 等。

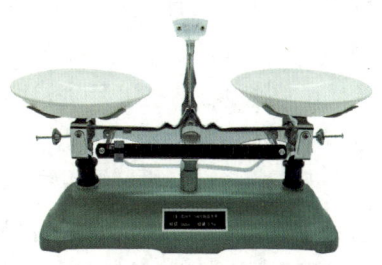

图 3-3　托盘天平

  使用托盘天平测量物体的质量时，请遵循以下步骤：

  a. 将托盘天平放在坚固、水平且无振动的表面上，以确保准确测量。游码要指向红色 0 刻度线。

  b. 调节平衡螺母（天平两端的螺母）直至指针对准中央刻度线，天平横梁水平位置平衡。

  c. 左托盘放称量物，右托盘放砝码。根据称量物的性状应放在玻璃器皿或洁净的纸上，测量前应在同一天平上称得玻璃器皿或纸片的质量，然后称量待称物质。

  d. 砝码不能用手拿取，要用镊子夹取，不能把砝码弄湿、弄脏（这样会让砝码生锈，砝码质量变大，测量结果不准确），游码也要用镊子拨动。

  e. 添加砝码从估计称量物的最大值加起，逐步减小。托盘天平只能称准到 0.1 g。加减砝码并移动标尺上的游码，直至指针再次对准中央刻度线。

  f. 过冷过热的物体不可放在天平上称量。应先在干燥器内放置至室温后再称。

  g. 物体的质量等于砝码的总质量加上游码在标尺上所对的刻度值（$M_{左}=M_{右}+M_{游}$）。

注意事项：

  取用砝码必须用镊子，取下的砝码应放在砝码盒中，称量完毕，应把游码移回零点。称量干燥的固体药品时，应在两个托盘上各放一张相同质量的纸，然后把药品放在纸上称量。易潮解的药品，必须放在玻璃器皿上（如小烧杯、表面皿）称量。砝码若生锈，测量结果偏小；砝码若磨损，测量结果偏大。避免超过天平的最大负荷，以免损坏设备。在使用过程中要小心谨慎，避免对天平造成冲击。

3. 弹簧测力计(如图 3-4)

弹簧测力计是一种用于测量力的大小的简单仪器,其工作原理是在弹簧的弹性限度内,弹簧的伸长量和受到的拉力成正比,也就是说拉力越大,弹簧的伸长就越长。其构造包括拉环、弹簧、挂钩、指针和刻度板。

使用弹簧测力计的方法如下:

a. 零点校准:确保弹簧测力计处于竖直状态,没有任何物体挂在钩子上。检查指针是否指向零刻度。如果不是,请按照说明书进行零点校准。

b. 悬挂物品:将要测量重量的物品用绳子、钩子或其他合适的方式固定到测力计下方的钩子上。确保物品完全悬浮,不接触其他物体。

c. 等待稳定:稍等片刻,让弹簧和指针稳定下来。避免在测量过程中摇晃或施加额外压力。

d. 读取数值:指针稳定后,从正面观察并记录指针指向的刻度。

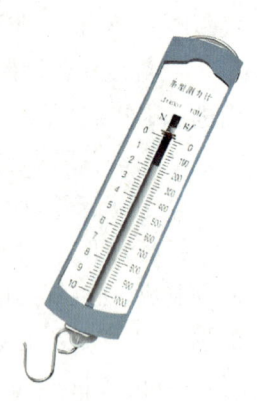

图 3-4 弹簧测力计

e. 卸载物品:测试完成后,将物品从测力计上卸下。注意在卸载过程中避免突然松开,防止物品因重力而受损。

注意事项:在使用弹簧测力计之前,请确认其测量范围与所需测量物品的重量相匹配。在悬挂物品时,请注意安全,确保物品牢固地固定在钩子上。弹簧测力计的精度可能不如电子秤等其他仪器,因此适用于对精确度要求不高的场景。

4. 秒表计时器(如图 3-5)

秒表用于精确测量时间间隔,通常在实验、体育比赛或其他需要计时的场景中使用。

使用秒表计时器的基本步骤如下:

a. 准备:确保秒表计时器处于正常工作状态。检查电池是否良好,并确保屏幕清晰可见。

b. 复位:按"复位"或"清零"按钮将计时器归零,确保从 0 开始计时。

c. 启动计时:当准备好开始计时时,按"启动"或"开始"按钮。这将触发计时器开始测量时间。

d. 监控时间:计时过程中,密切关注秒表计时器的显示屏。大多数秒表会显示分钟、秒和毫秒。

图 3-5 秒表计时器

e. 停止计时:当需要停止计时时,按"停止"或"暂停"按钮。这会暂停计时器,并保留当前的时间记录。

f. 记录时间:停止计时后,记录显示屏上的时间数据。

g. 重复操作:如果需要再次计时,先按"复位"或"清零",然后从步骤 c 重新开始。

注意事项:在某些情况下,可能需要使用"分圈"功能来记录多个时间段。在需要记录一个中间时间点时,按下"分圈"或"记次"按钮。秒表会记录当前的时间,并继续计时。可以重复这个过程以记录多个时间段。如长时间不使用,建议卸掉电池,避免因电池损坏而腐蚀内部元器件。

5. 量筒(如图 3-6)

量筒是实验室常用的测量液体体积的器具,具有一定的精度。使用量筒的正确方法如下:

a. 确保量筒干净:在使用量筒之前,请确保其内外都已清洗干净且干燥。如果需要消毒,可使用 75% 酒精擦拭。

b. 竖立放置:将量筒放置在平整、稳固的台面上,确保其能够垂直站立,避免倾斜。

c. 倒入液体:缓慢地将待测液体倒入量筒,避免溅出或形成泡沫。尽量不要让液体高于最高刻度线,以免过量。

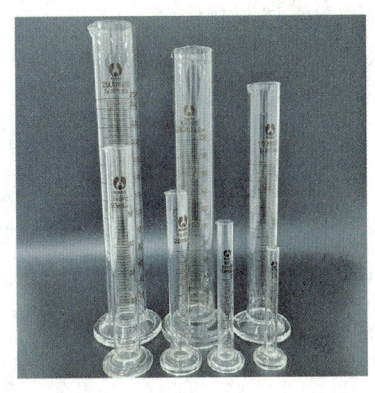

图 3-6 量筒

d. 读取液面:弯腰使眼睛与液面处于同一水平线,观察液体表面的最低点(弯月状),即为液面。

e. 确认刻度:在确保眼、液面和刻度对齐后,仔细阅读刻度。可以根据需要精确到 0.1 mL 或更高精度。

f. 清洗和存放:实验完成后,立即清洗量筒,去除残留液体。将量筒放在通风良好且安全的地方晾干,以备下次使用。

注意事项:

将量筒中的液体倒入其他容器或试剂瓶时,务必小心操作,避免溅出。遵循实验室安全规程,佩戴合适的防护装备,如实验服、手套和护目镜。谨慎处理有毒、易挥发或腐蚀性液体。

6. 万用表

万用表由表头、测量电路及转换开关等三个主要部分组成,是一种多功能、多量程的测量仪表,按显示方式分为指针万用表和数字万用表(如图 3-7)。一般万用表可测量直流电流、直流电压、交流电流、交流电压和电阻等。

使用万用表的步骤如下:

a. 了解万用表:显示屏,用于显示测量结果;功能选择旋钮,用于切换不同的测量模式;输入插孔,连接红色(正)和黑色(负)测试线的地方,通常有 COM、VΩmA 和 10A 等标识;测试线,分为红色(正极)和黑色(负极),具有尖端探针。

b. 准备工作:将红色测试线插入"VΩmA"插孔,将黑色测试线插入"COM"插孔,确保待测设备或电路处于安全状态。

c. 根据需要选择测量功能:直流电压,选择 DCV 位置,通常带有一个直线符号;交流电压,选择 ACV 位置,通常带有波浪线

图 3-7 数字万用表

符号;电阻,选择 Ω 位置;电流,选择 DCA 或 ACA 位置,根据需求选择适当的量程。

d. 设置量程:选择比待测量值稍大的量程。如果无法确定,从高量程开始逐渐降低。自动量程的万用表无需手动设置。

e. 测量电压(直流或交流):断开待测设备的电源。将红色(正)探针连接到电路较高电位端,黑色(负)探针连接到较低电位端。通电并查看显示屏上的数值。

f. 测量电阻:确保电路处于断电状态。将红色(正)和黑色(负)探针分别连接到待测电阻的两端。观察显示屏上的数据。

g. 测量电流(直流或交流):关闭待测设备的电源。调整功能旋钮至相应的电流挡位,并确保已将红色测试线插入正确的插孔。将万用表串联接入电路:红色(正)探针连接电源侧,黑色(负)探针连接负载侧。重新通电并查看显示屏上的数值。

注意事项:测量完成后,将功能选择旋钮调至"OFF"位置。使用完成后,及时断开测试线并妥善保存。遵循产品说明书中的建议和限制,不要触摸裸露导线或带电部件。在测量之前,了解设备或电路的额定参数和安全要求,避免超出万用表的额定范围进行测量。根据具体的万用表型号和功能,操作可能略有不同。

7. 游标卡尺(如图 3-8)

游标卡尺是一种精确测量长度和外径、内径、深度的测量工具。它主要由两部分组成:主尺和游标。主尺上刻有整数刻度,游标由非对称排列的小刻度构成。两者结合使用可以获得更高的测量精度,一般精确度可以达到 0.02 mm。

在使用游标卡尺时,首先打开卡尺,使测量部分夹在待测物体上,然后将游标滑动至主尺 0 刻度对齐的位置,闭合卡尺并确保紧密贴合。此时,通过读取主尺和游标的刻度,可以得到测量结果。主尺的数值是测量值的整数部分,而游标上的数值则显示了测量值的小数部分。

游标卡尺分为两种类型:机械式和数字式。机械式游标卡尺需要手动读取刻度,而数字式游标卡尺通过电子显示屏直接显示测量结果,操作起来更为简便。

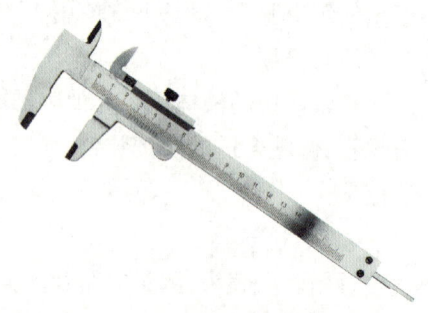

图 3-8 游标卡尺

使用游标卡尺的步骤如下:

a. 清洁:在开始测量之前,请确保游标卡尺的外围和被测量物体的表面清洁,以免影响精度。

b. 认识游标卡尺的组成部分:主尺、滑动游标、外测钳口、内测钳口、深度规、止动螺钉等。

c. 确定测量类型:根据需要测量的对象,选择外测钳口(用于测量外径)、内测钳口(用于测量内径)或深度规(用于测量深度)。

d. 归零操作:将游标推至主尺的左端,使主尺和游标刻度对齐,然后拧紧止动螺钉,检查主尺和游标的零位是否完全对齐。

e. 测量过程：松开止动螺钉，沿主尺滑动游标至所要测试的物体两侧，适当调整钳口间距，确保测量点接触被测物件，然后再次拧紧止动螺钉。

f. 读取数值：观察主尺和游标的刻度线，整数部分从主尺读取，小数部分从游标读取。整数与小数相加即为测量所得的实际尺寸。

g. 重复测量：如需在不同位置进行多次测量，可以反复进行步骤 e 和 f，以减少测量误差。

h. 清洁及保管：使用完毕后，请用软布擦拭游标卡尺表面，并将其放回原包装盒或其他防止损伤的地方。

注意事项：

避免剧烈冲击和跌落，以免损坏游标卡尺零件；在测量过程中要轻柔操作，避免强行夹紧被测物件导致损伤；长期不用时请定期擦拭油脂并保持干燥，以延长使用寿命。

二、常见的加热类实验器材的使用

小学科学加热类实验器材包括以下几种：酒精灯、酒精喷灯、蒸发皿、烧杯、试管等。

1. 酒精灯（如图 3-9）

酒精灯是一种常见的实验室加热设备，主要用于加热、消毒和灭菌。酒精灯在燃烧时，火焰可分为三个层次：最外层的外焰和氧气充分接触，燃烧得最为充分，温度最高；中间的浅黄色明亮火焰即内焰，内焰温度低于外焰，但高于焰心；最内层的深蓝色火焰被称作焰心，未能与氧气充分接触，燃烧得不充分，温度最低。

使用酒精灯的基本步骤如下：

a. 准备工作：在操作之前，检查酒精灯是否有裂纹、破损等问题。确认酒精灯周围的环境清洁，可准备好灭火器材（如灭火器）以防万一。

b. 加注酒精：使用专用漏斗将 95% 以上浓度的酒精倒入灯体内。为防止酒精泼溅，请缓慢倒入，确保酒精容量不超过整个灯体的 2/3。禁止向燃着的酒精灯里添加酒精，以免失火。

c. 放置酒精灯：选择一个远离通风口、窗户和易燃物的位置。把酒精灯放在稳固、平整、耐热的表面上，以防意外导致火灾。

图 3-9　酒精灯

d. 调整灯芯：使用镊子扶正灯芯并露出适当长度，以便于点燃时获得恒定且可控的火焰。

e. 点燃酒精灯：请确保实验室内无易燃气体。在点火之前，有必要的话，穿戴好实验服、戴上眼镜和手套，确保安全。

f. 使用酒精灯：通过调节支架高度，使待加热物品与火焰保持适当距离，确保使用火焰的外焰加热。避免直接用手拿取已加热的器皿，使用镊子或其他工具。

g. 观察反应：密切关注加热过程中的变化，如气泡、颜色、沉淀等。若发生异常情况，立即应对。

h. 熄灭火焰：熄灭酒精灯可用灯帽将其盖灭，盖灭后需再重盖一次，放走酒精蒸汽，让空气进入，免得冷却后盖内形成负压使盖打不开。不要直接吹灭火焰以免引发事故。

i. 冷却与收纳：让酒精灯自然冷却至室温，再移开。将其存放在阴凉干燥、远离阳光直射的地方，以免酒精挥发和外部火源引发火灾。

2. 酒精喷灯（如图 3-10）

酒精喷灯是实验室常见的一种强加热工具，具有温度高、安全性强、加热速度快等特点。常用于实验室玻璃器皿的加工，如弯曲、熔接等。其结构一般为壶体（存放酒精）、壶嘴（用于添加酒精）、预热盘（用于汽化灯芯管内酒精）、喷管（内有灯芯外接喷口）、火焰调节杆（用于控制空气进入的量）。使用酒精喷灯的基本步骤如下：

a. 首次使用，将 95% 的酒精通过壶嘴加入壶体中，一般加入的酒精量约为 200 mL，大约可工作半小时，添加完成后拧紧壶嘴。

b. 将喷灯放在石棉板或大的石棉网上，转动火焰调节杆把入气孔调到最小，向预热盘中加入约半盘的酒精，并用火柴点燃。

c. 当预热盘中的酒精燃烧将尽时，喷口一般会有火焰喷出，并伴有呼呼的声响，如喷口无火焰喷出，可以用火柴点燃。

d. 通过旋转火焰调节杆，控制气流和火焰大小。根据实际需求，逐步调整至合适的火焰强度。

e. 在火焰稳定后，可将喷灯对准待加热物体进行操作。在操作过程中，始终保持警惕，确保火焰不会意外熄灭或触及其他可燃物。

图 3-10 酒精喷灯

f. 操作结束后，旋转调节阀切断燃料供应。等待火焰自然熄灭。也可使用石棉网或废旧木块盖住喷口使其熄灭。

g. 在酒精喷灯完全冷却之前，不要触摸或移动。冷却过程可能需要一段时间，需要耐心等待。

h. 待冷却后，拧松壶体上的螺帽，放出酒精蒸汽，并将剩余的酒精倒出。最后将其擦拭干净，并妥善收纳在安全、干燥的地方。避免暴露在阳光直射、高温和潮湿环境中。

注意事项：

使用前需要使用直径为 0.5 mm 的钢针对酒精蒸汽出口进行疏通，防止堵塞。酒精喷灯不宜长时间使用，以免因温度过高引起灯内酒精沸腾导致危险。禁止向正在燃烧的灯中添加酒精，也不能让壶中的酒精用完，这样会导致灯芯被烧焦。在操作酒精喷灯时，安全永远是第一位的。确保始终遵循正确的操作程序和预防措施，以降低火灾和人身伤害的风险。

3. 蒸发皿（如图 3-11）

蒸发皿是一种通过加热来使液体蒸发浓缩的化学器皿，可以放在三脚架上直接用酒精灯加热，也可以在下面垫着石棉网加热。

实验室蒸发皿使用规范如下：

a. 了解蒸发皿的类型与用途：实验室中通常使用陶瓷或玻璃制成的蒸发皿。根据用途，可以分为平底蒸发皿和圆底蒸发皿。应根据实验需求选择正确的蒸发皿。

b. 清洁与检查蒸发皿：在使用前，务必清洗蒸发皿，并使用清水冲洗干净。检查蒸发皿是否有裂缝、不洁物或损坏，如有问题，请及时更换。

图 3-11 蒸发皿

c. 放置蒸发皿：将蒸发皿放置在平稳且耐热的支架上，确保其稳定地站立并避免意外倾倒。

d. 液体倒入与分散：在将液体倒入蒸发皿时，平均分散液体以便于加速蒸发。还要控制好倒入的液体的量，以防在加热过程中溢出。

e. 控制加热温度和时间：根据实验要求调整加热设备的温度和时间。避免过高的温度导致液体迅速沸腾、溢出或损坏蒸发皿。

f. 观察与操作：在加热过程中，密切观察液体的变化，需要时可用玻璃棒搅拌以提高蒸发效率。如有异常现象，请立即停止加热并采取相应措施。

g. 冷却与移除残留物：实验结束后，关闭加热设备，让蒸发皿自然冷却至室温。使用非金属工具轻轻移除残留物。

h. 清洗与储存：实验结束后，用清水和适当的清洁剂彻底清洗蒸发皿，晾干后放回指定位置。注意妥善保存，防止摔落或损坏。

注意事项：

蒸发皿取用时不要用手取，要用坩埚钳夹取；蒸发皿耐高热，但是加热完遇冷会炸裂开，所以注意不要让加热完的蒸发皿碰到冷水；遵循实验室安全规范，佩戴必要的个人防护装备；对于易挥发或有毒物质，在通风良好的环境下进行操作；在加热易燃或易爆物质时，谨慎操作，遵循实验室规定。

4. 烧杯（如图 3-12）

烧杯是一种常见的实验室玻璃器皿，通常由玻璃、塑料或者耐热玻璃制成。烧杯呈圆柱形，顶部的一侧开有一个槽口，便于倾倒液体。有些烧杯外壁还标有刻度，可以粗略地估计烧杯中液体的体积。

烧杯经常用来配制溶液和作为较大量的试剂的反应容器。在使用烧杯加热时应将其放在石棉网上加热，使其受热均匀。加热的液体一般不超过烧杯容积的 2/3，一般以烧杯容积的 1/2 为宜。

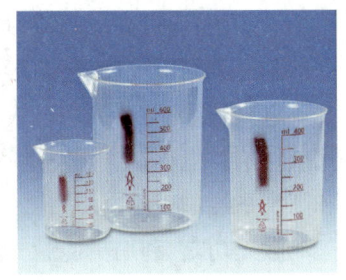

图 3-12 烧杯

5. 试管(如图 3-13)

使用试管加热时,要保持试管外壁的干燥,在加热前要使用酒精灯进行均匀的预热。加热时注意不要用手直接接触试管,使用试管夹或者直接将试管固定在铁架台上。在用试管夹夹持试管时应从试管底部套入至距离试管口 1/3 的位置处。试管在加热固体物质过程中要使试管口向下稍有倾斜,这样做的目的是防止试管中冷凝水回流。加热液体时,试管内的液体体积不能高于试管的 1/3,管口要朝向斜上方无人的角度,为保持最大受热面积,可向斜上方倾斜 45 度角。加热后的试管不可立即放入冷水中骤冷,否则容易产生炸裂。

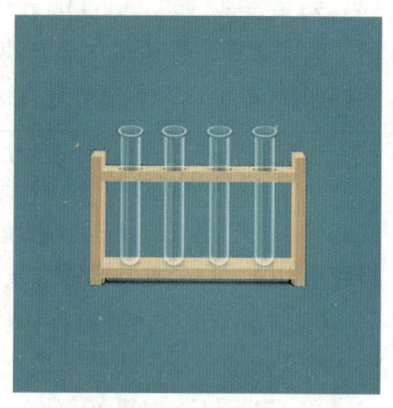

图 3-13 试管

三、常见的实验器材加工技术

有时需要对实验器材进行各种加工,以满足实验要求,提高测量和观察的准确性。常见的实验器材加工技术包括切割、钻孔、研磨、热熔、注塑、3D 打印等。

1. 切割

在实验室中,切割技术是对各种材料进行加工和处理的关键手段之一。常用的切割技术包括手动刀片切割、机械切割、冷冻切片、水切割、电火花线切割、激光切割等。这些方法在样品制备、器件加工和材料研究等方面发挥着重要作用。不同的切割方法具有各自的优缺点以及适用范围。因此,熟练掌握各种切割技术对于提高实验室工作效率和质量至关重要。

手动刀片切割:采用安全刀、解剖刀或镊子等工具,在实验台上手动切割物体。这种方式简单经济,但对于硬度较高或需要精确切割的物体不太适用。

机械切割:依靠切割刀、锯片或砂轮等工具将材料分割。根据所需精度和材料类型,可以选择不同的机械切割方法,如圆锯、带锯、线切割等。这种方式简单快速,成本低廉。但对高硬度、脆性材料切割效果较差,可能造成物体损坏。

冷冻切片:将物体放入低温环境(如液氮)中冷冻,然后使用微切片机进行薄片制备。这种方法适用于生物组织和软材料的切割,尤其是易损坏且结构复杂的物体。

水切割:通过高压水流对物体进行切割,可根据所需精度调整水流速度和喷嘴大小。水切割适合切割大型、复杂形状的物体,但可能影响物体表面质量。

电火花线切割:利用电火花在导线与工件之间产生微小脉冲,依靠局部熔融和蒸发来完成切割。电火花线切割适用于金属和硬度较高的非金属材料,能够获得精细的切割线和高度平滑的表面。

激光切割:利用高能激光束对材料进行加热,使其熔化或汽化,从而达到切割的目的。激光切割可应用于多种材料,包括金属、塑料和陶瓷等,具有较高的精度和速度。

2. 钻孔

在实验室里,一般需要给橡皮塞或软木塞钻孔以插入玻璃管,常用的工具是打孔器。打孔器的一端有柄,另一端是很锋利的一组直径不同的金属管,中间还有一根铁条。钻孔时,首先要选择大小合适的打孔器,与玻璃管直径大小相当,可以在打孔器的金属管蘸一些水或肥皂水作润滑剂。然后将橡皮塞或软木塞倒放在实验台上(垫上小木板),将打孔器置于橡皮塞或软木塞上,用力地旋转着往下压,达到一定深度后,再从下面中间位置旋转切入,直到将孔打穿使两面连通。

3. 研磨

实验室研磨技术是一种广泛应用于科学研究和工业生产领域的方法,依赖于物理作用(如压力、冲击和剪切力等)对材料进行破碎。其主要目的是通过对不同材料进行粉碎、混合和搅拌,使之达到理想大小和均匀分布。常用设备有球磨机、湿研磨机等。球磨机是实验室最常见的研磨设备,通过旋转筒体内装有研磨介质的钢球,将待研磨物料研磨成粉末。湿研磨机在研磨过程中加入适量的液体介质,有助于降低粉尘污染和提高研磨效率。

4. 热熔

实验室热熔技术是一种将两种或多种材料通过加热熔化后相互黏合的方法。这项技术广泛应用于实验室制备复合材料、封闭管道、修复设备等领域。

准备工作:选择合适的热熔设备,如热熔焊机、热熔胶枪等。准备待熔接的材料,确保其兼容性和干净性。配备适当的个人防护装备,如手套、护目镜和口罩。

热熔过程:根据所需温度设置热熔设备,预热至指定温度。将待熔接的材料放置在合适的位置,确保完全接触。将热熔设备与待熔接材料接触,持续加热直到材料熔化并黏合在一起。

冷却固化:在完成热熔过程后,让黏合处自然冷却,确保材料完全固化。检查黏合质量,如有需要可进行二次处理或修复。在冷却过程中避免对材料施加外力,防止黏合部位出现缺陷。

清理及后续处理:关闭热熔设备并拔掉电源,待设备冷却至室温后进行清洁。

5. 注塑

实验室注塑技术是一种将熔融塑料材料快速填充至模具中,经过冷却固化后脱模得到成品的加工方法。

材料准备:选择合适的塑料颗粒,根据需要可以对其进行预干燥、色母粒添加等处理。

模具设计与制作:针对所需成品结构和形状,设计并制造相应的注塑模具。模具通常采用金属材料(如铝或钢)制作,以保证足够的强度和耐用性。

注塑机设定:根据所选塑料材料和模具特点,设定注塑机的熔融温度、模具温度、注射压力、速度等参数。

试模调试:安装好模具后进行试模,观察成品质量,如有问题需要对模具或注塑机参数进行调整。

注塑生产：在模具及参数调试成功后，开始正式进行注塑生产。在此过程中需要密切关注生产过程，确保产品质量稳定。

脱模与后处理：成品经过冷却固化后从模具中脱出，可能需要进行除毛刺、喷涂、装配等后处理操作。

6. 3D打印

3D打印技术是一种将数字模型转换为实体物体的制造方法。在实验室中，3D打印技术已成为快速原型制作主要手段。

选择3D打印设备：根据项目需求选择合适的3D打印设备。常见类型包括熔融沉积建模（FDM）、立体光固化（SLA）、选择性激光烧结（SLS）等。

设计3D模型：使用专业的3D建模软件（如SolidWorks、Rhino、Fusion 360等）创建所需物体的三维模型。

模型处理与切片：将设计好的3D模型导入切片软件（如Cura、PrusaSlicer等），对模型进行优化和修复，并设定合适的打印参数，如层高、填充率、支撑等。切片软件会将模型切成若干层，生成G-code文件供打印机执行。

准备3D打印材料：根据打印设备和项目需求，准备合适的打印材料。例如，FDM打印通常使用聚乳酸（PLA）、ABS［丙烯腈（A）、丁二烯（B）、苯乙烯（S）］或共聚酯（PETG）等塑料丝材，SLA打印使用特定的光敏树脂，而SLS则需要粉末状材料。

开始3D打印：将G-code文件导入3D打印机，检查并调整打印参数。在确保打印平台和材料齐备后，启动3D打印机进行打印作业。

后处理与清理：打印完成后，取下成品并进行必要的后处理，如去除支撑结构、打磨表面、上色等。对于SLA打印件，还需清洗并通过UV灯管（紫外线灯管）固化。

四、基于信息化的实验器材使用方法

随着信息技术的不断发展，在实验中引入信息化设备已是大势所趋。利用信息技术手段不仅可以自动化数据采集、处理和分析，减少人为操作的时间和精力，还可以消除人为误差，提供更精确和稳定的数据，从而提高实验结果的可靠性。其数字化设备一般包含实验数据采集仪、各种传感器、智能化数字化实验设备。

1. 数据采集仪器（如图3-14）

它是一种用于收集、处理和显示实验数据的设备，一般和传感器配合使用。它可以实时监控各种物理量（例如温度、压力、湿度等），从而确保实验条件的稳定性和可靠性。其使用时需要关注以下步骤：

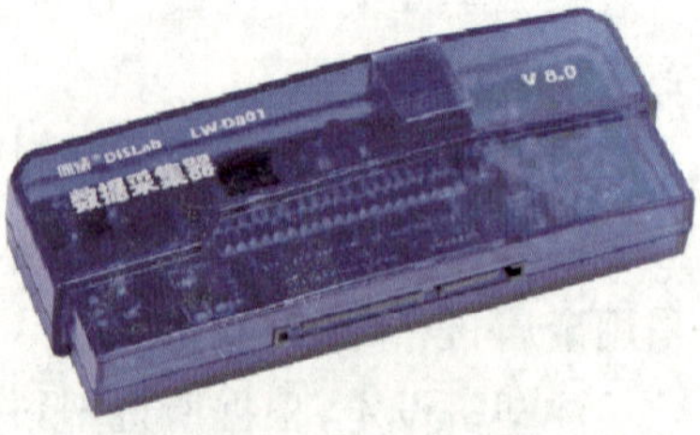

选择合适的传感器：根据需要测量的物理量类型，选择相应的传感器（如热电偶、压力传感器等）。

安装传感器：将传感器安装到需要测量的实验设备或场地上。注意确保传感器与被测物体之间的接触良好，以获得准确的数据。

图3-14 数据采集器

连接仪器：将传感器通过数据线与数据采集仪器相连接。部分仪器可能支持无线连接，如蓝牙或 Wi-Fi 等。

配置仪器参数：根据实验要求，设置仪器的采样频率、滤波方式等参数。同时，为了提高数据的准确性，可能需要进行零点校准和量程校准等操作。

启动数据采集：按照仪器操作说明书的指引启动数据采集。在此过程中，仪器将对传感器信号进行处理，并实时显示相应的物理量数值。

监控与记录数据：密切关注实验过程中数据的变化，如有异常情况需及时采取措施。同时，可以将采集到的数据导出并存储，以便后续分析和研究。

结束数据采集：实验结束后，停止数据采集，并断开仪器与传感器的连接。记得及时清洁和维护设备，以确保其正常使用。

2. 传感器

传感器是能感受到被测量的信息，并能将感受到的信息按一定规律变换成为电信号或其他所需形式的信息输出，以满足信息的传输、处理、存储、显示、记录和控制等要求的装置。在小学科学实验中，常见的传感器可分为：

力学传感器（如图 3-15）包括力传感器、光电门传感器、分体式位移传感器等，主要在测量物体在液体中的浮力、测量物体所受的重力、研究摩擦力、研究摆、比较物体速度的快慢等实验中使用。

电磁学传感器（如图 3-16）的测量对象包括电流、电压、磁力感应等，一般在研究材料的导电性实验、简单电路实验、磁铁不同部位磁力大小、磁悬浮的秘密等实验中使用。

生命科学类传感器（如图 3-17）的测量对象有温度、pH 值、电导率、色度、浊度、相对湿度、压强、氧气、二氧化碳、心率、呼吸率、心电图等，主要在研究呼出空气的成分、监测空气湿度的变化、分析水环境等实验中使用。

图 3-15　力学传感器　　图 3-16　电磁学传感器　　图 3-17　生命科学类传感器

光学类传感器主要有光照度传感器（如图 3-18），主要在研究光的直线传播、不同颜色对光的反射能力等光学实验中使用。

声学类传感器主要有声波传感器（如图 3-19）、声级传感器，在声音的声波、观察比较声音的强弱、声音的反射等实验中使用。

热学传感器主要有普通温度传感器（如图 3-20）、高温传感器、红外传感器等，在水的沸腾、水的蒸发、热在物体中的传播等实验中使用。

  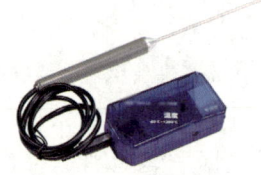

图 3-18　光照度传感器　　图 3-19　声波传感器　　图 3-20　温度传感器

3. 数字化实验设备

数字化实验设备在高精度、便捷性、数据存储与传输能力、实时监控与控制、自动化与智能化，以及可编程性等方面比传统实验设备有着无可比拟的优势。这些优势简化了工作流程，降低了错误率，提升了工作效率和结果可靠性，同时促进了数据管理、远程传输与共享以及数据分析与可视化。常见的有数字化测量工具，如数字卡尺、激光测距仪等；数字化观察工具，如数字显微镜、红外热像仪、数字望远镜等。

（1）数字游标卡尺（如图 3-21）

数字游标卡尺主要用于测量长度、内径、外径和深度，具有 LCD 显示器和高精度读数。

具体使用时包括以下步骤：

检查设备：在使用前，请确保数字卡尺电池充足并且无明显损伤。

开启设备：按下开机键，等待设备启动。屏幕上会显示当前测量单位，可根据需要自行切换。

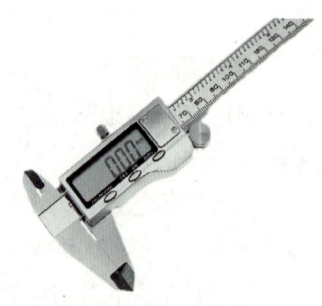

图 3-21　数字游标卡尺

归零操作：合拢卡尺的两个测量爪，确保它们完全接触。按下"零位"或"清零"按钮，将数值归零。

外径测量：将被测物品置于数字卡尺的外径测量爪之间；缓慢滑动卡尺，使测量爪与被测物轻轻接触，避免过度挤压；读取屏幕上的数值，即外径尺寸。

内径测量：将数字卡尺的内径测量爪插入被测孔中；缓慢滑动卡尺，使测量爪与被测物轻轻接触，避免过度挤压；读取屏幕上的数值，即内径尺寸。

深度测量：用数字卡尺的深度杆沿被测物表面滑动至所需深度位置；确保深度杆与被测物表面平行；读取屏幕上的数值，即深度尺寸。

步长测量：将数字卡尺的外径测量爪置于被测台阶的两个相邻表面之间；缓慢滑动卡尺，使测量爪分别接触到台阶的两个相邻表面；读取屏幕上的数值，即步长尺寸。

关闭设备：测量完成后，按下关机键关闭设备，避免不必要的电池损耗。

注意事项：避免在温度、湿度极端环境下使用，以免影响测量精度；不要使用卡尺测量带电或高温物体；定期清洁和校准设备，确保测量精度。

（2）激光测距仪（如图 3-22）

激光测距仪利用激光测量距离，具有高精确度和快速读数。

具体使用步骤如下:

准备工作:使用前确保激光测距仪电池充足并且无明显损伤。

开启设备:按下开机键,等待设备启动。屏幕上会显示当前测量单位,可根据需要自行切换。

选择参考点:根据实际测量需求,选择激光测距仪后端、前端或中心为参考点。不同的参考点可能影响最终测量结果,因此务必确保准确选择。

图 3-22 激光测距仪

进行测量:将激光测距仪稳定放置在起始位置,对准目标点;按下测量键,发射激光,设备会自动计算激光在目标点的反射时间并将距离显示在屏幕上;如需多次测量,可重复以上步骤。

附加功能:激光测距仪通常具备一些附加功能,例如面积测量、体积测量、连续测量等。熟练掌握这些功能可以提高工作效率。

存储数据:部分型号的激光测距仪支持数据存储功能,用户可将测量结果保存到设备内以供后续参考。

关闭设备:测量完成后,按下开机键关闭设备,避免不必要的电池损耗。

注意事项:避免直接观看激光源,以防眼睛受伤;不要在有强光、雨水或沙尘等不利因素的环境中使用,以免影响测量精度;保持设备清洁,定期进行校准和维护。

(3) 数字显微镜(如图 3-23)

数字显微镜是一种能够将显微图像直接转换为数字信号并在计算机或显示器上显示的显微设备。它适用于科研、教育和工业领域。

操作使用时包括以下步骤:

准备工作:检查设备,确保数字显微镜无明显损伤,电源线、USB 线等配件齐全。

安装和连接:将显微镜放置在稳定平整的台面上;连接电源线,并将 USB 线插入计算机或显示器。

开启设备:按下开机键,等待设备启动。屏幕上会显示当前放大倍数,可根据需要自行调整。

样品制备:取适量样品置于载玻片上,若需要,可覆盖一片薄玻片;将载玻片放置在显微镜的载物台上,固定好位置。

调节光源:调节光源亮度,使观察对象清晰可见。可以选择上光源或下光源,根据样品性质和观察目的进行选择。

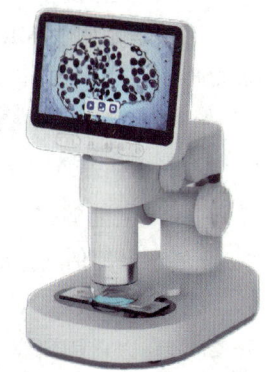

图 3-23 数字显微镜

调焦:选择合适的物镜,如低倍、高倍等;使用粗调焦轮将显微镜与样品的距离调至合适位置,使得样品在屏幕上清晰可见;使用细调焦轮进一步优化图像清晰度。

拍照和录像:调整曝光时间、增益等参数,优化图像质量;点击拍照键,捕捉静态图像;点击录像键,开始录制动态过程。

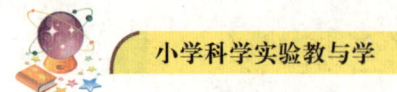

数据存储和分析：将拍摄的照片和视频保存到计算机中，并使用专用软件进行图像分析和处理。

关闭设备：关闭光源；按下关机键，关闭数字显微镜；断开电源和 USB 线连接；将设备存放于干燥和阴凉的地方。

注意事项：避免在极端温度、极端湿度的环境下使用，以免影响设备性能；不要用手直接触摸镜头，避免造成污染或损伤；定期清洁和校准设备，确保观察效果。

(4) 实验室虚拟现实(VR)

虚拟现实技术在实验室教学中已成为一种重要工具，它提供了沉浸式、交互式和高度真实的学习环境。以下介绍在实验室使用 VR 技术的方法。

a. 准备硬件设备

购置所需的 VR 硬件设备，如头戴式显示器（HMDs）、手柄控制器、定位传感器等，确保设备兼容并适用于实验软件。

b. 安装软件

根据硬件设备选择合适的虚拟仿真软件，如 Labster、MEL Chemistry VR 等。按照软件要求安装并配置。

c. 设备校准与设置

遵循硬件设备的用户手册进行设备校准与设置，确保正确地连接所有部件，建立稳定的数据传输。

d. 学习资源与课程安排

根据教学计划选择适合的实验课程，结合实际教学目标确定进度。可以将 VR 实验与传统实验相结合，以提高学生对知识的掌握。

e. 操作指导

引导学生熟悉 VR 操作界面与设备，确保他们能够独立完成实验操作。提醒学生遵循实验安全规定，防止在虚拟环境中养成不良习惯。

f. 实验过程监控与反馈

在学生进行 VR 实验时，老师应密切关注学生的操作和理解情况，及时提供反馈与指导，确保学生能够完成实验目标并理解所学知识。

g. 成果评估与总结

在实验结束后，对学生的操作、数据记录、实验报告等进行评估。鼓励学生进行总结，分享心得，以巩固所学知识。

通过以上方法，可在实验室中有效地利用虚拟现实技术，为学生提供丰富的学习体验。

第四章
物质科学领域

第一节　物质科学领域概念概述

一、物质的结构与性质

世界是物质的,太阳系、地球、原子、基本粒子、电磁场等都是物质。不同的物质具有不同的性质,其组成和结构也不相同,不同物质的功能和用途由物质的性质决定。不同物质组成的物体外部特征不同,如它们的颜色、味道、气味、形状、状态、表面的粗糙程度等各不相同。根据物体的特征和材料的性质可以将两种混合在一起的物体分离开来,如沙子和糖、铁屑和木屑。物体可以分为固体、液体和气体三种类型。如空气是气体;空气是一种混合物;组成空气的微粒之间有空隙;空气占据空间;空气能被压缩且具有弹性等。物质的结构不同,物质具有一定的特性和功能。比如不同材料在水中有不同的沉浮现象。实心的物体比水轻可以浮在水面上,比水重则会沉入水底。但是人们可以将实心做成空心让原本沉入水底的材料浮在水面上,如各种轮船。也可以通过控制自身轻重来实现自由上浮或者下潜,如潜水艇。在小学阶段认识基本物质的组成、性质及相关用途,有助于学生形成物质与能量、结构与功能、稳定与变化等跨学科概念。

二、物质的变化与化学反应

物质的组成和结构不是一成不变的,物质是不断变化的。物质的变化分为物理变化和化学变化。物理变化是物质的状态发生了改变,但是没有新的物质生成。比如水的三态变化,就是水的状态在固态、液态和气态之间的相互转化,在状态变化的过程中伴随着热的传递,其实质依然是以水分子形式存在。还有些物体的形状或大小发生了改变,如被切割成小块、被挤压、被拉伸等,但是构成物体的物质并没有发生变化。化学变化是物质的性质发生了变化,在变化过程中有新的物质生成。比如白醋和小苏打的混合,在混合之后产生了大量肉眼可见的气泡,通过检验发现这种气体不支持燃烧且比空气重,由此判断产生了二氧化碳气体,是一种新物质。化学变化需要通过化学反应来实现,其实质是组成物质的原子进行了重新组合。化学反应需要满足一定的条件,比如合适的温度等。人类致力于合理利用和调控化学反应产生的新物质来解决面临的问题。比如人们不断地在研究哪些反应产生的新物质可以为人类服务,哪些反应产生的新物质可能会带来灾难。有利的要加强研究,有害的要尽全力避免。认识物质是变化的,物质的变化伴随着能量的转移与转化,有助于学生形成物质与能量、稳定与变化等跨学科概念。

三、物质的运动与相互作用

物质是由微粒构成,而微粒又在永不停息地做无规则运动,因此,物质是运动的。物质的运动包括常见的机械运动、热运动和肉眼不可见的电磁运动。如当电源、导线、用电器和开关组成一个闭合的回路时,电子可以在电路中运动形成电流,用电器就可以正常地工作,为我们人类服务。物质之间存在相互作用力,包括万有引力、电磁力等;各种不同的力有一定的作用效果,有的可以改变物体的形态,使物体发生形变。如弹簧,在拉力的作用下弹簧会被拉长,在压力的作用下会被压缩,产生了一定的形变。此时弹簧具有一定的弹力,在弹性限度内,弹簧被拉伸得越长,产生的弹力越大,弹力大小与伸长量成正比例关系,根据此原理可以制成弹簧测力计。有的可以改变物体的运动状态,比如使静止的物体运动或者运动的物体静止下来等。或者当撤去拉力时弹簧在自身弹力的作用下恢复到原来的形状,进而发生一定的运动,改变了物体的运动状态。生活中有各种各样的摩擦力,如静摩擦力、滑动摩擦力、滚动摩擦力。有些摩擦力对人类的生产生活是有益的,我们要去增大,如鞋底的花纹;有些摩擦力有时对人类是有害的,我们要减小,如在机械滚轴中涂抹润滑油等。当运动的物体受到摩擦力时物体的运动状态也会发生改变。学习机械运动、热运动和电磁运动等,探究运动与相互作用之间的关系,有助于学生形成系统与模型等跨学科概念。

四、能的转化与能量守恒

物质是可以不断变化的,是可以运动的……在物质的一切属性中,运动是最基本的属性。物质有各种不同的运动形式,同时伴有不同的能的形式,如在机械运动中表现为机械能,即重力势能、动能、弹性势能等。在热运动现象中表现为系统的内能,物质在发生热传递过程中会有能量的转移,同时可能会伴有温度的变化;在对外做功或者外界对物质做功过程中会有能量的转化等。在热传导、热对流和热辐射过程中伴随着能量的转移,能量从温度高的部分传到温度低的部分或者从温度高的物体转移到温度低的物体。简单机械在工作过程中伴随着能量的相互转化,如杠杆、滑轮、轮轴、斜面等。能量是一切运动着的物质的共同特性,也是各种运动的统一量度。能的形式是多种多样的,在相互转移或者转化过程中,总量是保持不变的。其核心概念的学习有助于学生形成物质与能量、稳定与变化等跨学科概念。

第二节 物质的结构与性质相关实验

1. 空气占据空间

■ **实验内容**

探究空气是否占据空间。

■ **重要概念**

空气是一种无色、无味的气体。空气有质量并占有一定的空间,空气会充满各处。

■ **实验目的**

通过实验,知道空气占有一定的空间。能将看不见的抽象物质转化成看得见的直观现象。

■ **器材准备**

一次性塑料杯、面巾纸、泡沫颗粒、水槽、水、细针、打气筒。

■ **实验过程**

1. 将水槽中加水,水深能完全浸没一次性塑料杯的高度。在水面上撒一些泡沫颗粒。

2. 将面巾纸揉成团,紧紧塞在塑料杯内部底侧(用双面胶固定)。将塑料杯口朝下垂直倒扣入水中,观察泡沫颗粒的位置变化。思考:放泡沫颗粒的作用(如图4-1)。

3. 垂直取出塑料杯,观察面巾纸的干湿情况。

4. 重复上述1~2步实验,在塑料杯底部用细针戳一小孔,观察泡沫颗粒的位置。

5. 用打气筒从针孔位置往塑料杯内充气,观察泡沫颗粒位置变化,同时取出面巾纸,观察面巾纸干湿情况。

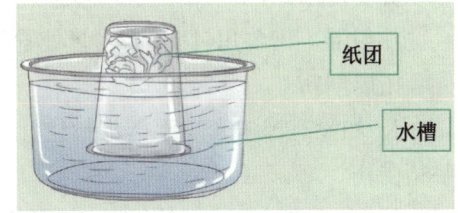

图4-1 空气占据空间

■ **安全提示**

用细针时注意不要戳到手。

■ **拓展创新**

1. 将空杯子杯口倾斜朝下插入水中,观察杯口有气泡冒出,说明杯子内空气占据的空间被水占据了。

2. 瓶内吹气球,气球吹不大,说明瓶内空气要占据空间。

3. 半瓶水,一块橡皮泥和两根吸管,一根吸管插入瓶子底部,一根插到水面上方,向插在瓶子上方的吸管内吹气,在不倾斜瓶子的情况下空气会将瓶内的水挤压出瓶子,说明空气占据空间。

2. 空气能被压缩且具有弹性

■ **实验内容**

探究空气能否被压缩，是否具有弹性。

■ **重要概念**

空气是一种无色、无味的气体。空气会充满各处，容易被压缩，空气具有弹性。

■ **实验目的**

通过实验，发现在密闭环境中空气容易被压缩，被压缩的空气可以回弹，无固定形状。

■ **器材准备**

无针头的针筒、橡皮套、水。

■ **实验过程**

1. 将针筒内吸 5 mL 的水，用力按压活塞，发现按不动，说明水不容易被压缩。

2. 排空水，将针筒内活塞往外拉到最大，筒内吸满空气，在针筒底部针头位置套上橡皮套，向下压活塞（如图4-2），观察出现的现象。能压动活塞说明空气能被压缩。

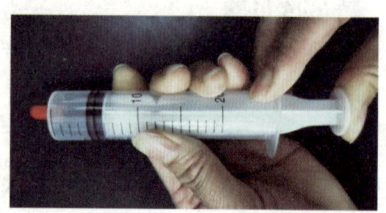

图 4-2 被压缩的空气

3. 下压活塞之后松手，观察活塞自动回弹，说明空气具有弹性，空气的体积不固定。

4. 换一个形状针筒，重复上述实验，说明空气可以被压缩，无固定形状。

■ **安全提示**

注射器不需要用针头，需妥善处置针头。

■ **拓展创新**

1. 如没有橡皮套用手指头封住针筒头部也可以，但是需注意控制力度和时间，防止手指受伤。

2. 可以选择粗一点的针筒，在内部放置一个已吹入气体的小气球或者小块海绵，按压活塞观察针筒内气球或海绵块的变化。

3. 被压缩的空气具有很好的弹性，在生活中有大量的应用。比如充满气的轮胎弹性很好，充气跳跳球、充气城堡、各种球类等的工作原理都与压缩的空气有关。可以利用此原理自制气垫船。

3. 观察热空气上升现象

■ **实验内容**

探究热空气上升现象。

■ **重要概念**

空气受热体积膨胀，在气压差的作用下会上升。

■ **实验目的**

通过实验,知道空气受热膨胀,吸收热量分子运动加剧,热空气会上升。别处的冷空气会进行实时补给,空气一直在流动。能将看不见的物质转化成有形的物体进行观察。

■ **器材准备**

大一点的平口塑料袋、蜡烛、卡纸。

■ **实验过程**

1. 将卡纸卷成纸筒,将纸筒套在点燃的蜡烛周围。保证纸筒不被烛焰烧灼。
2. 将塑料袋倒扣在烛焰上方,塑料袋内慢慢充满热空气,松手。发现塑料袋会像热气球一样飘向天空。说明热空气在上升。

■ **安全提示**

在火焰的使用过程中要注意安全。纸筒的直径要多次尝试,选取适合的尺寸。

■ **拓展创新**

1. 自制热气球,在安全区域释放,感受热空气上升。
2. "纸蛇"实验。将白纸剪成弯弯曲曲的小蛇状,放在火焰上方观察"小蛇"在舞动,说明热空气具有能量并且在上升。
3. 模拟大自然中的水循环。

4. 观察空气的热胀冷缩现象

■ **实验内容**

探究空气的热胀冷缩现象。

■ **重要概念**

空气一般具有热胀冷缩的性质,在热胀冷缩过程中伴随能量的转移与转化。

■ **实验目的**

能设计实验探究空气的热胀冷缩现象,能想办法将不明显的实验现象通过转换或者放大的方法表现出来,并能运用科学词汇、图示等方式记录。知道生活中关于热胀冷缩的应用与回避。

■ **器材准备**

水槽、圆底烧瓶、软木塞、玻璃管、红墨水、记号笔、冷热水。

■ **实验过程**

1. 将玻璃管插入软木塞,再把软木塞插入圆底烧瓶。将玻璃管一端插入水槽,双手握圆底烧瓶(如图4-3),观察水中玻璃管口是否有气泡冒出,检查装置的气密性。
2. 在玻璃管内封少许红墨水柱,用记号笔记下红墨水柱初始位置。
3. 在两个水槽内分别加入冷水和热水,将圆底烧瓶先放入热水中,观察玻璃管内的红墨水柱高度的变化。如果红墨水柱上升,说明圆底烧瓶内空气受热膨胀。

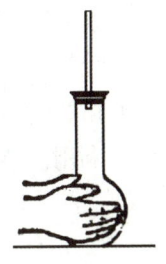

图4-3 气体的热胀冷缩

4. 再将圆底烧瓶放入冷水中,观察红墨水柱的变化。如果红墨水柱下降,说明圆底烧瓶内空气受冷收缩。

■ **安全提示**

用到玻璃器皿,要轻拿轻放。酒精灯的使用要规范,加热也可以用蜡烛等来代替。

■ **拓展创新**

利用空气热胀冷缩性质可以让瘪了的乒乓球重新鼓起来。

5. 观察水的热胀冷缩现象

■ **实验内容**

探究水的热胀冷缩现象。

■ **重要概念**

水一般具有热胀冷缩的性质,在热胀冷缩过程中伴随能量的转移与转化。

■ **实验目的**

能设计实验探究水的热胀冷缩现象,能想办法将不明显的实验现象通过转换或者放大的方法表现出来,并能运用科学词汇、图示等方式记录。知道生活中关于热胀冷缩的应用与回避。

■ **器材准备**

水槽、圆底烧瓶、软木塞、玻璃管、红墨水、记号笔、冷热水。

■ **实验过程**

1. 将玻璃管插入软木塞,再把软木塞插入圆底烧瓶。将玻璃管一端插入水槽,双手握圆底烧瓶(如图4-4),观察水中玻璃管口是否有气泡冒出,检查装置的气密性。

2. 在圆底烧瓶内装满清水,滴入少许红墨水,塞紧软木塞(染色方便观察水柱的变化)。用记号笔记下水柱初始位置。

3. 在两个水槽内分别加入冷水和热水,将圆底烧瓶先放入热水中,观察玻璃管内水柱高度的变化。如果水柱上升,说明圆底烧瓶内水受热膨胀。

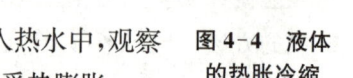

图4-4 液体的热胀冷缩

4. 再将圆底烧瓶放入冷水中,观察玻璃管内水柱高度的变化。如果水柱下降,说明圆底烧瓶内水受冷收缩。

■ **安全提示**

用到玻璃器皿,要轻拿轻放。酒精灯的使用要规范,加热也可以用蜡烛等来代替。

■ **拓展创新**

利用液体热胀冷缩的性质做一个温度计。

6. 观察金属的热胀冷缩现象

■ **实验内容**

探究金属(铜)的热胀冷缩现象。

■ 重要概念

金属一般具有热胀冷缩的性质,在热胀冷缩过程中伴随能量的转移与转化。

■ 实验目的

能设计实验探究常见金属的热胀冷缩现象,能想办法将不明显的实验现象通过转换或者放大的方法表现出来,并能运用科学词汇、图示等方式记录。知道生活中关于热胀冷缩的应用与回避。

■ 器材准备

水槽、冷水、铜球及配套圆环、酒精灯、火柴。

■ 实验过程

1. 将铜球通过铜环,重复实验。能通过说明铜球直径小于铜环内径。

2. 点燃酒精灯,将铜球放在酒精灯外焰上加热1~2分钟,再次重复第1步实验,发现铜球不能通过铜环。说明铜球直径大于铜环内径,铜球受热膨胀了。

3. 将加热后的铜球放入装有冷水的水槽内冷却,再次重复第1步实验,发现铜球又可以通过铜环(如图4-5),说明铜球受冷收缩了。

图4-5 固体的热胀冷缩

■ 安全提示

用到玻璃器皿,要轻拿轻放。酒精灯的使用要规范,加热也可以用蜡烛等来代替。

■ 拓展创新

思考:所有的金属都具有热胀冷缩的性质吗?

利用金属的导电性和热胀冷缩的性质可以做一个温度报警器。当温度达到一定值时电路接通,启动报警装置。

7. 探究常见材料在水中的沉浮

■ 实验内容

探究常见材料在水中的沉浮。

■ 重要概念

物体在水中受到竖直向上的浮力的作用。不同材料的属性不同,同为实心物体,有的轻一些有的重一些,在水中的沉浮状态也不一样。质量相同的物体,改变体积大小可以改变在水中的沉浮状态;相同体积的物体,改变自身质量也可以改变在水中的沉浮状态。

■ 实验目的

通过实验,知道常见材料在水中的沉浮状态。能联系实际生活,解释生活中见到的现象并会分析使用材料的特点。

■ 器材准备

水槽、清水、土豆、小刀、橡皮泥、石头、泡沫、木块、塑料积木、铁钉、带盖空瓶子、大头针。

■ **实验过程**

1. 水槽内加入大半水槽的水,将各种物品简单分类并猜想哪些会沉入水中,哪些会漂浮在水面上,哪些会悬浮在水中。
2. 将准备的物品一一尝试放入水槽,观察沉浮状况并及时记录。
3. 思考如何让空瓶子沉入水底。
4. 在不改变橡皮泥质量的前提下尝试让沉入水中的橡皮泥浮在水面上。
5. 用小刀改变土豆大小,观察沉浮状态。

■ **安全提示**

使用小刀时注意安全。

■ **拓展创新**

1. 用身边常见材料自制一个救生圈,体现环保再利用理念。如矿泉水瓶子。
2. 尝试让沉入水底的鸡蛋浮起来。

8. 了解净化水的方法

■ **实验内容**

了解净化水的方法。

■ **重要概念**

水是重要的物质,可运用于多个领域,是地球上十分重要的资源之一。水有三种状态,分别是固态水、液态水和气态水,在吸、放热的过程中这三种状态会相互转化,在转化的过程中其性质未发生变化。

■ **实验目的**

通过实验,知道净化水的常用方法(吸附、沉淀、过滤和蒸馏)。能用常见的物理方法将水进行初步的净化,知道水资源的宝贵并会珍惜水资源,保护环境。

■ **器材准备**

烧杯、漏斗、滤纸、玻璃棒、三脚架、活性炭、水槽、酒精灯、火柴、石棉网、明矾等。

■ **实验过程**

1. 沉淀。将河水倒入水槽,在水槽内加入明矾作为絮凝剂,将河水中的大的沉淀物沉淀出来。
2. 过滤。将初步沉淀完的河水利用滤纸进行过滤,将河水中的小的颗粒物过滤出来。
3. 吸附。在水槽内加入活性炭,吸附水中的一些颜色和味道。
4. 蒸馏。将处理过的河水倒入烧杯,放在酒精灯上进行蒸馏。利用水的蒸发将液态水变成水蒸气,再将水蒸气冷却,使其液化成干净的液态水。

■ **安全提示**

酒精灯的使用要规范、科学;玻璃器皿的使用需轻拿轻放。

■ **拓展创新**

尝试设计实验室一体化净化水的装置。要求方便携带、环保。

9. 制取氧气并检验

■ **实验内容**

利用过氧化氢（双氧水）制取氧气并检验。

■ **重要概念**

氧气是空气的重要组成部分之一，动物、植物的生存都离不开氧气。氧气是一种无色、无味、看不见、摸不着的气体。氧气可以帮助燃烧。

■ **实验目的**

通过实验，知道过氧化氢溶液会缓慢地分解出氧气，加入胡萝卜作为催化剂可以加快过氧化氢的分解，呈现的现象会更加明显。通过观察带火星的木条复燃判断产生的气体是氧气。

■ **器材准备**

过氧化氢（浓度6％）、胡萝卜、小刀、毛玻璃、木条、火柴、锥形瓶。

■ **实验过程**

1. 用小刀将胡萝卜切碎，放入锥形瓶中。
2. 向锥形瓶中加入适量的过氧化氢，在锥形瓶瓶口盖上毛玻璃，静置一会。
3. 移开玻璃片，将带火星的木条伸到锥形瓶瓶口位置，观察带火星的木条复燃，说明产生了氧气。

■ **安全提示**

小刀使用时注意安全；反应不可放在集气瓶中发生；火柴用完要将火焰甩灭并放入废液缸。

■ **拓展创新**

1. 可配置3％浓度的过氧化氢进行消毒使用。
2. 思考：除了胡萝卜，还可以用哪种物质作为催化剂？

10. 制取二氧化碳并检验

■ **实验内容**

利用小苏打和白醋制取二氧化碳并检验。

■ **重要概念**

空气中除了含有氮气、氧气等气体之外，还含有二氧化碳气体。动物呼吸过程会产生二氧化碳，植物的光合作用需要二氧化碳，很多燃料燃烧会产生二氧化碳。二氧化碳对我们的生命活动具有重要意义。二氧化碳不支持燃烧，比空气重。

■ **实验目的**

通过实验，知道厨房常见物品混合会发生化学反应，产生二氧化碳气体。二氧化碳不支持燃烧，可用作灭火器。

■ **器材准备**

小苏打、白醋、木条、火柴、锥形瓶、药匙。

■ **实验过程**

1. 用药匙取适量小苏打倒入锥形瓶中。
2. 将白醋倒入盛有小苏打的锥形瓶中。
3. 观察并记录发生的现象。将点燃的木条伸进锥形瓶瓶口位置，发现点燃的木条熄灭了，说明产生了不支持燃烧的二氧化碳。

■ **安全提示**

取用药品时要规范，不要污染剩下的药品。

■ **拓展创新**

1. 可利用二氧化碳使澄清的石灰水变浑浊检验物质是否含有二氧化碳。
2. 将点燃的蜡烛漂浮在水面上，用透明玻璃杯垂直向下罩住蜡烛，将玻璃杯压入水底，观察现象。发现蜡烛慢慢熄灭，可说明燃烧需要氧气，燃烧产生二氧化碳，二氧化碳不支持燃烧。

家庭实验室：利用厨房常见物品自制二氧化碳灭火器。

11. 利用简单电路判断物体的导电性

■ **实验内容**

利用简单电路判断物体的导电性。

■ **重要概念**

电源、导线、开关和用电器是构成电路的必要元件。必要元件的顺次连接构成闭合回路，切断闭合回路是控制电流的一种方法。有些材料是导体，容易导电；有些材料是绝缘体，不容易导电。家庭电路使用的是 220 V 交流电，对人体会产生伤害，日常用电需注意安全用电常识。

■ **实验目的**

通过实验，掌握简单电路的连接方法，知道导体容易让电流通过，绝缘体不容易让电流通过。通过观察小灯泡的亮暗来判断物体的导电性，并注意电路安全。

■ **器材准备**

电池盒、导线、小灯泡、灯座、电池以及各种用以判断导电性的物体。

■ **实验过程**

1. 将电池盒、小灯泡、灯座、电池用导线连接一个电路检测器（如图 4-6）。
2. 将电路检测器的两个检测头相互触碰，观察灯泡亮暗情况，达到自检的目的。思考为什么要自检。
3. 用电路检测器的两个检测头分别触碰待检测物

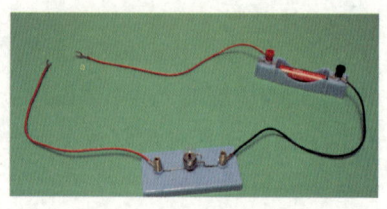

图 4-6 电路检测器

体的两端,观察灯泡亮暗,并实时记录。重复实验,思考为什么要重复实验。

4. 讨论交流,得出实验结论:哪些材料容易导电?哪些材料不容易导电?

■ **安全提示**

连接电路检测器时避免电路短路。

■ **拓展创新**

1. 导电性较弱的材料接入电路时小灯泡不亮,是不是就判定此材料为绝缘体呢?针对这种现象,可在电路中接入电流表,用电路中电流的大小变化来判断物体的导电性。

2. 也可将小灯泡换成发光二极管进行实验。

第三节 物质的变化与化学反应相关实验

1. 水中可以溶解一些物质

■ **实验内容**

探究一些物质在水中的溶解现象。

■ **重要概念**

有些物质能溶解在水中,有些物质很难溶解在水中。物质溶解在水中形成溶液,溶液是稳定的。物质在水中溶解颗粒变得越来越小,肉眼不可见,颗粒是均匀分布的。

■ **实验目的**

通过实验,观察一些物质在水中的溶解现象。溶解在水中的物质无法用沉淀、过滤的方法将其与水分离。

■ **器材准备**

烧杯、玻璃棒、盐、白糖、面粉、油、过滤装置。

■ **实验过程**

1. 在几只烧杯中分别加等量等温的清水。

2. 分别在上述几只烧杯中依次加入等量的盐、白糖、面粉、油,用玻璃棒搅拌,静置。

3. 观察并记录呈现的变化。

4. 用过滤装置分别过滤上述溶液,观察滤纸上的残留物。思考:物质溶解在水中,溶液是什么样子的?

■ **安全提示**

用到盐、白糖等实验药品不可入嘴尝,注意操作的规范性,加强安全教育。

■ **拓展创新**

1. 探索日常物品如洗洁精、洗衣液、洗衣粉等能否溶解在水中。

2. 思考:如何将溶解在水中的盐分离?

2. 探究影响物质溶解快慢的因素

■ **实验内容**

探究哪些因素影响物质溶解的速度。

■ **重要概念**

一定量的水中能溶解一定量的物质。温度的高低和是否搅拌会影响溶解的速度。知道分子运动越快溶解越快。

■ **实验目的**

通过实验,知道温度越高溶解越快,搅拌也可以加快溶解。物质在水中的溶解能力是有限的,当达到一定值时就无法再溶解。

■ **器材准备**

烧杯、冷水、热水、盐、玻璃棒、天平。

■ **实验过程**

1. 用天平称取等量的盐 4 份。
2. 在两个烧杯中加入等量的水,一杯热水、一杯冷水。
3. 同时向上述两个烧杯中分别加入称取好的等量的盐,不搅拌,静置。
4. 观察盐的溶解情况。判断哪个烧杯中盐溶解得快。
5. 再取两个同样的烧杯,加入等量等温的水。
6. 同时向第 5 步两个烧杯中加入等量的盐,一杯用玻璃棒搅拌,一杯不搅拌。
7. 观察盐的溶解情况。判断哪个烧杯中盐溶解得快。
8. 交流讨论:溶解快慢可能与哪些因素有关?

■ **安全提示**

玻璃器皿轻拿轻放,使用热水时注意安全。

■ **拓展创新**

1. 思考:颗粒大小影响溶解的快慢吗?
2. 如何快速地让感冒颗粒溶解在水中?

3. 观察水的蒸发和水蒸气凝结现象

■ **实验内容**

观察水的蒸发和水蒸气凝结现象。

■ **重要概念**

水和水蒸气是水的不同存在形式,水和水蒸气在吸、放热过程中的状态会相互转化。蒸发在任何温度下都能发生,是缓慢的。沸腾在特定温度下发生,是剧烈的。水是液态的,具有固定的体积但没固定的形状,吸收热量之后会蒸发变成水蒸气,肉眼看不见水蒸气,水蒸气没有固定的形状和体积。但是水和水蒸气都有固定的质量。

■ **实验目的**

通过实验,知道水会蒸发变成水蒸气,水蒸气遇冷会凝结成小水珠。学会使用对比法观察。

■ **器材准备**

酒精灯、烧杯、三脚架、玻璃板、石棉网、胶头滴管、试管夹。

■ **实验过程**

1. 分别在两块玻璃板上用胶头滴管滴入等量的水。
2. 一块玻璃板在常温下观察,一块玻璃板放在酒精灯外焰上加热,对比两块玻璃板上水蒸发时的状态及蒸发速度的快慢。
3. 讨论交流:水蒸发现象。
4. 在烧杯中加入少量水,在三脚架上放上石棉网,将烧杯放在石棉网上利用酒精灯外焰加热,观察水蒸发的现象。
5. 用试管夹夹住玻璃板放在正在加热的烧杯上方(如图4-7),观察玻璃板上有什么现象。
6. 交流讨论:玻璃板上的小水滴是哪里来的?

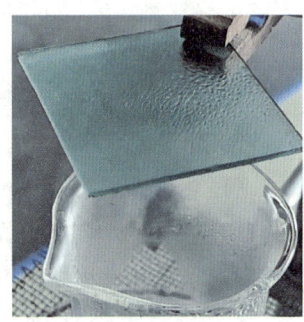

图 4-7 水的凝结

■ **安全提示**

酒精灯的使用要规范,加热工具也可以用蜡烛等来代替。

■ **拓展创新**

1. 结合日常生活中如何让湿衣服干得更快,思考蒸发的快慢与哪些因素有关。
2. 模拟雨的形成,如何让雨下得更快更大?
3. 思考:刚从冰箱取出的饮料外壁上有水珠,哪里来的呢?

4. 水沸腾和结冰现象

■ **实验内容**

观察水沸腾和结冰现象。

■ **重要概念**

加热或冷却时经常能见到物质的状态会发生变化,比如水加热到一定温度会沸腾,水冷却到一定温度会凝固成冰。

■ **实验目的**

通过实验,知道一个标准大气压下水的温度升高到 100 ℃时会沸腾,会描述水沸腾前和沸腾时杯内的气泡情况,测量并比较水沸腾前温度的变化情况。知道水冷却到 0 ℃时会凝固成冰,测量并分析水结冰前后的温度变化情况。

■ **器材准备**

酒精灯、试管、试管夹、烧杯、食盐、温度计、碎冰。

■ **实验过程**

1. 观察水沸腾实验。

（1）在烧杯内加入适量清水（水量至少能完全浸没温度计的玻璃泡），在烧杯内插入温度计测量水的初始温度。

（2）插入温度计，用酒精灯外焰加热烧杯，每隔相等时间全程测量并记录水温变化。装置如图 4-8。

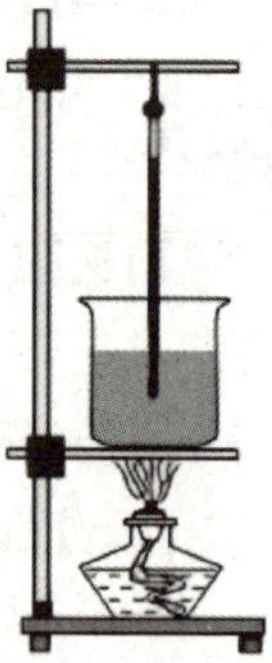

（3）观察烧杯中水沸腾前后的气泡现象。

（4）交流讨论：水沸腾现象。

2. 观察水结冰现象。

（1）在试管内加入少许水。

图 4-8　水的沸腾

（2）将温度计放在试管内测量水的初始温度。全程不取出温度计，观察水结冰过程中温度的变化。

（3）将试管放置在烧杯内，在烧杯中加入碎冰和食盐，将试管包围（如图 4-9）。

（4）观察试管中水的变化。

（5）交流讨论：水结冰现象。

思考：水沸腾需要吸热还是放热？水结冰需要吸热还是放热？

图 4-9　水结冰了

■ **安全提示**

酒精灯的使用要规范，加热工具也可以用蜡烛等来代替；加热试管时试管口千万不能对着人。

■ **拓展创新**

1. 水结冰时在试管外壁会发现霜，思考霜是如何形成的。

2. 观察水沸腾时和水结冰时温度计的示数，总结水沸腾和结冰过程中的温度情况。

5. 观察产生新物质的变化

■ **实验内容**

观察蜡烛燃烧、铁钉生锈过程中产生的新物质。

■ **重要概念**

有些物体发生了变化，如蜡烛燃烧、铁生锈等，构成物体的物质也发生了变化，同时伴随着能量的转移与转化。

■ **实验目的**

通过实验，知道蜡烛的燃烧伴随着热量的放出，产生黄白色火焰，火焰分为三层，会产生少量的黑烟，生成了二氧化碳和水。铁原本是银白色的，暴露在空气中与氧气和水接触会生锈，颜色发生变化，产生了新物质。

■ **器材准备**

蜡烛、火柴、金属勺子、铁钉、试管、水、食用油。

■ **实验过程**

1. 蜡烛燃烧现象。

（1）用火柴点燃蜡烛，观察火焰的颜色。

（2）将金属勺子底部放在蜡烛火焰上方，过一会儿观察勺子的底部情况。发现勺子底部变黑了，说明产生了新物质。

（3）观察蜡烛本身变短了，蜡烛原本是固态的，融化成液态的蜡烛油，蜡烛油可以燃烧产生新的物质。

2. 铁钉生锈。

（1）将 3 根铁钉分别放入 3 根试管中，第一根试管中什么都不放，第二根试管里倒入到铁钉 2/3 的水，第三根试管里的水量同第二根试管，且在水面上滴入食用油。

（2）静置几天，观察铁锈并分析铁钉生锈的条件。

■ **安全提示**

将金属勺子放在烛焰上加热后，不要立即用手去碰。

■ **拓展创新**

1. 蜡烛燃烧产生的新物质之一是二氧化碳，可以用澄清石灰水检验。

2. 铁钉生锈实验需要的时间较长，可提前布置，耐心观察。

3. 思考生活中用了什么办法避免铁钉生锈的。

第四节　物质的运动与相互作用相关实验

1. 认识摩擦力

■ **实验内容**

认识摩擦力。

■ **重要概念**

生活中常见的摩擦力是直接施加在物体上的力。物体在运动时或者有某种运动趋势时会受到摩擦力的作用。生活中的摩擦力有的是有利的，我们需要去增大它；有的是有害的，我们需要去减小它。

■ **实验目的**

通过实验，知道一个物体在另一个物体表面运动时，在物体表面会产生摩擦力。摩擦力大小与压力大小和接触面的粗糙程度有关，了解生活中的摩擦力并解释通过什么方式增大或者减小摩擦。

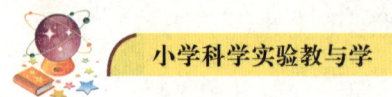

■ 器材准备

弹簧测力计、长木板、毛巾、砂纸、带有挂钩的木盒(小车)、钩码。

■ 实验过程

1. 将木盒放在长木板上,用力拉动木盒,感受木盒在木板上滑动时受到的摩擦力。

2. 往木盒里加不同数量的钩码,改变木盒的质量,在水平方向上拉动木盒,感受摩擦力大小的改变。

3. 改用弹簧测力计缓慢拉动,在木盒匀速直线运动时读出的弹簧测力计示数就是摩擦力大小。

4. 改变木盒质量,同样拉动,测量不同压力时受到的摩擦力大小。

5. 保持木盒质量相同,在木板上铺上毛巾、砂纸等物品,改变接触面的粗糙程度,测量摩擦力的大小。

6. 分析比较:影响摩擦力大小的因素。

■ 安全提示

关注弹簧测力计量程,所测摩擦力不要超过量程,以免破坏弹簧测力计。

■ 拓展创新

1. 筷子提大米。利用摩擦力将大米提起来。

2. 找一找,生活中物品哪些是增大摩擦力的?用的是什么方法?比如笔杆手握部分、瓶盖上有条纹、鞋底的花纹,等等。哪些是减小摩擦力的?用的是什么方法?

3. 将两本书一页夹着一页重叠起来,试一试能将两本书轻松拉开吗?

2. 认识弹力

■ 实验内容

认识弹力。

■ 重要概念

力可以改变物体的运动状态,也可以使物体产生形变。物体发生弹性形变时会产生一个与形变方向相反的力,这个力就是弹力。在一定范围内,弹性形变越大,产生的弹力越大。

■ 实验目的

通过实验,感受弹力的存在,知道物体发生形变会产生弹力,弹力的大小与形变程度有关。了解生活中的弹力。

■ 器材准备

弹簧、弹簧测力计、记号笔、铁架台、白纸。

■ 实验过程

1. 将弹簧悬挂在铁架台上,使其处在自由伸长状态。后面贴一张白纸,用记号笔在白纸上标出初始位置。

2. 用手向下拉动弹簧,观察弹簧被拉长,感受弹力。

3. 用弹簧测力计向下拉动弹簧,观察弹簧被拉长的长度与弹簧测力计示数的变化。

4. 比较分析:弹力大小与什么因素有关?

■ **安全提示**

拉长弹簧需在弹性允许范围内。

■ **拓展创新**

1. 利用弹力大小与伸长量成正比关系自制橡皮筋测力计。

2. 思考:玩蹦蹦床怎样才能弹得更高?

3. 研究拉力大小与改变小车运动快慢的关系

■ **实验内容**

探究拉力大小与改变小车运动快慢的关系。

■ **重要概念**

力是改变物体运动状态的原因。给物体施加力可以改变物体运动的快慢,也可以使物体开始或者停止运动。用速度来表示运动的快慢,改变力的大小可以改变小车运动的快慢。

■ **实验目的**

通过实验,掌握使用秒表计时的方法。当物体运动相同距离时,通过比较时间来比较运动的快慢;当物体运动相同时间时,通过比较距离来比较运动的快慢。

■ **器材准备**

长木板、小车、细绳、钩码、秒表、刻度尺、记号笔、滑轮。

■ **实验过程**

1. 用记号笔在长木板上画出小车运动的初始位置和终止位置。

2. 将滑轮固定在桌子边缘,用细绳拉住小车的一端,另一端通过定滑轮挂上钩码(如图 4-10)。

3. 钩码的重力会对小车产生一个拉力,拉力拉动小车运动。小车开始运动时计时,小车运动到长木板终止位置时停止计时。记录运动时间。

4. 改变钩码数量,重复上述实验。

5. 比较用时长短来判断拉力大小与小车运动快慢之间的关系。

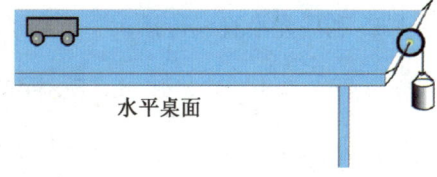

图 4-10

■ **安全提示**

拉力不宜太大。

■ **拓展创新**

1. 尝试使用相同时间比较距离的方法实验。

2. 思考:如果运动时间和运动距离都不一样,该怎么比较运动快慢?

4. 探究光在均匀介质中沿直线传播的现象

■ **实验内容**

探究光在均匀介质中沿直线传播的现象。

■ **重要概念**

光在均匀介质中沿直线传播。光源发出光,将抽象的光用带箭头的直线形象表示出来。光沿着直线传播,当光传播的介质发生变化,光的传播方向就会改变。

■ **实验目的**

通过实验知道光在空气中沿直线传播。能创设不同的均匀介质,比如,固体、液体,观察光的传播路径。

■ **器材准备**

手电筒、激光笔、透明水槽、牛奶、带小孔的卡纸、卡纸、透明玻璃砖、长尾夹。

■ **实验过程**

1. 将三张带孔的卡纸用长尾夹竖立在水平桌面上,调整孔不在一条直线上,用手电筒从第一张卡纸的孔中照射,观察光斑的位置。不断调整孔的位置,重复实验。

2. 调整三个孔在一条直线上,重复上述实验(如图 4-11)。

3. 交流:光在空气中沿直线传播。

■ **安全提示**

使用手电筒和激光笔时不可以对着人的眼睛照射。

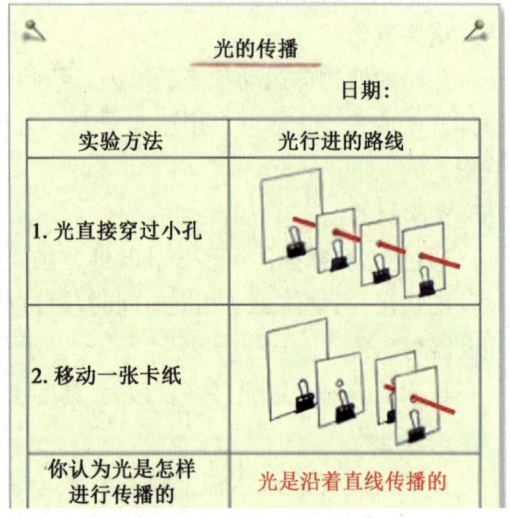

图 4-11 光的传播

■ **拓展创新**

1. 在水槽中加满水,滴入少量牛奶,用激光笔从一端射入,观察光在水中的传播。

2. 用激光笔照射透明玻璃砖,观察光在玻璃砖中的传播路径。

3. 利用光沿直线传播玩一玩影子游戏。做一个小孔成像装置。

5. 探究影子形成的秘密

■ **实验内容**

探究影子形成的秘密。

■ **重要概念**

光在均匀介质中沿直线传播,在传播过程中遇到了不透明的遮挡物,光的传播路径会被阻挡,在遮挡物的背面形成影子。影子的大小、方向、形状与光源的位置、物体的形状等有关系。

实验目的

通过实验知道影子形成的条件有光源、遮挡物和屏。改变光源的位置、物体的形状等条件,影子的方向、大小和形状也会发生改变。

器材准备

手电筒、恐龙玩具、白纸、铅笔。

实验过程

1. 利用手电筒和恐龙玩具制造一个影子,让影子呈现在白纸上。
2. 用铅笔画出影子的形状。
3. 尝试改变影子的大小和方向。
4. 交流讨论:影子形成的条件以及影子的大小、方向等与什么有关。

安全提示

不可用手电筒照射别人的眼睛。

拓展创新

1. 玩玩手影游戏。
2. 尝试和爸爸妈妈一起设计制作并演一演皮影戏。
3. 模拟日食和月食的形成。

6. 认识光反射现象

实验内容

认识光的反射现象。

重要概念

光在均匀介质中沿直线传播,当光在传播过程中遇到物体会发生反射现象,光的传播方向会改变,改变方向后的光依然沿直线传播。

实验目的

通过实验,知道光遇到物体会沿着不同的方向反射回原介质中。

器材准备

激光笔、平面镜、小喷壶、记号笔。

实验过程

1. 将平面镜正面朝上平放在水平桌面上,用记号笔在平面镜上做一个标记。
2. 用激光笔沿着一个角度照射到平面镜上的标记处,用小喷壶喷洒水雾,观察光的传播路径改变情况。
3. 不断改变激光笔照射方向,观察反射光线的方向和位置。
4. 交流总结:光照射到镜面上会发生反射现象,且反射光线也沿直线传播,与入射光线的方向是相反的。

安全提示

不可用激光笔照射别人的眼睛。

■ **拓展创新**

1. 激光测距。如：利用激光照射到海底被反射回来测量海底深度。
2. 利用量角器和平面镜组合探究反射光线和入射光线方向之间的关系。
3. 了解眼睛看到万物的秘密。

7. 观察光通过三棱镜的色散现象

■ **实验内容**

观察光通过三棱镜的色散现象。

■ **重要概念**

太阳光通过三棱镜后会形成彩色光带，三棱镜将太阳光色散成七种颜色的光。太阳光不是单一的色光，而是由七种颜色组成的。每种色光的波长不同，通过三棱镜折射之后偏折的程度也不同。

■ **实验目的**

使用三棱镜将太阳光中的可见光进行分解，知道太阳光是混合光，色散后的不同色光偏折程度不同。

■ **器材准备**

三棱镜、白纸、手电筒。

■ **实验过程**

1. 将三棱镜对着太阳光，调整三棱镜的角度，在白纸上找到色散之后的七种颜色（如图4-12）。
2. 重复实验。
3. 讨论交流：哪种颜色的光在最上面？哪种颜色的光在最下面？为什么？

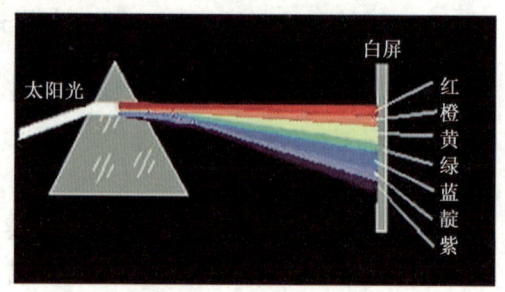

图 4-12 光的色散

■ **安全提示**

手不要摸三棱镜以免造成镜面模糊，导致现象不明显。

■ **拓展创新**

1. 手电筒发出的光也能色散吗？
2. 人工制造彩虹。三棱镜色散过程中用小喷壶喷一些水雾观察。

家庭实验室：在一圆环上蒙上保鲜膜，用手电筒照射保鲜膜，观察出现什么现象。

8. 认识透镜

■ **实验内容**

探究凸透镜成像。

■ **重要概念**

光在均匀介质中沿直线传播，当遇到透明物体时光会穿过透明物体，但是传播路径会发生变化。光在经过凸透镜后会形成不同的像。

■ 实验目的

通过实验,知道凸透镜中间厚边缘薄,改变物体到凸透镜的距离能将物体放大,也能将物体缩小,还能成倒立的像。知道放大镜就是凸透镜,使用时可将物体放大。照相机镜头、投影仪也是凸透镜。

■ 器材准备

凸透镜、手电筒、画有小箭头的卡纸、蜡烛、屏。

■ 实验过程

1. 观察凸透镜,用图示表达出凸透镜的特点:中间厚边缘薄。

2. 用手电筒垂直于凸透镜镜面照射,在另一面的屏上找到最小最亮的光斑(如图4-13)。思考:光斑是什么?如何说明凸透镜对光线有会聚作用。

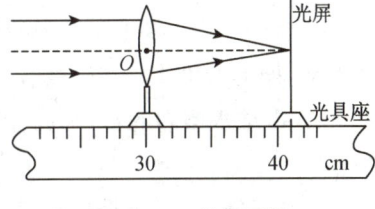

图4-13 认识透镜

3. 改变卡纸与凸透镜之间的距离,透过凸透镜观察卡纸上的箭头。

4. 点燃蜡烛,调整烛焰中心、透镜中心和屏中心,使它们在同一高度,改变蜡烛到凸透镜的距离,观察在屏上呈现的像。

5. 交流讨论:凸透镜成像有哪几种情况?

■ 安全提示

凸透镜对光线有会聚作用,不可用眼睛直接透过凸透镜观察太阳。

■ 拓展创新

1. 思考:外出游玩时,为什么不能把空塑料瓶扔到森林里?
2. 观察老花镜和近视眼镜的区别。
3. 利用不同的凸透镜,组合一个显微镜。

9. 声音是怎样产生的

■ 实验内容

探究声音是怎样产生的。

■ 重要概念

声音是由物体振动产生的,振动停止,声音也停止。固体、液体、气体都能产生声音。

■ 实验目的

通过实验,知道声音是由物体振动产生的。振动停止,声音也停止。能设计实验观察固体、液体和气体均能振动产生声音。

■ 器材准备

直尺、音叉、水槽、水、鼓、碎纸屑、吸管。

■ **实验过程**

1. 将直尺一端压在桌面上，一端伸出桌面，用力拨动尺子，观察发现尺子在振动并产生了声音。重复实验。

2. 用手快速捏住振动的尺子，让振动停止，发现声音也停止了。

3. 在鼓面上放一些碎纸屑，用鼓槌敲击鼓面，鼓面纸屑跳动说明鼓面在振动，声音也随之产生了（如图4-14）。此处采用放大法将振动放大，便于观察。重复实验。

图4-14 声音的产生

4. 敲击音叉，将正在发声的音叉放入装有水的水槽中，观察水面溅起水花，说明音叉在振动，振动产生了声音（放大法）。重复实验。

5. 搅动水槽内的水，水面在晃动，产生了哗哗的声音，重复实验。说明水振动产生了声音。

6. 在吸管的一头悬挂小纸条，对着吸管的另一端吹气，观察到纸条在晃动同时能听到声音，重复实验。说明空气振动产生了声音。停止吹气，纸条不再晃动，声音也停止。

7. 重复上述实验，得出结论：声音是由物体振动产生的，振动停止，声音停止。

■ **安全提示**

敲击时注意安全。

■ **拓展创新**

选择厨房锅碗瓢盆，和爸爸妈妈一起敲击，感受神奇的声音。注意敲击时不要破坏锅碗瓢盆哦。

10. 声音是怎样传播的

■ **实验内容**

探究声音是怎样传播的。

■ **重要概念**

声音是由物体振动产生的。声音的传播需要介质，固体、液体、气体均能传播声音，真空不能传播声音，因为真空中没有介质。声音可以向四面八方传播。

■ **实验目的**

通过实验知道声音的传播需要介质，固体、液体和气体都能传播声音。固体传播声音的效果最好。

■ **器材准备**

音叉、水槽、水、棉线、一次性纸杯、较长的空心钢管、闹钟、密封袋。

■ **实验过程**

1. 用力敲击音叉，立即将振动的音叉放入平静的水面，观察水面的波纹。观察声音以波的形式传播。

2. 我们能听到音叉发出的声音和其他各种声音,是因为声音能在空气中传播。

3. 耳朵靠近但不紧贴空心钢管一端,另一同学在另一端轻轻弹击钢管,声音通过钢管中的空气传播过来,说明空气可以传播声音。

4. 耳朵紧贴空心钢管一端的外壁,另一同学在另一端轻轻弹击钢管,弹击力度与第 3 步要相同,听声音。发现声音通过钢管传播要比空气传播的音量大。说明固体可以传播声音,且传声效果更好。

5. 将闹钟闹铃调响,用密封袋密封,防止漏水。在空气中能听到声音说明声音能在空气中传播。将闹铃放入水槽中,依然能听到声音,说明声音可以在液体中传播。

安全提示
敲击时注意安全。

拓展创新
尝试探索真空能不能传声。找一个能抽气的密封装置,在内部悬吊一闹钟,打开闹铃,慢慢往外抽气,听声音,感受传播声音的介质越来越少声音也越来越小,进行合理的逻辑推理发现真空不能传声。

家庭实验室:
用细长棉线和一次性纸杯制作多个土电话,让多个土电话的棉线交叉缠绕并紧绷,一人对着纸杯说话,多人都能从四面八方听到声音。说明声音可以向四面八方传播。

11. 探究声音高低、强弱变化的原因

实验内容
探究声音高低、强弱变化的原因。

重要概念
声音是由物体振动产生的,振动停止声音停止。声音在不同物质中可以向各个方向传播。声音不能在真空中传播。声音有高低、强弱之分,声音的高低和强弱是由物体的振动变化引起的。

实验目的
通过实验知道声音是由物体振动产生的。振动越快,声音越高;振动越慢,声音越低。声源振幅越大,声音越强;振幅越小,声音越弱。声源的粗细、长短等不同发出声音的高低也不同。掌握怎么防止噪声。

器材准备
音叉、直尺、乒乓球、细线。

实验过程
1. 用细线吊起乒乓球,敲击音叉,发出声音,将乒乓球放置在音叉旁边(如图 4-15),发现乒乓球在跳动,说明音叉在振动。

2. 改变敲击音叉的力度,一次轻轻敲、一次用力敲,同样用乒乓球观察。发现用力不同,音叉发出声音的强弱不同,乒乓球的跳动幅度也不同。

3. 重复上述实验,得出结论:振动幅度越大,声音越强,反之亦然。

4. 将直尺一端压在桌面上,一端伸出桌面,用手拨动尺子,尺子振动发出声音。

5. 改变直尺伸出桌面的长度,用相同的力拨动尺子,听声音的高低,观察尺子振动的快慢。

6. 重复上述实验,得出结论:物体振动越快即频率越高,声音越高,反之亦然。

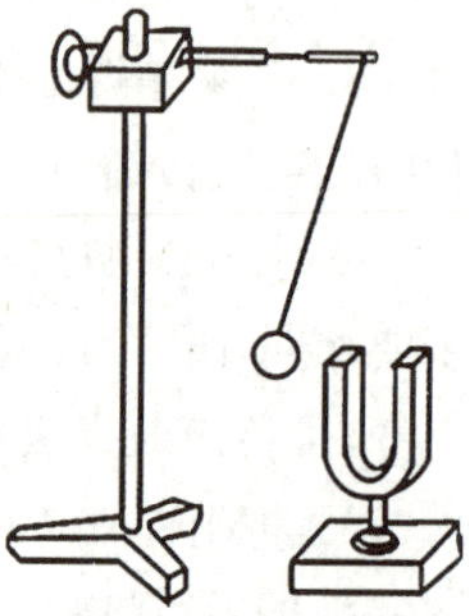

■ **安全提示**

敲击时注意安全。

■ **拓展创新**

1. 在相同玻璃杯中加入不等量的水,敲击玻璃杯演奏美妙乐曲(如图4-16)。

2. 解释各种琴弦类乐器上琴弦的长短、粗细为什么不同。

3. 用吸管自制排箫。

图4-15 声音的变化

图4-16 自制乐器

12. 连接简单电路

■ **实验内容**

尝试连接简单电路。

■ **重要概念**

电源、导线、开关和用电器是构成电路的必要元件。将必要元件顺次连接,闭合开关,电流从电源正极出发经过开关、导线、用电器回到电源负极,形成闭合回路。家庭电路中的用电器都是并联连接。

■ **实验目的**

通过实验掌握连接简单的串联电路和并联电路的方法,并能分析每个用电器的工作状况,能用不同的开关控制不同的用电器。知道串联电路中各用电器相互影响,并联电路中各支路相互独立。能设计房间照明灯和阅读灯的电路。

■ **器材准备**

灯泡、灯座、开关、导线、电池、电池盒、白纸、铅笔。

■ **实验过程**

1. 灯泡放入灯座,电池放入电池盒,用导线将两个灯座、电源和开关顺次连接起来(如图4-17)。

2. 通过控制开关的断开与闭合,观察灯泡的亮暗情况。

3. 分析交流:串联电路的特点。所有用电器在一条电路中,整个电路中电流只有唯一的一条通道,不分流。开关控制

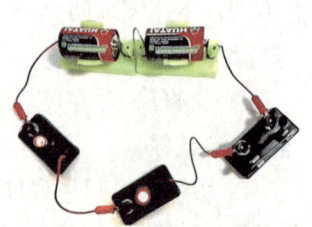

图4-17 简单电路(一)

电路中所有用电器的工作情况。

4. 将步骤 1 中的电路拆掉一个灯座,将两个灯座并列连入电路中。

5. 在两个灯泡的边上分别连入一个开关(如图 4-18)。通过 3 个开关的断开与闭合观察两个灯泡的亮暗情况。

6. 分析交流:并联电路特点。用电器是并列连接的,分布在两条支路上,开关控制各自的用电器,相互独立。总电路中的开关是总开关,控制整个电路。两条支路上的用电器互不干扰。

图 4-18 简单电路(二)

■ 安全提示
连接电路时避免短路和长时间闭合开关。

■ 拓展创新
1. 设计房间照明灯和阅读灯的电路。
2. 思考:烘托节日气氛的小彩灯是串联还是并联连接?

13. 探究磁铁的磁极与磁极间的相互作用

■ 实验内容
探究磁极间的相互作用。

■ 重要概念
磁铁可以直接或者隔着一段距离吸引铁钴镍。磁铁上每个部分的磁性强弱不同,每个磁铁有两个磁极,分别是南极和北极。相同磁极相互排斥,不同磁极相互吸引。

■ 实验目的
通过实验知道磁铁的两个磁极间存在相互作用力。相同磁极相互排斥,不同磁极相互吸引。

■ 器材准备
条形磁铁、环形磁铁、蹄形磁铁、长木棒、细线。

■ 实验过程
1. 将两块条形磁铁的两极相互接触,感受磁极间的相互作用。
2. 重复上述实验。
3. 换用不同形状的磁铁的两极重复以上实验。
4. 交流分析:相同磁极相互排斥,不同磁极相互吸引。

■ 安全提示
磁铁易碎,轻拿轻放。

■ 拓展创新
1. 利用环形磁铁和长木棒建磁铁塔,该怎么做?
2. 思考:磁悬浮列车为什么能快速行驶?
3. 利用磁铁间的相互作用力给小车提供动力,让小车前进。

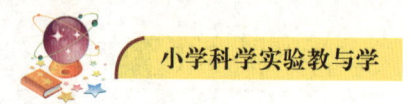

14. 制作简易指南针

■ **实验内容**

制作简易指南针。

■ **重要概念**

磁极间有相互作用力,相同磁极相互排斥,不同磁极相互吸引。地球是一个巨大的磁铁,地球周围有磁场,地理南极正是地磁北极,地理北极是地磁南极。小磁针放在地球表面,因为磁极间的相互作用,所以小磁针总有一端指南。指南针中的小磁针可以用来指示南北。

■ **实验目的**

通过实验知道如何磁化小磁针,指南针中的小磁针可以指南北。会正确使用指南针。

■ **器材准备**

钢针、笔、条形磁铁、指南针、盘子、泡沫块。

■ **实验过程**

1. 用条形磁铁的一极在钢针上沿着一个方向摩擦约20次。钢针获得磁性(磁化)。
2. 将磁化了的钢针固定在泡沫块上。
3. 在盘子里加入水,将泡沫块放置在水面上,等待静止。
4. 小磁针静止时指南北,将指南针放置在小磁针周围(注意不能太近,否则会影响小磁针方向),找出南方。用笔在泡沫块上标出南极。

■ **安全提示**

磁化过程中的钢针不要戳到手。

■ **拓展创新**

1. 除了水浮式指南针,做一做悬挂式和底座式指南针。
2. 思考:可以用哪些物品替代泡沫块?
3. 思考:为什么有的指南针是针尖指南?有的是针尾指南?

第五节 能的转化与能量守恒相关实验

1. 观察热传导现象

■ **实验内容**

探究热在金属条和金属片中的传递现象。

■ **重要概念**

热量可以在物体内和物体间传递。热量的传递有一定的方向性,通常热从温度高的物体传向温度低的物体。热量的传递有热传导、热对流、热辐射三种传递方式。热传导是热量传递的基本方式之一,固体中热传递的主要方式是热传导。不同材料的物质导热性能也不同。

■ **实验目的**

通过实验知道热量的传递有一定的方向性,通常热是从温度高的物体传向温度低的物体,或者在同一物体中从温度高的部分传向温度低的部分。

■ **器材准备**

金属条、金属圆片、铁架台、蜡烛、火柴、酒精灯、火柴、湿抹布。

■ **实验过程**

1. 在金属条的表面均匀涂上蜡烛油,在金属条的一端用酒精灯加热(如图4-19),观察并记录发生的现象,思考这个现象说明什么。

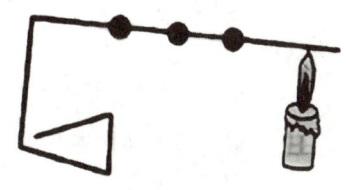

图4-19　热传导

2. 在金属圆片上涂满蜡烛油,在金属圆片边缘的一个点上加热,观察并记录圆片上蜡的变化情况,思考这个现象说明什么。

3. 讨论交流得出实验结论:金属条加热一端的蜡油先熔化,然后熔化逐渐向另外一端移动。加热金属圆片边缘一个点后,圆片上的蜡油从加热的点向四周依次熔化。说明热可以沿着物体传递,在同一物体中,热是从温度高的部分向温度低的部分传递,这是热的传导现象。

■ **安全提示**

酒精灯的使用要规范,加热也可以用蜡烛等来代替。

■ **拓展创新**

1. 金属条和金属圆片上涂的蜡可以用感温油墨代替。
2. 也可以借助温度传感器,比较不同材质的金属条的传热性能。

容易传递热的物体叫作热的良导体,不易传递热的物体叫作热的不良导体。试着找找厨房用品,哪些是利用热的良导体工作的?哪些是利用热的不良导体工作的?尝试感受塑料勺子、不锈钢勺子、木勺子的导热性能。

2. 观察热对流现象

■ **实验内容**

探究热在水中的对流现象。

■ **重要概念**

热量可以在物体内和物体间传递。热量的传递有一定的方向性,通常热从温度高的物体传向温度低的物体。热量的传递有热传导、热对流、热辐射三种传递方式。水受热上升,冷水补给下来,不断对流,形成循环。

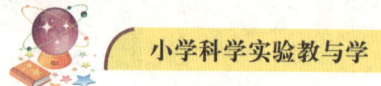

■ **实验目的**

通过实验,知道热量的传递有一定的方向性,通常温度高的水上升,温度低的水下沉,形成对流,不断循环。

■ **器材准备**

长滴管、水、蓝墨水、回形对流管、试管夹、酒精灯、火柴。

■ **实验过程**

1. 向回形对流管中加满水。
2. 用火柴点燃酒精灯。
3. 用试管夹夹住回形对流管,用长滴管吸取少量蓝墨水伸进回形管火焰即将加热的区域,滴入。
4. 将回形对流管移到酒精灯外焰上加热。
5. 观察蓝墨水运动情况。
6. 交流讨论。

■ **安全提示**

酒精灯的使用要规范,加热工具也可以用蜡烛等来代替。

■ **拓展创新**

1. 可以用透明玻璃水槽完成此实验。在水槽内加热点滴入有颜色的墨水,观察发生的变化。
2. 思考空气中的热对流现象。夏天和冬天空调的风往哪个方向吹效果更好?

3. 认识热辐射现象

■ **实验内容**

认识热辐射现象。

■ **重要概念**

热量可以在物体内和物体间传递。热量的传递有一定的方向性,通常热从温度高的物体传向温度低的物体。热量的传递有热传导、热对流、热辐射三种传递方式。热辐射不需要介质,即使在真空中也能进行。

■ **实验目的**

通过实验知道热辐射是热传递的一种方式,知道不同颜色的物体吸热本领不同。

■ **器材准备**

取暖器(小太阳)、温度计、卷尺。

■ **实验过程**

1. 用卷尺量出不同长度的距离,将相同的温度计分别放置在远近不同的三处。
2. 用温度计测出当时的气温。
3. 打开小太阳取暖器,每隔相等时间记录一次温度(比如每隔5分钟记录一次)。
4. 比较分析温度计示数的变化情况。了解热辐射现象。

■ **安全提示**

温度计是玻璃制品,需轻拿轻放。

■ **拓展创新**

利用热辐射制作一个太阳灶。

4. 制作简易电磁铁

■ **实验内容**

制作简易电磁铁。

■ **重要概念**

自然界中有各种各样的能量,如动能、声能、光能、热能、电能、磁能等,不同的能量之间可以相互转化。电能生磁,将电能转化成磁能。

■ **实验目的**

通过实验知道通电导线周围会产生磁场。电磁铁的磁性强弱与电流大小、有无铁芯、线圈圈数等相关联。能解释一些生活场景中的电磁铁工作情况。

■ **器材准备**

带有绝缘皮的导线(漆包线)、大铁钉、电池、大头针、小磁针。

■ **实验过程**

1. 将导线沿着一个方向紧密地绕在大铁钉上,导线两头处理掉绝缘皮或者绝缘漆,露出 10 cm 左右留着连接电池的正负极。

2. 电路未连通时,将铁钉的一端靠近大头针(如图 4-20),发现铁钉不吸引大头针。

3. 将两个导线头与电池正负极连通,再次用铁钉的一端靠近大头针,发现能吸引大头针,说明产生了磁性。

4. 断开电路,大头针掉落,说明磁性消失。

5. 改变铁钉上缠绕线圈的圈数,重复第 3 步实验,观察吸起来的大头针数量。

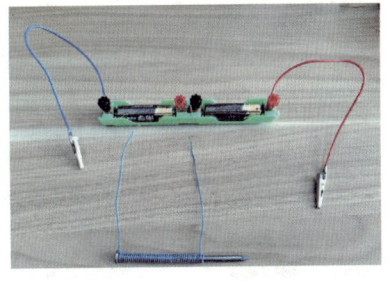

图 4-20 简易电磁铁

6. 取出铁钉,将通电线圈的一头靠近大头针,观察吸起来的大头针数量。

7. 改变电池节数,重复第 3 步实验,观察吸起来的大头针数量。

8. 用铁钉的一端靠近小磁针的南极,改变电磁铁电池的正负极方向,再次靠近小磁针南极,观察发生了什么。

■ **安全提示**

电磁铁不可长时间通电。

■ **拓展创新**

设计一个电路,利用电磁铁来控制电路的通与断。

5. 认识杠杆

■ **实验内容**

探究杠杆的特点。

■ **重要概念**

杠杆是一种简单机械,在生产生活中有广泛应用,有的是省力杠杆,有的是费力杠杆,有的是等臂杠杆。

■ **实验目的**

通过实验知道在力的作用下能绕着一个点转动的硬棒叫杠杆。能解释生活中常见的杠杆是省力杠杆还是费力杠杆。

■ **器材准备**

杠杆尺、支架、钩码、弹簧测力计。

■ **实验过程**

1. 将杠杆尺悬挂在支架上。
2. 在悬挂点左侧某一位置挂上钩码,观察杠杆尺的转动情况。
3. 思考:在哪个位置怎么做才能让杠杆尺在水平位置平衡?
4. 改变悬挂钩码的位置和数量,重复上述实验。
5. 交流总结:杠杆绕着转动的点叫支点,让杠杆转动的力叫动力,阻碍杠杆转动的力叫阻力。阻力恒定时,动力离支点的距离不同,大小也不同。

■ **安全提示**

挂钩码时如果杠杆不平衡会快速转动甚至摔坏,注意保护。

■ **拓展创新**

1. 找找生活中的杠杆,哪些是省力的?哪些是费力的?
2. 思考:体重不一样的两个人怎么玩跷跷板?

6. 认识轮轴

■ **实验内容**

探究轮轴的特点。

■ **重要概念**

轮轴是一种简单机械,在生产生活中有广泛应用。轮轴是一种省力的简单机械,在轴粗细相同时,轮越大越省力。

■ **实验目的**

通过实验掌握轮轴的简单结构。能解释生活常见的轮轴模型。

■ **器材准备**

弹簧测力计、轮轴、细线、钩码、铁架台。

■ 实验过程

1. 在铁架台上组装轮轴。
2. 在轴上挂上一定数量的钩码,用手直接拉动轮(如图4-21),感受力的大小。
3. 不用手直接拉动轮,用弹簧测力计拉动轮,读出示数的大小。
4. 改变轮的半径,重复实验,观察并记录弹簧测力计示数。
5. 比较讨论:轴相同时,轮半径越大越省力。

图 4-21　轮轴

■ 安全提示

组装轮轴时线要正好绕在轴和轮的凹槽内,以免线搅成一团。

■ 拓展创新

1. 思考:开门时,手在门的哪个部位用力推或者拉门最省力?
2. 做个简易辘轳,体验轮轴的作用。

7. 认识斜面

■ 实验内容

探究斜面的作用。

■ 重要概念

斜面是一种简单机械。斜面能省力,斜面的倾斜程度不同,省力情况也不同。

■ 实验目的

通过实验知道斜面是一种省力的简单机械。斜面的倾斜程度不同,省力情况不同。能解释生产生活中的斜面应用。

■ 器材准备

能改变倾斜程度的斜面、弹簧测力计、带有挂钩的木块、钩码。

■ 实验过程

1. 搭建斜面。
2. 弹簧测力计校零,将木块悬挂在弹簧测力计下方,称量木块所受的重力。
3. 用弹簧测力计拉动木块沿着斜面匀速上升,读出弹簧测力计示数。重复实验三次。
4. 改变斜面的倾斜程度,重复实验。
5. 改变木块的配重,重复实验。
6. 交流讨论:使用斜面能达到省力的目的,倾斜程度不同的斜面,省力情况不同。

■ 安全提示

选择合适的弹簧测力计,拉力不能超过弹簧测力计的量程。

■ **拓展创新**

1. 实验时很难将木块拉动成匀速直线运动,可使用小电动机、调速开关和数字化测力计来完成拉动任务。在方便控制速度的同时可准确读出拉力大小。

2. 自己搭建一个斜面,将自己的书包从地面拉动到桌面。

3. 思考:生活中的斜面在哪里?比如斧头、螺丝钉、拉链、各种刀具中的斜面在哪里?

8. 认识滑轮和滑轮组

■ **实验内容**

探究滑轮和滑轮组的特点。

■ **重要概念**

组装方法不同,滑轮可分为动滑轮和定滑轮两种。动滑轮可以省力但是不能改变力的方向。定滑轮不省力也不费力,但可以改变力的方向。将定滑轮和动滑轮组装成简单的滑轮组,可以达到既省力又改变力的方向的效果。滑轮和滑轮组是简单机械,在生产生活中有广泛应用。

■ **实验目的**

通过实验明白动滑轮可以省力但不能改变方向,定滑轮不省力也不费力但能改变力的方向。滑轮组可以有效地结合两者的优点,在生产生活中有广泛的使用。

■ **器材准备**

滑轮、细绳、钩码、弹簧测力计、铁架台。

■ **实验过程**

1. 定滑轮(如图 4-22)

(1) 将一个滑轮的轴固定在铁架台上方,组装一个定滑轮。在细绳的一端打结挂上钩码。

(2) 弹簧测力计校零。用弹簧测力计测量出上述所挂钩码的重力。

(3) 将细绳一端绕过滑轮的凹槽,另一端用测力计悬挂,改变拉力方向不断读取测力计示数。

(4) 交流比较:定滑轮不省力也不费力,但可以改变拉力的方向。

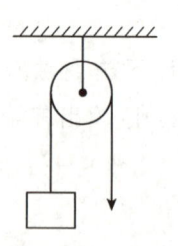   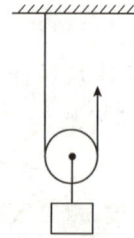

图 4-22 定滑轮　　　图 4-23 动滑轮

2. 动滑轮(如图 4-23)

(1) 将细绳的一端固定在铁架台上,另一端绕过滑轮的凹槽向上拉动,在滑轮的挂钩上挂一定数量的钩码,组装一个动滑轮。

(2) 沿竖直方向拉动弹簧测力计,观察测力计示数。

(3) 不断改变测力计的拉力方向,读出弹簧测力计的示数。

(4) 交流比较:使用动滑轮时能达到省力的目的但不能改变拉力方向。使用动滑轮可以省一半的力。

3. 滑轮组(如图 4-24)

(1) 选取两个滑轮,一个固定在铁架台上方做定滑轮使用,一个做动滑轮使用,在动滑轮下端挂一定数量的钩码。

(2) 将细绳的一端固定在动滑轮上,向上沿着定滑轮的凹槽绕过定滑轮,再绕过动滑轮的凹槽向上拉动(如图 4-24 甲)。

(3) 观察并记录弹簧测力计示数。

(4) 改变钩码数量,重复实验。

(5) 改变绳子的缠绕起点,将起点改为定滑轮(如图 4-24 乙)。

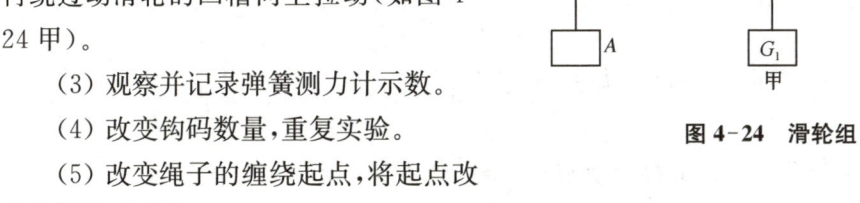

图 4-24 滑轮组

(6) 重复实验,观察并记录测力计示数。

(7) 交流比较:滑轮组既省力又可以改变力的方向。但是费距离。

■ 安全提示

组装有点难度,注意细绳缠绕方法及测力计量程。

■ 拓展创新

1. 如果使用多个定滑轮和动滑轮会怎么样呢?想一想建筑工地上有没有这样的简单机械。

2. 思考:一个定滑轮和一个动滑轮组成的滑轮组,绳子缠绕方式不同,省力情况一样吗?

9. 认识摆

■ 实验内容

探究摆的特点。

■ 重要概念

摆是一种简单机械,摆的快慢只与摆长有关,与摆锤的重量和摆动的幅度无关。摆长是指从悬挂点到摆锤重心的距离,摆在生产生活中有广泛应用。

■ 实验目的

通过实验掌握正确组装摆的方法,并能用控制变量法探究摆的快慢的影响因素。知道摆的快慢只与摆长有关,摆长越长,摆动越慢;摆长越短,摆动越快。

■ 器材准备

没有弹性的棉线、钩码、铁架台、刻度尺、量角器、秒表。

■ 实验过程

1. 组装摆。将棉线两头打结,一头打死结固定在铁架台上,并保持结扣朝下,另一头悬挂适量的钩码。

2. 控制摆锤重量和摆动幅度不变,三次改变摆长,用秒表计时30秒,观察并记录摆动次数。

3. 控制摆锤重量和摆长不变,三次改变摆动幅度,用秒表计时30秒,观察并记录摆动次数。

4. 控制摆长和摆动幅度不变,三次改变摆锤重量,用秒表计时30秒,观察并记录摆动次数。

5. 交流比较:摆的快慢只与摆长有关。

■ 安全提示

悬挂钩码时小心,防止钩码掉落砸到自己。

■ 拓展创新

家庭实验室:制作一个一分钟摆动60次的摆,用于简易计时。

第六节　案例分析

1.《光的反射现象》教学设计

一、情境聚焦

1. 教师播放用手电筒逗小猫的视频,学生观看并思考:逗小猫的光斑哪里来的?

教师追问:这些光是怎么传播的呢?

案例评析:有些实验现象来自生活,学习习以为常,实际却又十分重要。把生活中的现象搬进课堂,让孩子感知生活中司空见惯的事情往往蕴含了一定的科学道理,对于孩子们思维会产生一个碰撞,激发他们的好奇心、探究欲。

2. 由生活到课堂,由随性到理性,思考生活中还有哪些光的反射现象。

(揭题:光的反射现象)

二、合作探索

1. 打靶任务

(1)演示打靶

(2)分组打靶

我们先在前面放置好靶心,请你利用手中的平面镜和激光笔进行打靶,也就是让反射光线射中靶心,学生通过不断调试反射光线的方向才能击中靶心(如图4-25)。

引发讨论：要想击中靶心，需要快速地控制好反射光线的方向，如何控制呢？反射光线、入射光线之间有关联吗？

案例评析：教师通过活动建立模型，就是打靶任务。通过打靶任务将光的反射现象融入实际情境中，学生利用镜子、激光笔进行打靶，让学生自己感受反射光线是由入射光线控制的，感受反射光线、入射光线的方向特征。同时通过建立图形这样的模型能够直观形象地将学生在打靶过程的

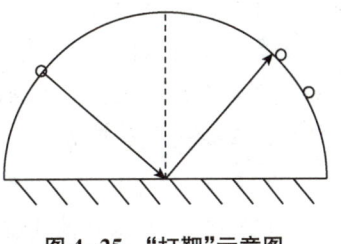

图 4-25 "打靶"示意图

发现展现出来，帮助学生理解并建立相关的科学概念。在这样的分析过程中，将科学探究的方法贯穿始终，让孩子们体验科学探究的严谨性和科学性，知道仔细观察生活可以发现生活中的很多科学道理，并培养他依据科学现象提出相关问题并进行猜想的能力。这个过程对学生的科学素养的提升起到一个促进作用。

2. 实战探究

根据打靶活动进行实验探究。寻找合适的实验器材，并初步尝试探究。

（1）建构：制造喷雾看清光线，让入射光线射到平面镜上规定的入射点，观察反射光线的位置变化。运用自己所需材料建构恰当的探究模型。

（2）实验：

A. 将平面镜正面朝上平放在水平桌面上，用记号笔在平面镜上做一个标记。

B. 用激光笔沿着一个角度照射到平面镜上的标记处，用小喷壶喷洒水雾，观察光的传播路径改变情况。

C. 不断改变激光笔照射方向，观察反射光线的方向和位置。

案例分析：本环节通过打靶活动让学生感知光的反射，在不断地调整手电筒的位置过程中感知反射光线好像随着入射光线的改变而改变。有了这样的潜意识之后，通过图示加演示的形式引导学生分析光线的位置关系，将抽象的光具体化、直观化，引入相关的科学概念。这样的设计符合儿童认知发展规律，也引导儿童加入接下来深入的探究过程中，对于突出本节课的探究重点起到铺垫作用，同时也能突破本节课的教学难点。

三、交流研讨

通过实验发现光照射到镜面上会发生反射现象，且反射光线也是沿直线传播，与入射光线方向是相反的。

谈话：老师发现同学们刚才在探究的时候就像一个个小小科学家，实验过程分工合理、合作愉快、严谨认真、交流充分。给自己竖个大拇指！

案例分析：通过分析实验记录单发现共同的规律，培养学生分析数据的能力，在分析过程中也体会到交流合作的重要性，在一定程度上培养了学生的科学素养。

四、拓展延伸

（1）漫反射现象

质疑：平面镜能反射光线，书本也能反射光线吗？不是平面镜反射，那是什么反射呢？

活动：观察暗盒体验漫反射现象。

解释:漫反射现象。

案例分析:通过观察暗盒子活动让学生感知不仅仅平面镜可以反射,任何物体的表面都会发生反射。暗盒里的物体与平面镜的表面不一样,不是平整的而是凹凸不平的,了解漫反射和镜面反射的本质区别是反射面不一样。通过观察让学生学会比较、分析,在观察中比较不同,培养观察能力和分析问题的能力。

(2)谈话:生活中的反射现象有哪些?

分析:哪些是有利的?哪些是有害的?

拓展:探究潜望镜的内部结构光路图。

案例分析:回顾生活中光的反射现象,再次升华分析,知道很多科学现象可以被人类所利用,但也有些是存在一定弊端的,我们需要科学、合理地应用相关的科学知识。通过潜望镜内部光路分析为下一节课的学习埋下伏笔,为课后的研究提供"导火索"。

2. 《光是怎样传播的》教学设计

一、情境聚焦

创奇设疑:营造神秘黑暗环境,抛出问题:实验室里很暗,没办法上课了,怎么办?

讨论:给出自己的想法。

追问:这些光是怎么传播到我们身边的呢?

讨论:猜想并在多媒体画出自己猜想的传播路径。

(板书:光是怎样传播的)

案例分析:从问题的抛出到给出解决方案,都是生活中司空见惯的事情,但是孩子们只知道将窗帘拉开或者将灯打开可以让教室亮起来,却不知道我们熟悉又陌生的光是怎么传播的,对于孩子们思维会产生碰撞,激发好奇心。我使用的是希沃教学软件,让孩子自己到白板上画出光的传播路线,从而引导学生关注光的传播。在画的过程中也能了解孩子们对于光的传播最初的想法,每个孩子猜测的可能性不一样,他们的思维产生强烈的碰撞,可以充分调动孩子们探究的欲望。

二、合作探索

活动一:找寻生活经验

谈话:孩子们,通过观察猜想光是沿直线传播的。那么,你能回忆一下在生活中,有哪些场景也能看到光是沿直线传播的呢?

播放视频(日常生活中阳光透过树林、起雾的天气打开的汽车灯光、夜晚的探照灯等)

案例分析:用生活中见到的现象来证明自己之前的猜想。这个环节意在让孩子们从生活现象上升到科学探究中来,这也是激发孩子们前概念中的科学知识,让我充分了解孩子们的前概念,以课标为依据,可以更加方便地切入教学点解决问题。同样,五年级孩子逻辑性不强,自己寻找生活中的现象之后,我再出示一些视频,引导孩子平时要更多地去感受生活、观察生活,知道科学来源于生活,我们每一个孩子都要做一个善于观察的科学学习者。

活动二：体验课堂新发现

谈话：今天，老师带来了很多的实验器材，都在你们面前的实验盒子里，你们能通过现有的器材设计实验来验证你们之前的猜想吗？当然，也可以利用你们自己身边的材料进行探究。（直吸管、弯吸管、小试管、檀香、喷壶、水槽、玻璃板、钻有小孔的硬纸板、手电筒、激光笔等）

思考：该怎么分配这些材料进行探究？

讨论：怎样一步一步由浅入深地进行探究？先用激光笔照射直的吸管，再照射弯的吸管，观察另一端有无光斑呈现……

设疑：刚才我们分几次体验，发现光线能通过直的吸管不能通过弯的吸管，如果换作带有小孔的纸板来探究会出现什么情况呢？

讨论：若几个孔在一条直线上，那么在最后一张纸板上会出现光斑，反之会不会出现？

探究：① 将三张带孔的卡纸用长尾夹竖立在水平桌面上，调整孔使其不在一条直线上，用手电筒从第一张卡纸的孔中照射，观察光斑的位置。不断调整孔的位置，重复实验。

② 调整三个孔使其在一条直线上，重复上述实验。

汇报：发现光在空气中是沿直线传播的。

案例分析：通过实验层层推进、步步探究，在进行设计实验过程中，我们要想办法突破难点。怎样才能观察到并判断光是沿直线传播的？在与孩子们谈话中，以激光笔为例，激光笔照射时会发出光线，孩子们通过观察光斑来判断光线是否发出。基于此，孩子们的探究从弯管推进到直管，通过观察是否有光斑来初步判断光的传播路径。第三个活动是用三张穿孔的卡纸和一张光屏来完成，将探究由感性的认识推进到更加严密的探索中。在这一活动中，先将三个孔调整到同一条直线上，用手电筒照射，观察在光屏上是否有光斑，然后将其中的一张卡纸往左或者往右偏移，继续观察光斑的位置。在这个探究活动中，学生的小组合作学习在这个环节中所起到的作用是非常有效的，让学生亲自设计实验去验证，在体验中感悟科学探究的真正乐趣。最后整理意见汇报，进一步得出了"光是直线传播"这一结论。这个过程符合学生的认知规律，又充分体现新课程自主探究的精神。

三、交流研讨

谈话：通过刚才的探究活动，验证了我们一开始的猜想。那么我们如何才能清晰地看到光线呢？你有什么办法吗？大家展开讨论。

演示：用喷壶喷少量的水雾在空气中，模拟起雾天气，用激光笔照射透过水雾，可以看到清晰的光线，发现光就是沿直线传播的。

追问：你还能利用身边的材料进行探究吗？

再讨论探究：用檀香制造烟雾、在清水里加入少量牛奶等。

案例分析：这一环节我们想办法将光路变成可见，也将让孩子们了解到光不仅在空气中可以传播，在水、玻璃等介质中也可以传播。在打开激光笔让孩子们在墙上寻找光斑的同时，我用喷壶开始喷出水雾，这个时候的光线清晰可见，孩子们惊讶起来。接着，放手让孩子们自己去探究。孩子们用檀香在小试管中制造一些烟雾,使用激光笔观察光路。在水槽水中加点牛奶,用激光笔照射观察光路。用激光笔对着玻璃板的边缘照射,观察光在玻璃中的传播。通过这三个小实验,进一步证实光是沿直线传播的,提高了孩子们的学习兴趣和思考分析能力。

四、拓展延伸

谈话:孩子们,刚才大家的探究还有什么新的发现和思考吗?大家展开讨论。

探究:为什么有时候当太阳光透过树林时我们会看到彩色的光?为什么天空中会出现彩虹?为什么手电筒发出的光与激光笔发出的光不一样?为什么光在撒有少许牛奶的水中传播看起来比在清水中更清楚?为什么会有红橙黄绿蓝等光?太阳光从太阳传播到地球都是沿直线传播的吗?传播到地球要多长时间啊……

任务布置:光神奇吗?其实今天我们只研究了光的冰山一角,光还有更多神奇的现象等待我们去发现,下课之后我们赶紧行动起来吧!

案例分析:针对学生身边的现象,从各个不同领域进行相互渗透与联系,动手动脑,在"玩中学""做中学""学中思""思中创""创中长",将孩子们的身体与思维结合起来,将理论与实践结合起来,最终为了促进学生的全面发展。让孩子们近距离亲身参与其中,通过实验、观察、分析、总结,提高学生的探究能力、分析问题和解决问题的能力。把生活中常见的现象带到课堂,给孩子留下一种印象:科学即生活,生活即科学。孩子们再次对生活中充耳不闻的现象进行细致观察时,就会发现不一样的天地,感叹科学原来如此神奇!

第五章
生命科学领域

第一节 生命科学领域概念概述

一、生命系统的构成层次

生命系统是一种复杂的开放系统,与其他物质系统一样具有层次性,遵循自然界的共同规律,其构成层次从小到大依次为细胞、组织、器官、系统、个体、种群、群落、生态系统、生物圈。细胞是生物体结构与生命活动的基本单位,自然界的大多数生物体都是由多细胞构成的,但也有一些生物,它们只有一个细胞,比如草履虫、变形虫、喇叭虫等。生态系统由生物与非生物环境共同组成,水、阳光、空气、温度等的变化对生物生存都有一定的影响,地球上存在动物、植物、微生物等不同类型的生物。植物是由根、茎、叶、花、果实和种子六大器官直接构成的。人体由多个系统组成,例如呼吸系统、消化系统、神经系统、循环系统等。生态系统的生命角色有三种,即生产者、消费者和分解者,分别由不同种类的生物充当。生产者的主体是绿色植物,以及一些能够进行光合作用的菌类。消费者以动物为主。分解者主要是细菌、真菌等具有分解能力的生物。"生命系统的构成层次"这一核心概念的学习有助于学生形成结构与功能、系统与模型等跨学科概念。

二、生物体的稳态与调节

生物体是一个在内部和外部不断进行物质循环、能量流动和信息交流与反馈的开放系统,能通过自我调节机制维持稳态。植物的根、茎、叶、花、果实和种子具有帮助植物维持自身生存的相应功能:根固定植物,吸收水分和无机盐;茎支撑植物,运输水分和养料;叶能蒸腾水分,调节体温,维持植物正常的生命活动。植物可以利用阳光、空气和水分在绿色叶片中制造其生存所需的养分,同时为其他生物提供食物。动物维持生命需要空气、水、食物和适宜的温度。动物以其他生物为食，从而获取其他生物的养分来维持生存。人体通过一定的调节机制，完成一系列复杂的生命活动，例如神经系统协助人体感受外部环境刺激并做出反应。"生物体的稳态与调节"这一核心概念的学习有助于学生形成物质与能量、稳定与变化等跨学科概念。

三、生物与环境的相互关系

地球上每一种生物的生存都与环境密切相关，生物与环境之间的相互作用与相互协调构成了生态系统的动态平衡。植物能适应其生存环境，具有感应性现象，例如根有向水性、向地性。在不同的环境中，植物的外部形态具有不同的特征，例如生活在戈壁滩等干旱环境中的植物根系发达，而生活在水中的植物的根常常短而细小；热带植物的叶子宽大，而寒带植物的叶子细小，到了沙漠地区由于缺少水分，植物的叶也以细小为主。动物生存需要一定的环境条件，不同的动物对环境的需求也各不相同，当环境改变时，动物会努力适应新环境。例如为了适应季节的变化，有的动物会冬眠，如蛇；有的动物会迁徙，如大雁；有的动物会储存食物，如松鼠。人体生命安全与生存环境密切相关，人类的活动能对环境产生重大的影响，而生活环境与习惯也会影响人体健康。"生物与环境的相互关系"这一核心概念的学习有助于学生形成物质与能量、结构与功能、稳定与变化等跨学科概念。

四、生命的延续与进化

生物通过生殖、发育和遗传使遗传信息代代相传，实现生命的延续。有的植物通过产生种子繁殖后代。有的植物通过根、茎、叶等繁殖后代。不同种类动物具有不同的生殖方式和发育过程：像蚕那样，母体产卵繁殖后代的叫卵生，昆虫、鱼类、鸟类等动物一般都是卵生动物；像猫那样，母体直接生下胎儿叫胎生，胎生动物一般都是用哺乳的方法喂养它们的后代。在生命延续的过程中，遗传信息可能会发生改变，动植物子代与亲代在形态特征方面既有相同的地方也有不同的地方。生物的遗传、变异与环境因素的共同作用导致了生物的进化。"生命的延续与进化"这一核心概念的学习有助于学生形成结构与功能、稳定与变化等跨学科概念。

第二节 生命系统的构成层次相关实验

1. 观察种子

实验内容

观察蚕豆种子的外部形态和内部结构。

■ 重要概念

植物种子都有种皮和胚,有些植物种子中有胚乳。胚能发育成新的植株,由胚芽、胚根、胚轴、子叶组成。种皮可以保护种子的内部;子叶贮藏着丰富的淀粉等营养物质;胚根发育成根;胚芽发育成茎和叶;胚轴发育成连接根和茎的部位。

■ 实验目的

培养观察和记录的能力;了解蚕豆的外部形态和内部结构。

■ 器材准备

蚕豆、水、镊子、放大镜、培养皿、记录单、笔。

■ 实验过程

1. 从整体观察蚕豆的外部形态,长椭圆形,形状像肾,颜色呈青绿色或黄褐色。

2. 将几粒蚕豆放在冷水中,浸泡1~2天。

3. 用镊子取1粒浸泡好的蚕豆和1粒干蚕豆放在培养皿中观察、比较,发现浸泡过的蚕豆种子变大,表面变软,种皮破裂,长出白色"尖尖"。

4. 用镊子轻轻剥掉浸泡过的蚕豆的外"皮",从有缝隙的一侧将"豆瓣"分开,用放大镜观察"豆瓣"及其相连的部分。剥掉的外"皮"是种皮,一开始看到的"豆瓣"是子叶,子叶连接的地方露出来的尖尖是胚根,里面小齿状的是胚芽,子叶、胚根、胚轴、胚芽合起来是植物的胚(如图5-1)。

5. 画一画种子的结构图,图上各部分标明种皮、胚芽、胚根、子叶,并推测各部分的作用。

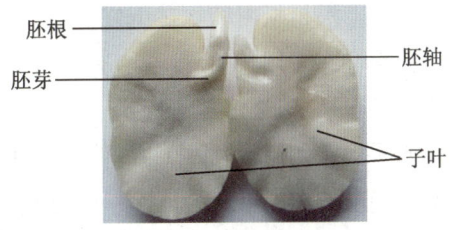

图 5-1 蚕豆种子的胚

■ 注意事项

1. 选择无损伤、饱满的种子。

2. 剥种皮时,一定要小心,不能破坏胚的结构。

3. 浸泡时间不宜过长,可以用温水浸泡,缩短时间。

■ 拓展创新

按照观察蚕豆种子的方法,分别观察大豆、花生、菜豆、玉米的种子,比一比不同种子有什么相同和不同的地方。

2. 观察根

■ 实验内容

观察不同植物的根的形态特征。

■ 重要概念

不同植物的根的形态特征不同,可以分为直根系和须根系。直根系有主根和侧根之分,主根明显比侧根粗且长。须根系主根不明显,呈胡须状。有些植物为适应环境,根的形态和结构发生了变化,称为变态根。

- **实验目的**

  知道不同植物的根形态特征不同,了解常见植物的根。

- **器材准备**

  1株蒲公英、1株小青菜、1株葱、1株水仙、1株大蒜、1株胡萝卜、1株红薯。

- **实验过程**

  1. 将要观察的植株根部轻轻洗净(不要破坏根部),晾干(不滴水即可)。

  2. 依次辨认、观察蒲公英、小青菜、葱、水仙、大蒜、胡萝卜、红薯的根。

  3. 将蒲公英、小青菜、葱、水仙、大蒜、胡萝卜、红薯依次摆放,观察、比较它们的根,并根据根的形态特点进行分类。

  4. 蒲公英和小青菜的根,都有一根明显粗且长的根,其上面又长有细小的根。这类有主根和侧根之分、主根明显比侧根粗且长的根属于直根系。葱、水仙和大蒜的根都呈胡须状,而且没有明显的主根。这类呈胡须状且主根不明显的根属于须根系。胡萝卜和红薯的根,与其他植物的根形态明显不同,这类形态和结构发生明显变化的根属于变态根。

- **注意事项**

  如果不易找到实验中用到的植株,可以用同种类型根的其他植物代替,也可以观察对应植物的完整植株图片。

- **拓展创新**

  气生根是指由植物茎上发生的,生长在地面以上的、暴露在空气中的根。榕树的树枝上就长有许多须状的气生根,其垂直向下生长,直到触及地面时就钻入地里继续生长,根就固定起来了,远远望去好像一株株树木一样。一棵老榕树可以长出很多这样的根,粗的就如同一株大树,与原来的母树聚生在一个很大的面积范围内,形成"独木成林"的有趣景象。广东省江门市新会区有一株榕树,它的树冠面积达1万 m^2,树龄有几百岁。这棵树上经常栖息数以千万计的鸟类,被誉为"鸟的天堂"。

3. 观察茎

- **实验内容**

  观察、比较不同植物茎的外部形态。

- **重要概念**

  茎是植物的营养器官,上部与叶、花、果相连,下部与根连接。不同植物茎的外部形态不同,根据茎的形态可以分为直立茎、缠绕茎、攀缘茎、匍匐茎。

- **实验目的**

  知道不同植物茎的外部形态不同;了解常见植物的茎。

- **器材准备**

  柳树、桃树、向日葵、牵牛、紫藤、葡萄、丝瓜、爬山虎、草莓、西瓜、红薯11种植物茎部的图片。

■ **实验过程**

1. 通过图片,依次辨认、观察柳树、桃树、向日葵、牵牛、紫藤、葡萄、丝瓜、爬山虎、草莓、西瓜、红薯 11 种植物的茎部。

2. 比较 11 种植物茎的形态特点并进行分类。

3. 柳树、桃树和向日葵的茎挺拔直立,从地面垂直向上生长,属于直立茎,大多数植物的茎是直立茎。牵牛和紫藤的茎柔软细长,无法直立,只能依靠茎本身缠绕在其他物体上向上生长,属于缠绕茎。葡萄、丝瓜和爬山虎的茎柔软细长,无法直立,但有特殊的攀爬结构,以卷须、吸盘等攀缘在其他物体上向上生长,属于攀缘茎。草莓、西瓜和红薯的茎柔弱细长,无法直立,只能平卧地面,蔓延生长,属于匍匐茎。

■ **注意事项**

如果校园内有 4 种类型茎的植物,可以实地观察,效果会更好。

■ **拓展创新**

变态茎是由于功能改变引起的形态和结构都发生变化的茎。植物在长期系统发育的过程中,由于环境的变迁,引起器官形成某些特殊的适应,以致茎的形态、结构都发生了改变。按照茎的变态来分,有茎卷须、茎刺、根茎、块茎、鳞茎、球茎。爬山虎有茎卷须;枸杞、山楂有茎刺;莲藕是根茎;马铃薯是块茎;洋葱、百合是鳞茎;荸荠是球茎。

4. 观察叶

■ **实验内容**

观察、比较不同植物的叶。

■ **重要概念**

植物的叶是多种多样的,每一种叶在形状、大小、颜色等方面都具有自己的特征。一片完整的叶一般由叶片和叶柄组成,叶片上有叶脉。

■ **实验目的**

能利用感官观察叶的外部形态特征;通过观察、比较各种各样的叶,认识到植物的叶具有相同和不同之处;知道植物的叶是有生命的,会长大、会变化也会死亡。

■ **器材准备**

枫树叶、银杏树叶、杨树叶、柳树叶、松树叶、紫苏叶,以及一根长有叶芽、嫩叶、老叶的杨树枝条,放大镜。

■ **实验过程**

1. 用眼看、手摸、鼻子闻的方法依次观察枫树叶、银杏树叶、杨树叶、柳树叶、松树叶和紫苏叶的特点。

2. 通过比较,发现不同植物的叶子形状、颜色、大小、气味、硬度、光滑程度、厚薄等不同,但他们也有共同点,都由叶片和叶柄组成(如图 5-2)。用放大镜再仔细观察,发现叶片上都有叶脉。

图 5-2 叶的基本结构

3. 观察一根长有叶芽、嫩叶、老叶的植物枝条，比较这根枝条上的叶，发现有的叶子颜色浅、比较小，有的叶子颜色深且比较大，我们通常把这样的叶分别称为嫩叶和老叶。说明叶是有生命的，从叶芽开始，会长大、会死亡。

■ 注意事项
选择具有明显特征的植物叶，教育学生采集叶子时不要破坏植物。

■ 拓展创新

制作叶子画
首先要构思做一个什么样的叶子画，根据构思拾捡、收集一些需要的叶子。把每片叶子擦干净，在吸水力强的书里夹上2天，让树叶平整和除去多余水分。然后把叶子按照构思的画面摆放在硬纸板上，边看效果边调整，可以用剪刀把叶子剪成需要的图案或剪掉多余的部分，觉得满意时，用棉签在叶子的背面粘上一些胶水，像图片一样贴在白纸上。全部粘贴好后，再盖一张干净的白纸并压上稍大且有重量的一本书，过一晚再取出，精美的叶子画就做好了。

5. 观察花

■ 实验内容
观察、解剖桃花。

■ 重要概念
花是绿色开花植物的重要组成部分，完全花一般由萼片、花瓣、雄蕊、雌蕊组成（一朵花中萼片的总称为花萼，花瓣的总称为花冠）。

■ 实验目的
1. 观察花的外形，识别花的基本结构。
2. 学会按照正确的方法和顺序解剖花，养成有序观察的能力。

■ 器材准备
桃花、镊子、放大镜、A4纸、棉签。

■ 实验过程
1. 选择朵大、完整的桃花，先仔细观察花的外形和构造（花的最下面是萼片，萼片上面是花瓣，花瓣包裹的中间有1个雌蕊和多个雄蕊，如图5-3）。

2. 左手的食指和拇指轻轻捏住花柄，右手持镊子，用大拇指和食指控制镊子的松紧，按照从外到内的顺序夹住各部分的基部，依次取下萼片、花瓣、雄蕊、雌蕊并分类，排列整齐摆放在白纸上。

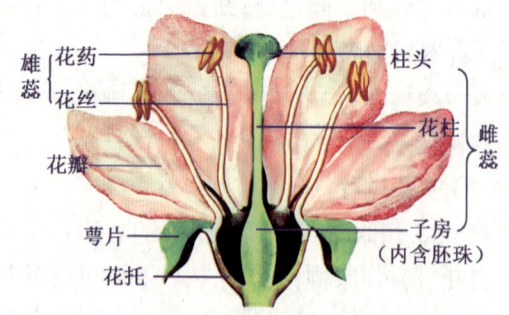

图5-3 桃花的结构

3. 数一数各部分的数量，用放大镜观察各部分的形状、颜色并记录。

4. 画一画花的结构图，在图上各部分标明萼片、花瓣、雄蕊、雌蕊。

5. 用棉签触碰雄蕊的花药，花粉粘在棉签上，用放大镜仔细观察，可以看到花粉是一粒一粒的；用手指触摸雌蕊的柱头，可以感觉到有黏液。

■ 注意事项

1. 解剖时，动作要轻柔，要按照从外到内的顺序。用大拇指和食指控制镊子的松紧，一定要用镊子夹住各部分的基部，否则容易撕坏。

2. 为防止取下的部分被吹走或散落，可以在白纸上贴双面胶，将取下的部分平铺、展开在双面胶上固定。

■ 拓展创新

人工授粉

实验材料：桃花、棉签、放大镜。先用棉签轻轻接触雄蕊的花药，再将粘有花粉的棉签在雌蕊柱头上轻涂，用放大镜观察雌蕊的柱头，发现柱头上有花粉即可。

6. 观察果实

■ 实验内容

运用解剖的方法观察、比较不同果实的外部形态特征和内部结构。

■ 重要概念

不同植物果实的形态特征不同，但它们都由果皮和种子两部分组成。果皮具有保护种子的作用，植物通过产生足够的种子繁衍后代，使其种群得以延续。

■ 实验目的

能运用解剖的方法观察果实的结构；能基于果实和种子的结构特点及已有认知，分析果实和种子的作用。

■ 器材准备

凤仙花果实、豌豆荚、花生、苹果、小刀、垫板、托盘。

■ 实验过程

1. 避免种子四处散落，将凤仙花果实放入托盘中，用手轻轻拨开，会发现果实里面有种子，外面包裹种子的皮叫果皮，数出种子的数量并记录。

2. 依次用手轻轻剥开豌豆荚、花生，里面都有种子，分别数出种子的数量并记录。

3. 将苹果放在垫板上，用小刀横切或纵切，观察到里面有种子，数出种子的数量并记录。

4. 观察、比较凤仙花果实、豌豆荚、花生、苹果，尽管它们大小、颜色不同，形状各异，但内部结构相同，都有果皮和种子两部分。

5. 根据果实和种子的结构特点，分析果实和种子的作用。果皮可以保护种子。种子能传播后代。

■ 注意事项

用小刀纵切或横切苹果时，提醒注意安全，同时教师要做好指导。

拓展创新

不同的果实果皮的特点不同,按照成熟时果皮的质地不同可以将果实分为干果和肉果。成熟时果皮失去水分变得干燥,这样的果实是干果。干果又根据成熟后果皮是否开裂分为裂果和闭果。凤仙花的果实成熟后会自动开裂,将种子传播出去,是裂果。向日葵、板栗果实成熟后种皮不开裂,属于闭果。西红柿、桃等植物果实成熟后果实肉质多汁,这类果实是肉果。肉果的常见类型包括浆果、梨果、核果、柑果、瓠果。番茄、青椒等是浆果;苹果、梨等是梨果;杏子、樱桃等是核果;柑橘、金橘等是柑果;黄瓜、南瓜等是瓠果。

7. 观察卵

实验内容

观察鸡卵。

重要概念

鸡卵由卵壳、卵白、卵黄、气室构成,卵黄上的小白点是胚盘。卵壳具有保护卵的作用;卵白为卵提供水分和营养物质;卵黄为卵孵化提供营养物质;气室为卵孵化提供氧气;胚盘发育成小动物,是动物生命的开端。

实验目的

了解鸡卵的内部结构,推测各部分的作用。知道卵中孕育着新生命。

器材准备

熟鸡蛋、生鸡蛋、刀、培养皿。

实验过程

1. 纵向切开1枚熟鸡蛋,观察鸡蛋的内部结构并画图记录(如图5-4)。

2. 在培养皿中打开1枚生鸡蛋,观察其内部结构,并与熟鸡蛋相比,发现卵黄上有个小白点是胚盘。

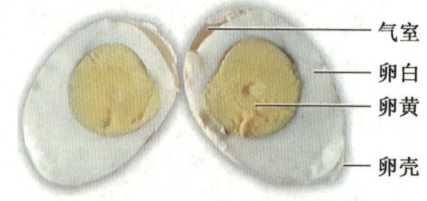

图5-4 熟鸡蛋的结构

注意事项

鸡蛋壳较硬,用刀纵切时注意方法和安全。

拓展创新

孵化鸡蛋

第一步选择受精的鸡蛋:在黑暗的环境中,用手电筒对着鸡蛋照,如果看到鸡蛋内有血丝,这个鸡蛋就是受精的鸡蛋,可以作为孵化的种蛋。第二步将种蛋放入孵化器孵化:孵化过程中要保持温度在37℃左右,还要对鸡蛋进行定期的翻转,防止受热不均匀。孵化到11~12天的时候进行第二次照蛋,检查种蛋发育情况,及时将停育的鸡蛋拿出。第三步出壳:鸡蛋的孵化周期是21天,雏鸡从啄壳到出壳需要一定的时间,多则12个小时,少则几十分钟,当发现有啄壳裂纹但没有出壳时,千万不要着急帮雏鸡手动出壳,以免小鸡找不到啄点,影响出壳。第四步给雏鸡脱温:如果环境温差大不建议将雏鸡从孵蛋器取出,可以从第二天开始孵化器的温度每天下降0.5℃直至与外界一致,冬天时降温需要再慢一些。当观察到雏鸡羽毛干燥,腹部平坦,可以站立行走,就可以将其移出孵化器进行饲养。

8. 观察鱼

■ 实验内容
观察鲫鱼的运动和外形结构。

■ 重要概念
鱼生活在水中,用鳃呼吸,不同种类的鱼外形虽然不同,但都具有共同的特征——有鳞,有鳍,有鳃。

■ 实验目的
了解鱼类有适应水生环境的鳃、鳍、鳞片等身体结构,具有呼吸、运动等生命体基本特征;知道鱼用鳍运动,用鳃呼吸。

■ 器材准备
活鲫鱼或当地常见的鱼、透明水槽、水、抹布。

■ 实验过程
1. 把鱼放在装有水的透明水槽里,让鱼自由游动并观察它的外形结构(如图5-5)。

(1) 鱼的身体呈流线型,两头小中间大,身体可以分为头、躯干、尾三部分。背面颜色较深,腹面颜色较浅。

图5-5 鲫鱼的外形结构

(2) 鱼的头部有口、1对鼻孔、1对眼、1对鳃,鱼嘴不停地一张一合,鱼鳃一开一闭,在进行呼吸。

(3) 鱼的身上有鳞片;鳞片呈半圆形,有光泽。

(4) 鱼有1对胸鳍,1对腹鳍,背鳍、尾鳍、臀鳍各1个。

(5) 鱼游泳时摆动身体,用鳍运动。

2. 将观察到的鲫鱼身体特征,用画简图的方式记录下来。

■ 注意事项
鱼总是在游动,需多角度观察。

■ 拓展创新

观察鱼的呼吸

用红色食用色素调制成红色水,再用滴管吸取红色水,等到合适时机,将滴管悄悄伸到鱼嘴前方,挤出红色水,发现红色水从鱼嘴进入、从鱼鳃流出,说明鱼一张一合不是在喝水而是在呼吸。

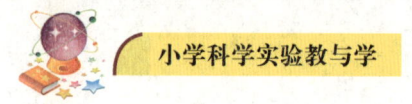

9. 制作一个生态瓶

■ **实验内容**

制作一个生态瓶。

■ **重要概念**

生态瓶,就是将少量的植物、以这些植物为食的动物和其他非生物物质放入一个密闭的玻璃瓶中,形成的一个人工模拟的微型生态系统。生态瓶是一个密封的生态系统,与外界只有能量交换而没有物质交换,就像地球一样。

■ **实验目的**

通过模拟生态系统,进一步理解自然界的食物链和食物网,激发科学探究的兴趣,培养长期观察的能力。

■ **器材准备**

带盖的无色透明广口玻璃瓶或塑料瓶、水草、浮萍、小鱼、小虾、田螺等生物,水、泥沙、镊子、河水或池塘水。

■ **实验过程**

1. 将带盖的无色透明广口玻璃瓶清洗干净,在瓶底装入泥沙和大半瓶自然水域中的水,如河水、池塘水。

2. 用镊子在瓶内种上几棵水草,水面上再放一些浮萍。

3. 将小鱼、小虾、田螺等小动物放入瓶中,拧紧瓶盖,把瓶子放置在阳光充足、通风的地方,如阳台等。

4. 每天观察生态瓶内的情况并记录,根据瓶内动植物的生存情况调整植物、动物的数量直到瓶内生物稳定、正常存活。

■ **注意事项**

1. 生态瓶应该是封闭的,因为模拟的是独立的生态系统。瓶子是无色透明的,一方面便于观察,另一方面有利于透光。

2. 根据瓶子的空间、水量等放入适量的植物和动物,同时兼顾植物和动物的数量,如果动物多、水草少,则会出现食物不足的情况。

■ **拓展创新**

一段时间后,如果生态瓶内的水生动植物生活得很好,可以尝试往瓶内添加一些动植物,丰富瓶内的物种,同时可以做一些装饰,发挥生态瓶的观赏性价值。

10. 测量肺活量

■ **实验内容**

用简易肺活量测量袋测量肺活量。

■ **重要概念**

肺活量是指一次尽力吸气后,再尽力呼出的气体量,是人体一次呼吸的最大限度,身高、体重、胸围、体格强弱和年龄等都会影响肺活量,肺活量是人体发育是否健康的一个指标。

实验目的

通过实验了解什么是肺活量并测量自己的肺活量,认识到肺活量是人体发育是否健康的一个指标。

器材准备

简易肺活量测量袋、吸管、回形针。

实验过程

1. 展开测量袋,将袋中空气赶出去,确保测量袋中没有多余空气,再将吸管从袋口插入。

2. 捏紧袋口(确保不漏气),尽力深吸一口气,将气体从吸管呼入测量袋。

3. 尽力呼出气体后,迅速拔掉吸管,捏住袋口并向里卷折测量袋,直到卷不进去为止并用回形针夹住(如图5-6)。

4. 读取并记录鼓起的测量袋上的最大数值(单位为mL),即测得的肺活量。共测量3次(两次测量之间稍作休息),取最大值为肺活量,并对照《国家学生体质健康标准(2014年修订)》反思自己的肺活量是否达到健康标准。

图5-6 卷折后的测量袋

注意事项

吹气时中途不换气,实验前要检查和确保测量袋不漏气。

拓展创新

排水法测肺活量

材料:3 L的透明塑料瓶、软管、记号笔、200 mL量杯、水槽、水、抹布。第一步标画刻度:将塑料瓶清洗干净后正放在水平桌面上,用量杯量200 mL水倒入塑料瓶中并在水面处标上刻度,重复以上操作,每隔200 mL标一刻度,在1 000 mL、2 000 mL、3 000 mL刻度处画上长的横线,其余用短的横线。第二步制作简易肺活量测量计:在水槽内加入适量水(确保实验过程中水不会溢出),塑料瓶中加满水,拧紧瓶盖后将其倒扣在水槽中,在水下拧开瓶盖并将软管的一头插入瓶中,软管的另一头露出水面,过程中要保持塑料瓶直立(用手扶或支架支撑)。第三步测量肺活量:吸足一口气后,用嘴通过软管向瓶内吹气,瓶中减少的水量就是肺活量。

11. 模拟心脏跳动和血液循环

实验内容

模拟心脏跳动和血液循环。

重要概念

心脏是重要的人体器官,心脏每时每刻都在节律性收缩和舒张,即心跳,由此维持着血液循环的正常运行，使机体充满活力，正常运转。

■ **实验目的**

知道心脏跳动使得血液在血管中流动，维持人的生命活动；能够借助模拟实验推测心脏"工作"的方式。

■ **器材准备**

水槽、红色水、洗耳球、塑料软管。

■ **实验过程**

1. 洗耳球模拟心脏，塑料管模拟血管，红色水模拟血液。将塑料软管套在洗耳球的管状口上，再把塑料软管的另一端插入装有红色水的水槽中，一只手轻轻握住洗耳球。

2. 反复几次挤压洗耳球，再仔细观察，当手挤压洗耳球时，塑料管内的水被挤出，相当于心脏收缩，血液从心脏流到血管中从而流向全身。当松开手时，水又被吸进塑料管，相当于心脏舒张，血液从全身各处流回到心脏。

■ **注意事项**

塑料管的内径尺寸要和洗耳球的管状口一样，刚好能套紧且接口不漏气。

■ **拓展创新**

运动前后的心跳变化

学生 2 人 1 组，甲同学先用听诊器听乙同学平静时的心跳并记录 1 分钟内心跳次数；乙同学深蹲 20 个后，甲同学再用听诊器听乙同学运动后的心跳并记录 1 分钟内心跳次数。收集全班数据，比较、分析后发现运动后心跳加快，次数变多。在模拟心脏跳动的实验中，坚持快速挤压洗耳球 1 分钟，手有什么感觉？手会变得很累。快速跳动，心脏也会很累，因此不能长时间剧烈运动，心脏也需要休息。

12. 测量心跳和脉搏

■ **实验内容**

测量、比较 1 分钟内心跳和脉搏的次数。

■ **重要概念**

人体心脏跳动和脉搏的节律是一样的，每分钟心跳次数和脉搏次数相同。

■ **实验目的**

知道人体心脏跳动和脉搏的节律是一样的，每分钟心跳次数和脉搏次数相同；学会测量心跳和脉搏。

■ **器材准备**

听诊器、秒表。

■ **实验过程**

1. 甲同学用听诊器听乙同学心跳的声音，计数并记录 1 分钟心跳的次数，重复实验 3 次。

2. 乙同学左手朝上平放在桌面上，甲同学右手中指、无名指两指并拢，指腹部放在乙同学左手腕部桡动脉处，轻轻触压桡动脉搏动处，计数并记录 1 分钟脉搏的次数，重复实验 3 次。比较发现,乙同学 1 分钟心跳和脉搏的次数相同。

3. 甲同学边听乙同学的心跳,边测乙同学的脉搏,发现心脏跳动和脉搏的节律是一样的。

4. 甲乙同学互换,测量、比较后发现甲同学 1 分钟心跳和脉搏的次数相同,节律也相同。

■ **注意事项**

实验前,要学会使用听诊器。实验时,参与实验人员要保持平静,情绪不可过于激动。多次测量,以防分神数错等失误。

■ **拓展创新**

人体有动脉和静脉,动脉是从心脏发出,将血液输送至全身以及肺,而静脉负责回流,将血液从肺以及全身回流至心脏。动脉会有搏动感,而静脉是没有的。手腕上能触摸到搏动的地方,也就是号脉的位置,是桡动脉。手臂正中的位置可以看见皮肤上呈现蓝色的血管,触之没有搏动感,这是静脉。动脉里流淌着富含营养和氧气的血液,静脉则流淌着乏氧的血液,这就是动脉血比静脉血红的原因。动脉血的压力比静脉血要高,所以动脉血出血会呈喷射状,静脉血出血会慢慢流出来。

13. 观察洋葱表皮细胞

■ **实验内容**

用显微镜观察洋葱表皮细胞。

■ **重要概念**

洋葱表皮细胞的基本结构包括细胞壁、细胞膜、细胞质、细胞核、液泡,显微镜下可以看到肉眼看不到的细胞及其结构。

■ **实验目的**

通过观察洋葱的表皮细胞,知道植物体是由细胞组成的。

■ **器材准备**

显微镜、洋葱、载玻片、盖玻片、镊子、滴管、清水、碘液、吸水纸、纱布、小刀。

■ **实验过程**

1. 制作洋葱表皮临时装片:用洁净的纱布擦干净载玻片和盖玻片,在载玻片中央滴 1~2 滴清水;取洋葱内部的鳞叶片,用小刀在内壁划出小方格,用镊子撕取小方块内表皮,将其浸入载玻片上的水滴中并展平;用镊子夹起盖玻片,使它的一端先接触载玻片上的水滴,然后缓缓地盖在水滴上,以免产生气泡妨碍观察;在盖玻片的一侧滴加碘液,用吸水纸从盖玻片另一侧吸引,重复 2~3 次,使染液浸润全部,即制成临时装片。

2. 将做好的临时装片放在显微镜下观察,先用低倍镜观察,再用高倍镜仔细观察细胞的形态和结构,可以看到洋葱表皮细胞多数呈长方形,外为细胞壁,内有细胞质、细胞核(如图 5-7)。

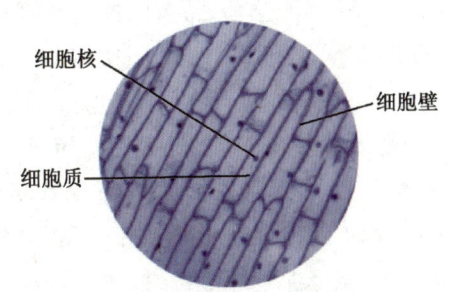

图 5-7 洋葱表皮细胞的形态和结构

3. 将观察到的结果画在纸上。

■ **注意事项**

一定要选用新鲜洋葱内部的鳞叶片内壁表皮，制作的临时装片不能有气泡。

■ **拓展创新**

观察水中微小的生物

材料：光学显微镜、一杯含有微小生物的池塘水样本、烧杯、滴管、载玻片、盖玻片、脱脂棉纤维、吸水纸、镊子。第一步制作玻片标本：1.用滴管在水样中取少量水，竖直将水滴滴在载玻片的中央；2.为避免水中活着的微小的生物游来游去不便于观察，可取少量纤维（如脱脂药棉、干净毛笔上的毛等），交织成网状放在载玻片上；3.用镊子夹取盖玻片从水滴一侧轻轻盖到水滴上；4.用吸水纸从盖玻片边缘吸去多余的水分，起到限制微小生物活动的作用。第二步观察：用显微镜观察自制的水中微小生物的玻片标本，并将观察结果记录下来。

第三节 生物体的稳态与调节相关实验

1. 种子萌发的外界条件

■ **实验内容**

探究种子萌发的外界条件。

■ **重要概念**

种子萌发的外界条件是适量的水分、充足的空气、适宜的温度，三个条件缺一不可，否则种子不会萌发。

■ **实验目的**

知道种子萌发与空气、水分、温度有关；能通过对比实验探究种子萌发的外界条件。

■ **器材准备**

绿豆种子若干、带盖透明塑料瓶4个、镊子、纸巾、标签、水、记录单。

■ **实验过程**

1. 在4个洁净、带盖的透明塑料瓶上分别贴上写有1、2、3、4的标签，并在瓶底铺2张纸巾，在纸巾上均匀地放上10粒绿豆种子。

2. 对每个瓶子做不同处理：1号瓶拧紧瓶盖，置于室温环境；2号瓶中洒入少量的清水，使纸巾湿润，然后拧紧瓶盖，置于室温环境中；3号瓶中倒入较多的清水，使种子完全浸没在水中，然后拧紧瓶盖，置于室温环境中；4号瓶中洒入少量的清水，使纸巾湿润，然后拧紧瓶盖，放在低温处（如冰箱冷藏层内）。

3. 几天后，观察4个瓶子内种子的萌发情况并记录在表格（表5-1）中。

表 5-1 种子萌发情况记录单

	1 号瓶	2 号瓶	3 号瓶	4 号瓶
外界条件	缺少水分	具备水分、空气、适宜温度	缺少空气	低温环境
预期结果				
实验结果				

4. 分析实验现象和原因,总结种子萌发的外界条件:只有 2 号瓶内种子萌发;1 号瓶内缺少水分;3 号瓶内种子缺少空气;4 号瓶内温度较低。得出结论:种子萌发的外界条件是适量的水分、空气、适宜的温度,三个条件缺一不可,否则种子不会萌发。

■ **注意事项**

挑选饱满、没有受伤的种子;室温为 18～25 ℃。

■ **拓展创新**

在自然界,大多植物生长在土壤中且离不开阳光,那么种子萌发也需要土壤和阳光吗?请像上述实验那样,设计对比实验,探究种子萌发是否需要土壤和阳光。

2. 根的吸水作用

■ **实验内容**

探究植物根的吸水作用。

■ **重要概念**

植物的根能够吸收水分和无机盐并能固定植物,维持植物生存。

■ **实验目的**

通过实验,知道植物根有吸收水分的作用。

■ **器材准备**

大试管、1 株带根的完整植株、水、油、红墨水、彩笔。

■ **实验过程**

1. 在大试管中加入适量的水,并滴几滴红墨水,将水染成红色。
2. 选择一株带根的完整植株,将植物的根浸泡在试管的水中。
3. 在水面上滴些植物油,使试管中的水不会蒸发到空气中,并在水面处做好标记。
4. 几小时后,观察试管中的水位变化,发现水位明显下降。
5. 分析实验现象,得出实验结论:植物的根具有吸水作用。

■ **注意事项**

1. 选择生长茁壮、根部明显和完整、茎部较细的植物,将植物挖出时注意不要损伤植物,用水把根部洗干净。
2. 将装有植物的试管放在阳光充足的地方,一方面保证植物存活,另一方面增强实验效果。
3. 为了缩短实验时间,可以把植物的根拔出后洗净放置 3～4 小时(制造缺水的状态),然后再放入试管中进行实验。

■ **拓展创新**

准备两支相同的试管(1号试管,2号试管),放入一样多的水,滴几滴红墨水。1号试管放入带根的植物,再在水面滴些植物油;2号试管,直接在水面滴同样多的植物油。几小时后,观察、对比两支试管中水面的高度,1号试管水位低于2号试管,说明植物的根有吸收水分的作用。

3. 茎的运输作用

■ **实验内容**

探究植物茎运输水分的作用。

■ **重要概念**

植物的茎具有输导作用,可以把根吸收的水分和溶解在水中的养料向上输送到植物的各个部分。

■ **实验目的**

通过实验,观察、了解植物茎具有运输水分的作用。

■ **器材准备**

植物的茎、玻璃杯、食用色素、水、小刀、垫板。

■ **实验过程**

1. 取2段凤仙花的茎(带叶子),准备两杯水(1号杯和2号杯),1号杯中滴入红色食用色素(红色水的浓度要足够)。

2. 将一段凤仙花的茎插入1号杯中,另一段凤仙花的茎插入2号杯中,并将它们移到阳光下。1~2小时后,可以观察到1号杯中的叶子变红,2号杯的叶子没有变化。

3. 将第2步中的凤仙花的茎取出并用清水冲洗干净,分别用小刀将其横切,1号杯中茎的横切面可以看到环状的红色圆点,2号杯中的茎没有;再分别用小刀把茎纵切,可以看到1号杯中的茎有一条条的红线,2号杯中的茎没有。

4. 分析实验现象,得出实验结论:植物的茎具有运输水分的作用。

■ **注意事项**

1. 凤仙花的茎较硬,使用小刀横切和纵切时要注意方法和安全。为避免划坏桌子,要在垫板上切。

2. 选取枝叶繁茂的凤仙花茎,剪下后立刻浸入水中,以防空气从切口进入,形成气泡,影响茎运输作用。

■ **拓展创新**

双色花

把红、绿两种色素分别加入两杯水中,再将白玫瑰的茎从底部用小刀纵切成2根至8 cm处(切开长度根据杯子高度等确定),切开的两根茎分别插入红、绿水杯中。几个小时后,就会得到一半红色一半绿色的双色花。

4. 叶的光合作用

▪ **实验内容**

探究植物叶的光合作用。

▪ **重要概念**

1. 叶是绿色植物的营养器官,为植物的生存提供养分。叶子吸收阳光,把二氧化碳和水转化成有机物并释放氧气的过程叫作光合作用。

2. 淀粉遇到碘酒变蓝色。

▪ **实验目的**

通过实验,知道植物的生长需要阳光,植物的叶吸收阳光进行光合作用制造有机物——淀粉。

▪ **器材准备**

天竺葵1盆、黑色卡纸、曲别针、稀碘酒、酒精、酒精灯、火柴、三脚架、石棉网、大烧杯、小烧杯、镊子、培养皿、滴管。

▪ **实验过程**

1. 将天竺葵放在黑暗处一两天,使叶内的淀粉尽可能多地消耗掉。

2. 将天竺葵取出,选择几片比较大、颜色较绿的叶子,用黑色卡纸从正反两面遮盖起来,用曲别针夹紧。夹好后,把天竺葵放在阳光下晒4~6小时。

3. 摘取1片经遮光处理的叶和1片未经遮光处理的叶(为了便于区别,可使一片叶带叶柄,另一片叶不带叶柄),把黑色卡纸取下,观察、比较2片叶子,发现经遮光处理的叶子变黄。

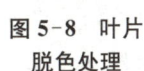

4. 将2片叶子放在盛有酒精的小烧杯中(刚好浸没),再把小烧杯放入装有适量水的大烧杯中,隔水加热,使叶片中含有的叶绿素溶解到酒精中(如图5-8)。观察到叶子绿色褪掉,变成黄白色时,撤去酒精灯。

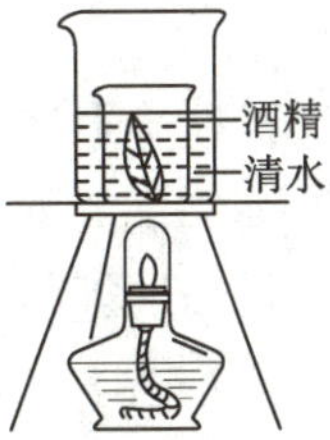

图5-8 叶片脱色处理

5. 用镊子取出叶片并用清水漂洗,平铺在培养皿中,分别向2个叶片滴加稀碘液,过一会儿可以观察到:受到阳光照射的叶子全部变成蓝色,经遮光处理过的叶子,它的遮光部分没变蓝,仍是黄白色,但周围受光照射的部分变蓝。说明叶片上有阳光照射的地方制造出了淀粉,而被遮住的部分没有制造出淀粉。

▪ **注意事项**

1. 规范使用酒精灯,使用酒精灯加热时要注意安全。

2. 酒精一定要隔水加热,千万不能直接加热,以免着火。

▪ **拓展创新**

光合作用是绿色植物、藻类和某些细菌利用叶绿素,在可见光的照射下,将二氧化碳和水转化为有机物(主要是淀粉)并释放出氧气的过程。植物之所以被称为食物链的生产者,是因为它们能够通过光合作用,利用无机物生产有机物并且贮存能量。通过食用植物,食物链的消费者可以吸收到植物所贮存的能量,效率为10%~20%。对大多数生物来说,这个过程是他们赖以生存的关键。地球上的碳氧循环,光合作用是其中最重要的一环。

5. 叶的蒸腾作用

■ **实验内容**

探究植物叶的蒸腾作用。

■ **重要概念**

植物体内的水分以水蒸气的状态从植物体表面散失到大气中的过程,叫作蒸腾作用。蒸腾作用主要是通过叶片表皮上的气孔开、闭完成的。叶的蒸腾作用一方面拉动水分、无机盐在植物体内的流动;另一方面能散发体内热量,调节植物体温,维持其正常的生命活动。

■ **实验目的**

了解植物的叶有散发水分的作用,即蒸腾作用。

■ **器材准备**

叶片较大的植物1盆、塑料密封袋、绳子。

■ **实验过程**

1. 选择一种叶片较大的植物,在叶子上套1个干燥的密封袋,并用绳子把袋口扎紧。
2. 把植物放置到阳光下,几个小时后,观察塑料袋内壁,发现原本干燥的塑料袋内壁有一些小水珠。

■ **注意事项**

为了实验效果明显,把植物放到阳光下。

■ **拓展创新**

准备2盆一样的叶片较大的植物,分别在叶子上套1个干燥的密封袋,并用绳子把袋口扎紧。将其中一盆植物放在室内,另一盆放在阳光下。几个小时后,观察、比较2盆植物,发现放置在阳光下的植物蒸腾作用更明显。想一想生活在沙漠中的仙人掌为什么叶子进化成了"针"状。

6. 模拟人的呼吸

■ **实验内容**

用呼吸模拟器模拟人的呼吸。

■ **重要概念**

人无时不刻不在呼吸,鼻腔、口腔、气管、肺等器官共同参与呼吸,膈肌为呼吸提供动力。吸气时,气体进入肺部,膈肌向下运动,胸腔扩张,腹部收缩;呼气时,肺里的气体排出,膈肌向上运动,胸腔收缩,腹部放松。

■ **实验目的**

通过实验,知道吸气时,气体进入肺部,膈肌向下运动,胸腔扩张;呼气时,肺里的气体排出,膈肌向上运动,胸腔收缩。了解呼吸器官在呼吸过程中的协同合作。

- **器材准备**

去底带盖的塑料瓶、橡皮膜、硬质 Y 形塑料管、小气球 2 个、热熔胶、砂纸、细线。

- **实验过程**

1. 制作呼吸模拟器：将两个小气球分别紧套在 Y 形塑料管的分叉两端，用细线扎紧。瓶盖中间挖一个小孔，然后将盖子拧紧，把 Y 形塑料管没有扎气球的那一端从瓶底进入，从瓶盖上的小孔伸出，用热熔胶把接口涂上一圈，保证瓶盖与 Y 形管之间不漏气。把瓶底断口处用砂纸磨平，把薄橡皮膜蒙在瓶底再用细线扎紧（注意橡皮膜不要绷得太紧），呼吸模拟器就制作完成（如图 5-9）。

图 5-9 呼吸模拟器

2. 观察呼吸模拟器，知道每个部分分别模拟身体的哪一部分：瓶身模拟胸廓，Y 形管模拟气管，2 个小气球模拟肺（左肺和右肺），橡皮膜模拟膈肌。

3. 模拟呼吸，观察、记录现象：左手握住瓶子，右手把橡皮膜逐渐往下拉，可以观察小气球逐渐膨大，就像肺的扩张运动，此时模拟的是吸气（如图 5-10）；右手把拉下来的橡皮膜逐渐向上推，可以观察到小气球逐渐收缩，就像肺的收缩运动，此时模拟的是呼气。

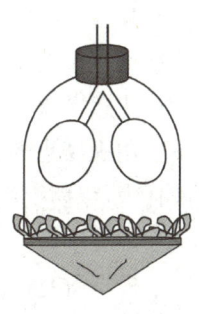

图 5-10 模拟吸气

- **注意事项**

1. 选择质量好、弹性大的气球，实验效果才明显。
2. 使用热熔胶时注意安全，要有成年人陪同。

- **拓展创新**

人在安静状态下 1 分钟呼吸几次？人每分钟呼吸的次数会变化吗？运动会增加还是减少呼吸的次数？先测量、记录安静状态下一分钟呼吸的次数，再分别测量、记录慢走 30 步、快走 30 步、原地踏步 1 分钟、深蹲 20 个后的呼吸次数。比较后发现运动会加快呼吸的次数，运动越剧烈，呼吸越快。

7. 比较人体吸入和呼出的气体

- **实验内容**

比较人体吸入和呼出的气体中氧气、二氧化碳、水蒸气的含量。

- **重要概念**

人呼出气体中氧气的含量低于空气，二氧化碳和水蒸气的含量高于空气。氧气有助燃性。二氧化碳能使澄清石灰水变浑浊。

- **实验目的**

通过实验，知道人体吸入和呼出气体的不同，进一步理解呼吸是气体交换的过程，获得氧气，排出二氧化碳。

- **器材准备**

玻璃片、集气瓶、毛玻璃片、导管、水槽、小木条、火柴、澄清石灰水、水、湿抹布。

实验过程

1. 收集空气和呼出的气体：取1个空集气瓶用毛玻璃片将瓶口盖好；用排水集气法收集呼出的气体（如图5-11），将集气瓶装满水倒扣在装有水的水槽中，导管伸入集气瓶，深吸气后对着导管吹气（换气时，嘴离开导管同时用大拇指堵住导管），直到瓶口冒气泡，用毛玻璃盖住瓶口，取出集气瓶。

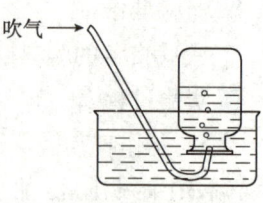

图5-11 排水集气法

2. 通过导管向澄清石灰水中吹气，澄清石灰水变浑浊，而放置在空气中的石灰水依然澄清，说明呼出的气体中二氧化碳含量高于空气。

3. 用燃着的小木条分别伸入装有空气和呼出气体的集气瓶中，观察到空气中的小木条依然燃烧，呼出气体中的小木条熄灭，说明呼出气体中氧气含量低于空气。

4. 取两块干燥的玻璃片，对着其中一块哈气，观察到被哈气的玻璃片上有水珠，而放置在空气中的玻璃片没有水珠，说明呼出气体中水蒸气含量高于空气。

注意事项

用火柴点燃小木条时注意安全，试验结束后将燃着的小木条甩灭并放入装有水的废液杯中，以防引起火灾。

拓展创新

根据研究，人呼吸时吸入的气体和呼出的气体成分含量会发生一定的变化，如图5-12所示。

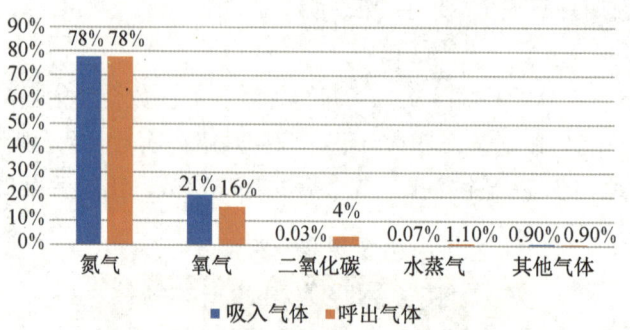

图5-12 人体吸入气体和呼出气体成分比较

8. 检测食物中的淀粉

实验内容

检测馒头、面条、米饭、马铃薯中是否含有淀粉。

重要概念

淀粉遇碘酒变蓝色。一些植物的果实、根、茎等都含有大量淀粉。

实验目的

知道用碘酒可以检测淀粉；知道生活中常见的米饭、面条、马铃薯中含有淀粉。

■ **器材准备**

碘酒、馒头、面条、米饭、马铃薯、小刀、培养皿。

■ **实验过程**

1. 用小刀将马铃薯切开,滴 2~3 滴碘酒,观察到滴加碘酒的部分变成蓝色,说明马铃薯中含有淀粉。

2. 将馒头、面条、米饭放在培养皿中,分别滴加 2~3 滴碘酒,观察到馒头、面条、米饭滴加碘酒的部分都变成蓝色,说明这 3 种食物中都含有淀粉。

■ **注意事项**

使用小刀注意安全,实验结束及时把实验用的食物放进厨余垃圾箱。

■ **拓展创新**

提取马铃薯淀粉

将马铃薯洗净,用小刀切成块后放入破壁机,加入适量水打碎。将粗棉布铺平放入盆中,再将糊状马铃薯放入粗棉布中间,兜起棉布的四角,用一只手捏紧,另一只手用力反复揉搓,可以看见布缝中有细小的白色粉末渗出。当糊状马铃薯中的水分被挤干后,反复加水用力揉搓,直到渗出的水中白色明显变淡。停止揉搓后,将盆中的白色液体静置几小时,待白色粉末完全沉淀,倒出上面的水,将白色沉淀物取出晾干,得到的白色粉末就是马铃薯淀粉。

9. 检测食物中的蛋白质

■ **实验内容**

检测蛋清和面粉中的蛋白质。

■ **重要概念**

点燃固体蛋白质,会有烧焦羽毛的特殊气味逸出;双缩脲试剂加入液态食物中,如出现紫色,说明食物中含有蛋白质。

■ **实验目的**

了解常见的哪些食物中含有蛋白质,知道检测食物中蛋白质的方法。

■ **器材准备**

蛋清稀释液、面粉、盆、粗棉布、打火机、双缩脲试剂 A 和 B、试管、滴管。

■ **实验过程**

1. 检测蛋清中的蛋白质

取 2 mL 蛋清稀释液和 2 mL 双缩脲试剂 A。将双缩脲试剂 A 和蛋清稀释液分别倒入同一试管中,振荡均匀。再往试管中加入 3~4 滴双缩脲试剂 B,振荡均匀,试管内出现紫色,说明蛋清中含有蛋白质。

2. 检测面粉中的蛋白质

(1) 提取面粉中的蛋白质

取至少 100 g 面粉,加少量水和成面团,双手用力搓揉,约 30 分钟。用一块粗棉布把面团包起来,浸在水中并不断搓揉,可看见有白色粉末从布缝中顺水渗出。不断把盆中的白色水换成清水,持续揉搓包裹的面团,直至布缝中没有白色粉末渗出即可。打开布包,布包中留下的黏性很强的胶状物就是面粉中的蛋白质,俗称面筋。

(2)检测

取少量面筋晾干,再用打火机点燃,闻到一股烧焦羽毛的气味,说明淀粉中含有蛋白质。

■ **注意事项**

使用打火机时注意安全,须有老师或家长陪同。

■ **拓展创新**

在提取面粉中的蛋白质时,从布缝中渗出的白色物质是什么?取一些布缝中渗出的白色物质,滴入碘酒,观察到白色变蓝色,说明这些白色物质是淀粉。

10. 检测食物中的脂肪

■ **实验内容**

检测花生、核桃、肥肉中是否含有脂肪。

■ **重要概念**

食用油中的主要营养成分是脂肪,将食用油和水分别滴在白纸上,水渗透得很快,水印会消失,而食用油渗透得很慢,会留下油渍且不会消失。

■ **实验目的**

知道检测食物中脂肪的方法,了解常见的哪些食物中含有脂肪。

■ **器材准备**

食用油、花生、肥肉、核桃、A4白纸、棉签、水、滴管。

■ **实验过程**

1. 在白纸上分别滴一滴食用油和水,过一会,水印消失,滴食用油的部分留下不会消失的油渍。

2. 将花生、核桃、肥肉分别在白纸上挤压、涂抹,把留下的痕迹与食用油的油迹做比较,发现花生、核桃、肥肉三种食物都在白纸上留下了与食用油一样的油渍(不会消失),说明花生、核桃、肥肉中都含有脂肪。

3. 做好实验记录。

■ **注意事项**

出于卫生的考虑,戴一次性手套实验,实验结束及时把实验用的食物放进厨余垃圾箱。

■ **拓展创新**

压榨花生油

第一步脱壳,将花生壳去掉,得到花生米。第二步焙炒,将花生米放进大锅里翻炒,直到花生的香味浓郁,这一步是决定花生油出油率高低的关键步骤。第三步压榨,把炒好的花生米放进压榨机器，边搅拌边压榨，花生油从出油口流出，同时制成了花生饼。第四步过滤，花生油经过前3个步骤以后出来的就是毛油，看起来有些浑浊，主要是掺杂了一些花生末，为了保证花生油的纯度，一般会经过滤油机的过滤，这样就得到了黄灿灿、香味浓郁的花生油。

11. 食物在口腔里的变化

■ 实验内容
探究食物在口腔里的变化。

■ 重要概念
在牙齿、舌和唾液共同作用下，食物在口腔里变碎、变湿直至糊状，淀粉含量逐渐减少。唾液中含有淀粉酶，可以将淀粉分解成麦芽糖。淀粉遇碘酒变蓝色。

■ 实验目的
知道鉴别淀粉的方法，了解唾液在消化食物中的作用。

■ 器材准备
原味韧性饼干、碘酒、培养皿。

■ 实验过程
1. 准备3块原味韧性饼干，1块放在培养皿中，1块放入口中咀嚼10次后放到培养皿中，1块咀嚼20次后放入培养皿中。

2. 仔细观察饼干在口腔中的变化，由干的一整块，变碎变湿，变成糊状。

3. 分别在饼干上滴加2~3滴碘酒，观察到没被咀嚼的饼干出现很深的蓝色，咀嚼10次的饼干出现较深的蓝色，咀嚼20次的饼干出现较浅的蓝色，说明咀嚼后的饼干中淀粉含量逐渐减少。

4. 分析实验现象，得出实验结论：在牙齿、舌和唾液共同作用下，食物在口腔里变碎、变湿直至糊状，淀粉含量逐渐减少。

■ 注意事项
实验前要清水漱口，实验结束及时把实验用的食物放进厨余垃圾箱。

■ 拓展创新

唾液可以消化淀粉

1. 取2支洁净的试管，贴上标签，1号试管和2号试管。

2. 取唾液：用凉开水漱口后，嘴巴略微张开，头稍向下倾，把下唇搁在1号试管口上，舌尖舔上颌或抵在下颌门齿的下方。一会儿，就有洁净的唾液沿唇滴下，进入试管。

3. 在2支试管内分别加入等量的稀淀粉糊（约占试管体积的1/3），振荡或搅拌均匀。

4. 将2支试管同时放在盛有37℃左右温水的烧杯中，约10分钟。

5. 10分钟后，2支试管分别滴入2~3滴碘酒，可以看到未加唾液的2号淀粉糊变成蓝色，而加入唾液的1号淀粉糊不变色或变色不明显。

第四节 生物与环境的相互关系相关实验

1. 根具有向地性

■ **实验内容**

探究植物根的生长特性——向地性。

■ **重要概念**

种子萌发先长根,再长茎和叶,根总是朝向地心生长,即植物根具有向地性。

■ **实验目的**

观察种子朝向不同方向时根的生长情况,通过实验现象知道植物根的生长方向与种子摆放位置没有关系,植物的根总是朝向地心生长,即根具有向地性。

■ **器材准备**

透明塑料杯子、土壤、纸巾、水、蚕豆种子、镊子、记号笔。

■ **实验过程**

1. 将纸巾卷成圆筒状,放入透明塑料杯中(纸巾贴着杯壁),再放入半杯土壤。

2. 选取饱满、没有损伤的蚕豆,用镊子把蚕豆放在杯壁和纸巾之间(如图5-13),杯子的四个方向各放一颗,四颗种子的种脐分别朝向上、下、左、右。

3. 再加入一些土壤,用手轻轻压实,浇适量水(土壤湿润即可)。

4. 在种子下面标上序号,把种植杯放在温暖的地方,每天观察种子的发芽情况,发现种子萌发先长出根。5天后观察根的生长情况并记录,发现不管蚕豆种子怎样摆放,根都向下生长,说明植物根具有向地性。

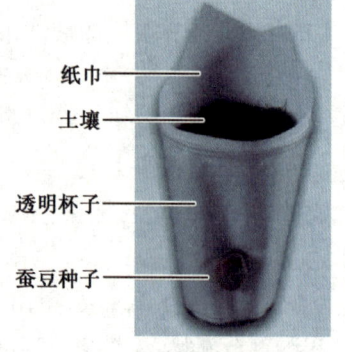

图 5-13 蚕豆种植杯

■ **注意事项**

为了加快种子萌发,可以提前把蚕豆放入水中浸泡 1~2 天再放入种植杯。

■ **拓展创新**

大自然真神奇,有些植物的根竟然向上生长,直指天空,你说奇怪不奇怪? 在中国珠江和闽江沿岸,生长着许多水松,这种树木有些根向上生长,这些根叫呼吸根。因为水松的生长环境多水,泥土里缺氧气,为了获得足够的氧气维持生命,一些根向上生长,暴露在空气中,这样就可以得到充足的氧气。

2. 根具有向水性

■ **实验内容**

探究植物根的生长特性——向水性。

■ **重要概念**

植物的根向着水分多的地方生长，即根具有向水性。

■ **实验目的**

观察植物根的生长情况，知道植物的根向着水分多的地方生长，即根具有向水性。

■ **器材准备**

托盘2个、水稻种子、深色棉布、水、滴管。

■ **实验过程**[①]

1. 取2个盘子，在盘子上分别铺1层深色棉布。

2. 在2个盘子的棉布上依次摆放十几粒水稻种子。在1号盘，种子依次摆放在盘子左侧边缘；在2号盘，种子依次摆放在盘子的右侧边缘。

3. 滴入少量水，慢慢使整块棉布湿润。在1号盘，沿盘子右侧边缘一个固定区域滴水；在2号盘，沿盘子左侧边缘一个固定区域滴水。

4. 每天在固定区域滴入适量水，直至种子发芽并长出根系，观察根的生长情况，发现1号盘中根向右生长，2号盘中根向左生长。

■ **注意事项**

1. 滴水时不要滴在种子上，在远离种子的一个固定区域滴水；

2. 滴水量不宜过多，要逐步缩小棉布的湿润范围，这样观察到的实验效果会比较明显。

■ **拓展创新**

将已经萌发的黄豆种子按照根的同一方向依次摆放在铺有棉布的托盘中，例如所有黄豆种子的根全部向上；在盘子右侧边缘的一个固定区域滴水（水不宜多，布湿润即可且湿润范围逐步变小），过一段时间观察根的生长情况，发现原本向上的根变为向右侧生长，说明植物的根向着水分多的地方生长，即根具有向水性。

3. 植物的向光性

■ **实验内容**

探究植物的生长特性——向光性。

■ **重要概念**

植物的茎、叶在单向光刺激下会引起定向运动，即植物有向光性。

[①] 江苏省教育装备与勤工俭学管理中心. 小学科学实验教学与实验室管理[M]. 南京：南京大学出版社，2008：66-67.

实验目的

通过实验,观察、了解植物的生长具有向光性。

器材准备

小麦种子、玉米种子、装有土的小花盆4个、不透光大纸盒、锡纸、小刀。

实验过程

1. 将30粒小麦种子、30粒玉米种子在清水中浸泡1昼夜。

2. 把预先泡好的小麦和玉米种子分别均匀地播种在装有适量土壤的4个小花盆中(每盆15粒种子),小麦2盆、玉米2盆,浇适量水,并把花盆放在温暖、光线充足的地方,等待发芽。

3. 每天定时观察,当小苗从土壤中钻出来,长到近5 cm时,用不透光的大纸盒分别将其中一盆小麦和一盆玉米苗罩住,并在纸盒向光的一面挖一个直径约3 cm的小洞。

4. 3天以后,打开两个纸盒,观察到小麦和玉米都向着小洞方向弯曲生长,而没有罩纸盒的小麦和玉米自然直立生长。

注意事项

1. 纸箱要完全罩住花盆,同时留有植物生长的空间。

2. 如果实验环境没有阳光或光线不好,可以用台灯对着纸箱的小洞照射。为了实验效果更明显,夜晚也可以开着台灯对着纸箱的小洞照射。

拓展创新

因为植物有向光的生长特性,在北半球,大多植物的阳面(即朝南方向)枝叶茂盛,而阴面(即朝北方向)枝叶较稀疏。掌握了这一特征后,即使在没有太阳的阴天也可以通过观察植物枝叶的生长情况判断南北方向。

4. 蚯蚓对光照和湿度的选择

实验内容

探究蚯蚓对光照和湿度的选择。

重要概念

蚯蚓是环节动物,用皮肤来呼吸,喜居住在潮湿、疏松、富含有机物的土壤中,畏光喜阴暗,适宜的生存温度为15~30 ℃。

实验目的

能用对比实验的方法探究蚯蚓对光照和湿度的选择;知道蚯蚓喜欢阴暗、潮湿的生活环境。

器材准备

长方形带盖纸盒、蚯蚓、湿土、干土、镊子、黑色记号笔、吸水纸、塑料膜。

实验过程

1. 蚯蚓对光照的选择

(1) 把长方形纸盒四壁涂成黑色,将盒盖的一端剪掉1块,使光能够透进盒子,制成明暗盒。在底部铺上1层塑料膜,再在塑料膜上面铺1层吸水纸,均匀撒上少量水。

(2) 把10条蚯蚓放在盒子明暗交接的位置,盖好盖子,5分钟后打开盒盖观察并记录在黑暗一端、中间位置、明亮一端的蚯蚓数量(如图5-14)。

(3) 实验反复做几次并记录,发现多数蚯蚓聚集在远离光的黑暗处,说明蚯蚓喜欢黑暗的环境。

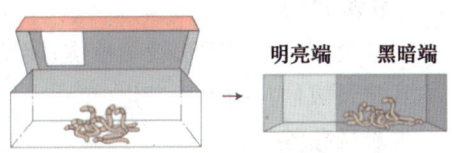

图 5-14　蚯蚓对光照的选择

2. 蚯蚓对干燥和潮湿环境的选择

(1) 在盒子里铺上1层泥土,一端铺湿土,另一端铺干土,厚度一样,约2~3 cm。

(2) 把10条蚯蚓放在盒子的中间,盖好盖子,5分钟后打开盒盖观察并记录蚯蚓分别在潮湿的土壤中、中间位置、干燥土壤中的数量(如图5-15)。

(3) 实验反复做几次并记录,发现多数蚯蚓在湿土中,说明蚯蚓喜欢潮湿的环境。

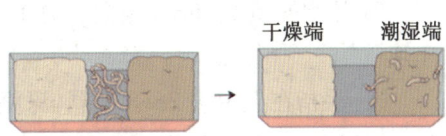

图 5-15　蚯蚓对干燥和潮湿环境的选择

■ **注意事项**

选择的盒子大小要合适,能容纳10条蚯蚓并留有一定的活动空间。用镊子夹取蚯蚓不可太用力,以免弄伤蚯蚓。

■ **拓展创新**

蚯蚓对温度的选择

在盒内均匀铺上2~3 cm厚的湿土,将盒子上面一半用黑色卡纸覆盖,一半用锡箔纸覆盖,并在同一侧壁对应黑卡纸和锡箔纸下方中间挖两个孔,分别插入温度计测土温,土壤的温度最好在25 ℃。将10条蚯蚓分成2组分别放入盒子的两端,放到太阳下晒,当盖黑纸的一边土壤温度升到35 ℃,盖锡箔纸的一边土温还在30 ℃以下时,将盒子拿回室内,打开盒盖观察并记录,发现蚯蚓集中在覆盖锡箔纸的一端,说明蚯蚓不喜30 ℃以上的高温,喜欢冷凉的环境。

第五节　生命的延续与进化相关实验

1. 种一株植物

■ **实验内容**

用播种的方式种植凤仙花并观察凤仙花的生长变化。

■ **重要概念**

种子是植物的繁殖器官,可以发育成新的植物。但并不是所有的种子都能发育成一株新植物。这与种子的胚是否完整,种子的子叶或胚乳中储存的养料是否充足,以及种子所在地的环境条件等有关,所以要选择完整的、颗粒饱满的种子播种,要保证其所生活的环境具有适宜的温度、适量的水分和充足的空气。

▎实验目的

学会用播种的方法栽培植物;能基于研究需要制订观察计划,能用填表、画图、测量等方式记录凤仙花的生长变化。

▎器材准备

花盆、土壤、凤仙花种子、喷壶、水、铲子、小石块。

▎实验过程

1. 选种:挑选饱满,没有受过伤的凤仙花种子。

2. 准备好花盆和土,先把一块小石头放在花盆的出水孔上,然后用铲子放入大半盆土壤。

3. 手指在土中按 2~3 个洞,深度约 1 cm(种子上覆盖的土不要太深),放入种子,再用土盖住洞口,轻轻压实。

4. 往花盆中浇水,直到土壤湿润,然后放到温暖的地方。

5. 制订一个植物生长变化的观察计划。

植物生长变化观察计划

植物名称:_____   第( )小组

播种时间:____年__月__日

栽培方法:土培

我们想用的观察记录方法:_____

我们小组想要观察和记录的内容:_____

6. 观察并记录凤仙花的生长变化,填写表 5-2。

表 5-2　凤仙花的生长变化记录单

日期	植株高度/cm	叶的数量/片	它的样子	我们的发现	我们为植物做的事

7. 回顾、总结凤仙花的生长过程。

▎注意事项

要观察凤仙花一生的生长变化,前提是凤仙花能茁壮生长,因此播种成功后还要定期养护,如施肥、松土、浇水等。这是一个长周期作业,要提醒、督促学生按计划观察、记录。

▎拓展创新

选择带芽眼的土豆块、红薯块埋入带土的花盆中,或把天竺葵的枝条插入带土的花盆里,观察它们的生长变化。

2. 饲养蚕

■ **实验内容**

饲养、观察蚕一生的生长变化。

■ **重要概念**

蚕是一种昆虫,以桑叶为食,一生经历卵、幼虫、蛹、成虫(蚕蛾)4 种形态,共计五十几天。幼虫阶段经历 4 次蜕皮,刚孵出的蚁蚕是 1 龄蚕,以此类推,第 4 次蜕皮后成为 5 龄蚕。5 龄熟蚕开始吐丝结茧。

■ **实验目的**

了解蚕一生的生长变化,培养长期观察的能力。

■ **器材准备**

蚕座(供蚕就食和活动的场所)、蚕纸、蚕卵、桑叶、放大镜、记录本。

■ **实验过程**

1. 收蚁

当室温达到 20～25 ℃时,蚕卵在 2～3 天内就可以孵化,刚孵出的小蚕叫蚁蚕。孵化后要及时用毛笔或羽毛轻轻地从蚕纸上把小蚕刷到桑叶上,放在蚕座内,这一过程叫作收蚁。要让小蚕吃得饱吃得好,桑叶要保持新鲜并保持干燥,切成碎片或条。

2. 饲养

(1) 给桑

要保证小蚕健康生长,必须给它们提供充足的桑叶。桑叶要新鲜、清洁、老嫩适度、干燥。1～3 龄小蚕每昼夜给桑 4 次,4～5 龄大蚕每昼夜给桑 6 次,每次给桑时要仔细观察,适度增减,以基本吃净为宜。

(2) 除沙

为了保持蚕座的清洁,减少湿气,保证蚕健壮生长,必须经常清除蚕粪和桑叶的残渣,这个过程称为除沙。通常对 1 龄小蚕不除沙,2 龄、3 龄每龄各除沙 2 次,4 龄、5 龄的大蚕应每天除沙 1～2 次。

(3) 眠蚕处理

蚕在眠期时,室内要安静,光线要稍暗。不要翻动眠蚕,蚕蜕皮后等它爬动找食时开始喂柔叶。刚起眠的蚕,消化力较弱,要喂鲜嫩柔叶并逐渐增加桑叶量。

(4) 控制温湿度

温度和湿度对蚕的生长发育影响很大。在温和干燥的环境中,蚕吃得多,可以缩短饲养期,还可以防止病菌繁殖。饲养 1 龄、2 龄的小蚕,最适宜的温度是 26～28 ℃;饲养 4 龄、5 龄大蚕,最适宜的温度是 24～25 ℃,相对湿度是 75% 左右。蚕室最忌闷热和潮湿,一定要通风干燥。还要消灭蚊、蝇和鼠类,以免蚕受侵袭和被吃。发现病蚕或死蚕,应立即剔除,以免蚕病蔓延。

3. 上蔟

5龄蚕经过1个星期左右的生长，体内的绢丝腺已发育完成，充满胶状液体，身体逐渐透明，并开始吐丝，这时的蚕称为"熟蚕"。要把熟蚕移到麦秆或稻秆蔟上做茧，这个叫作上蔟，又名"上山"。上蔟必须适时，过早和过晚都会影响结茧质量。一般上蔟后一星期就可以采茧。

4. 出蛾

蚕结茧后大约10～15天会变成蚕蛾从蚕茧中出来，之后雄性蚕蛾和雌性蚕蛾交配，交配不久后雄性蚕蛾死亡，雌性蚕蛾产卵后不久也会死亡。刚产出的蚕卵是黄色的，可以冷藏保存(约5℃)，来年春天孵化。

5. 回顾、总结蚕的一生(如图5-16)。

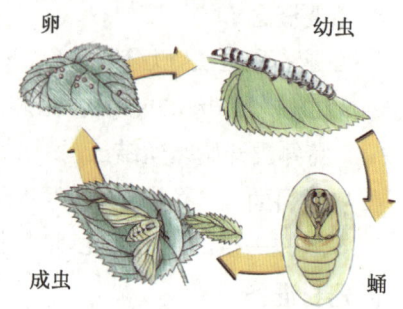

图5-16　蚕的一生

■ **注意事项**

根据上班或上学时间，可以早、中、晚定时定量给桑叶，切忌在养蚕的地方喷杀虫剂。

■ **拓展创新**

蚕茧里面的蚕是什么样？还活着吗？拿起蚕茧放在耳朵边听，可以听到里边发出细微的声音，说明蚕是活的。用剪子轻轻剪开蚕茧，可以看到蚕变了模样，长成了蚕蛹。观察、比较蚕的幼虫、蚕蛹、蚕蛾有什么相同和不同之处。

第六节　案例分析

1.《观察叶》教学设计

一、情境聚焦

1. 播放视频，师生欣赏古诗《江南》。

2. 学生观看后思考：荷叶有什么特点？其他植物的叶又有什么特点？

3. 揭题：今天我们就一起观察叶。

案例评析：由学生熟悉的古诗引出常见的荷叶，激发学生的学习兴趣，引导学生聚焦观察对象——叶。通过提问，了解学生对叶的特点的已有认识，确立课堂教学的起点。

二、合作探索

（一）观察各种各样的叶

1. 比较叶的不同之处

过渡：在课前我们也收集了很多的叶子，现在请你拿出这些叶，观察它们有什么不同的地方。

（1）明确观察方法

师：你打算怎样观察、比较呢？

教师引导:如果想看得更仔细一些,可以借助放大镜。

(2) 分组观察、比较

(3) 全班交流展示

小结:通过观察,发现不同叶的形状、大小、颜色、气味、硬度、边缘等都是不一样的。

2. 比较叶的相同之处

师:这些叶有没有相同的地方?

学生分组观察、比较,全班交流展示。

小结:叶子都有叶片和叶柄,叶片上还有纹路,这些纹路叫作叶脉。

案例评析:利用各种感官和借助放大镜科学地观察各种各样的叶,能够让学生的思维从图片转换到对实物的辨识上,培养学生的观察、比较能力。只有这样学生才能真切地感受到叶的多样性。

(二)观察同一棵植物的叶

1. 展示一根长有叶芽、嫩叶、老叶的杨树枝条,提问:同一棵植物的叶,都一样吗?

2. 学生表达交流。

案例评析:通过观察、比较同一棵植物的叶,学生认识到叶是有生命的,会长大、会变化、会死亡,继而认识到植物是有生命的,是大自然的重要组成部分。

(三)画一片叶

1. 教师示范画叶子:手持一片叶,边观察边画,先画叶片,再画叶柄,最后画叶片上的叶脉。

2. 学生活动:画一片叶。

3. 展示交流:猜猜画的是什么植物的叶。

案例评析:指导学生用画图的方式记录1片叶子的外部形态特征,有利于学生更充分地认识叶,同时培养学生观察记录的学习习惯。"猜叶子"环节有利于学生提升语言组织能力,学会倾听他人想法,养成实事求是的科学态度和树立欣赏他人的意识。

三、研讨交流

1. 挑战一:PPT展示不同植物的叶,在这些叶子中,哪些叶子是同种植物的?

学生观察、比较,找出同种植物的叶,并交流展示。

2. 挑战二:PPT展示同一植物的叶,你能根据这些叶子经历的生长过程,给它们排序吗?

学生根据叶子经历的生长过程,给4个有编号的叶子排序。

案例评析:用具有一定挑战性的活动可以激发学生的学习热情,学生"玩"中学,进一步认识叶的相同与不同。叶是有生命的,会生长变化。

四、拓展延伸

PPT展示精美的叶画和制作方法,学生课后利用落叶制作一幅叶画。

案例评析:利用叶子创作叶画,可以拓展学生对叶的认识,激发学生对叶进一步研究的兴趣,同时可以提升学生的艺术素养和动手实践能力。

2. 《感受我们的呼吸》教学设计

一、情境聚焦

1. 学生跟着音乐做呼吸操。
2. 导入学习单,交流:呼吸时气体经过人体的哪些部位?
3. 揭示课题:感受我们的呼吸。

案例评析:通过呼吸操,学生调整了学习状态,同时把注意力集中到呼吸上,聚焦学习主题。学生展示课前学习单,交流呼吸时气体经过人体的哪些部位,定位课堂教学的起点。

二、合作探索

(一)集中注意,感受呼吸

1. 感受呼吸

要求:反复深呼吸,感受呼吸时气体经过了哪些部位,并完成学习单。

2. 表达交流

小结:空气从鼻腔或者口腔进入,经过咽喉、气管到达肺部。

案例评析:学生根据反复深呼吸的感受和同学的交流讨论,推测出呼吸时气体经过了鼻腔或者口腔、咽喉、气管以及肺,同时知道了呼吸时气体是怎样流动的,为后面的模拟实验做好准备。

(二)自主探究,模拟呼吸

1. 认识装置

(1)出示人体呼吸模拟器,提问:各部分结构分别模拟人体的哪些部位?

(2)提问:怎样用这个装置来模拟吸气和呼气?

学生思考、交流。

2. 模拟呼吸

学生以小组为单位尝试用呼吸模拟装置模拟吸气和呼气。

3. 交流展示

4. 认识膈肌

(1)视频介绍膈肌。

(2)学生再次感受呼吸。

要求:把手放在胸部和腹部,感受呼吸时这两个部位的变化,并完成记录单。

(3)交流展示。

小结:吸气时,胸腔扩张,腹部收缩,膈肌向下;呼气时,胸腔收缩,腹部放松,膈肌向上。

案例评析:人体是一个暗盒,我们观察不到人呼吸的真实过程。通过模拟人体呼吸实验,学生可以了解呼吸的过程以及呼吸过程中肺、胸廓、膈肌的变化,再加上真实感受呼吸过程中胸部和腹部的变化,从而体会呼吸器官在呼吸过程中的协同作用。

三、交流研讨

观看关于呼吸的科普视频,说一说呼吸是怎么一回事?

学生表达交流。

案例评析:通过观看关于呼吸的科普视频,学生整合、梳理了本节课的学习,能够描述呼吸是怎么一回事,知道呼吸是气体交换的过程,氧气和二氧化碳两种气体对生命具有重要意义。

四、拓展延伸

关于呼吸,你还想了解哪些?

案例评析:引导学生在本节课学习的基础上,对呼吸产生进一步的探究兴趣,比如关注"吸进来的气体与呼出去的气体有什么区别""呼吸为什么有时快有时候慢"等问题,为后续的学习和研究活动做铺垫。

第六章
宇宙与地球领域

第一节　宇宙与地球领域概念概述

2022年版《科学课程标准》指出："人类对太空的探索，正在逐渐揭开宇宙的奥秘，本学科核心概念的学习有助于学生形成物质与能量、系统与模型、稳定与变化等跨学科概念。"

《科学课程标准》教学提示中明确指出，此章节需要教师引导学生围绕本学科核心概念，开展观测、模拟实验、制作、读图识图、项目研究等学习活动，从观察身边的现象开始，通过实地观测、模拟实验和模型制作等方式，获得直接经验和数据，帮助学生认识地球在宇宙中的位置，了解天体运动规律；教师要创设或运用真实情境，引导学生学会使用工具和仪器，通过观察、测量、记录、动手制作等方法进行学习，帮助学生认识地球系统的基本要素和主要特点。

一、宇宙中的地球

地球是人类已知的唯一孕育和支持生命的天体，人类生存在地球上，为寻求更好的生存和发展，需要认识人类的生存环境，首先要认识地球所处的宇宙环境，形成科学的宇宙观。知道地球是太阳系中的一颗行星，地球的引力会与太空中的其他物体相互作用。月球受到的影响最大，它是地球唯一的天然卫星。地球和月球组成地月系。太阳、绕太阳运转的行星及其卫星和各类小天体组成太阳系。太阳是银河系中的一颗普通恒星。银河系是宇宙中的一个普通星系。作为小学生了解地球所处的宇宙环境，目的不是系统学习天文知识，而是为认识到地球是太阳系中一颗既普通又特殊的行星打基础。学生通过对太阳、月球、地球三者的位置关系的探索，初步了解地球的自转和公转，形成了昼夜交替和四季变化等周期性的自然现象。宇宙中天体及天体系统主要说明了宇宙的物质性和运动性。学生掌握这些知识需要建立空间概念，培养和发挥空间思维能力和想象力。

二、地球系统

地球是一个由不同圈层组成的系统。地球的外部包括大气圈、水圈和生物圈，内部包括地壳、地幔和地核，地壳和地幔的一部分组成了岩石圈。不同圈层之间存在物质交换和能量传输，决定了整个地球的演化方向。大气运动形成了天气和气候现象，岩石风化形成了土壤，流水和地壳运动是塑造地表形态的重要力量。地球呈现出圈层结构。学生在学习中要以"宇宙环境——地球自然环境"的认识思路，在了解地球圈层结构的基础上认识自然环境的组成。这部分内容比较抽象，空间范围大，需要学生充分发挥想象力。

第二节　宇宙中的地球相关实验

1. 制作一个简单的地球模型

■ **实验内容**

制作三种地球模型：1. 地球结构模型；2. 地球海陆分布模型；3. 地球自转模型。

■ **重要概念**

地球是一个球体，地球内部的圈层结构分为地壳（厚度约 17 km）、地幔（厚度约 2 900 km）、地核（平均半径约 3 500 km）。地球的表面主要由海洋和陆地构成，海洋面积占地表总面积的 70.8%，陆地面积占地表总面积的 29.2%。地球围绕太阳公转的同时还围绕地轴自转。地轴垂直于赤道面。

■ **实验目的**

三个模型的每一个都是基于学生已有的地球知识，利用各种材料特征让学生制作出来的。在制作时需要学生应用各种感官协作，把抽象的知识准确地表达在具体的实物中。通过这样的模型制作过程，锻炼学生用模型准确表达已知的能力。

■ **器材准备**

橡皮泥地球结构模型、抹油的小刀（防沾刀）、可以上色的泡沫球或塑料球等球体、钢丝、笔头较宽的彩色笔（马克笔）、橙子、勺子、吸管、地球仪。

■ **实验过程**

1. 地球结构模型

（1）选择红、黄、蓝 3 种颜色的橡皮泥，分别模拟地核、地幔、地壳 3 个圈层。

（2）先将 3 种颜色的橡皮泥分别搓成圆形备用，再将黄色和蓝色橡皮泥分别压扁，黄色橡皮泥包裹在红色橡皮泥的外层，蓝色橡皮泥包裹在黄色橡皮泥的外层。

在制作 3 种颜色的橡皮泥时，根据图 6-1 中地球的结构数据预先考虑每种颜色橡皮泥的大小与厚度。

（3）用抹油的小刀（防沾刀）切出地球结构模型的剖面，并仔细观察切面（如图 6-1），根据数据修正模型。

2. 地球海陆分布模型

根据世界地形图,用笔头较宽的彩色笔(马克笔)在1个塑料球体上用不同颜色表示地球上的海洋和陆地分布情况。对照地球的照片和世界地形图,认真思考我们的模型能否表达出海陆分布的特征?

3. 地球自转模型

取1个橙子,模拟赤道线横切橙子,用勺子将果肉去掉留果皮,按地轴垂直于赤道面的方向将吸管穿过橙子。

4. 讨论交流,组织研讨

3种不同的模型,表达了不同的地球知识,不同的地球模型可以研究解释不同的自然现象。

■ **注意事项**

切勿食用不卫生的橙子肉;使用小刀时避免伤到手。

■ **拓展创新**

1. 根据实际情况选择容易获得、容易上色、方便留存的球体(例如白色乒乓球,根据操作的实际情况,如果乒乓球嫌小的话,可以选择12 cm左右的白色泡沫球等)提供给学生进行制作。

2. 用蓝色和绿色橡皮泥分别模拟海洋和陆地,将蓝色橡皮泥整个包裹在球体的外层模拟海洋,再用绿色的橡皮泥,取局部黏贴在上面,作为陆地。

3. 观察我们常用的地球仪,说说从中你获得了哪些知识。

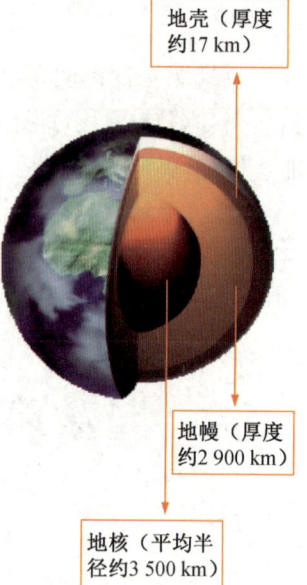

图6-1 地球的结构

2. 昼夜交替现象模拟实验

■ **实验内容**

通过昼夜交替现象模拟实验验证昼夜交替的成因。

■ **重要概念**

地球是一个不透明的球体,太阳光照将其分为昼半球和夜半球。白天和黑夜的分界线就是晨昏圈,晨昏圈由晨线和昏线组成;晨线是黑夜进入白天的分界线,即晨线上各地进行着日出;昏线是白天进入黑夜的分界线,昏线上各地正在日落。晨昏圈和太阳光照互相垂直,地球上不仅有昼夜交替的变化,还有昼夜长短的变化。

■ **实验目的**

通过模拟实验验证昼夜交替形成的原因,知道昼夜交替现象的形成与"太阳光的照射""地球是不透明的球体""地球自转"三个因素有关,修正解释昼夜交替与地球自转有关。

■ **器材准备**

手电筒、地球仪。

■ 实验过程

1. 先调整好手电筒和地球仪的位置，此时模拟冬至日，将光点对准南回归线，调整后可以观察到地球被晨昏线划分为昼半球和夜半球。

2. 模拟地球自转，自西向东慢慢转动地球仪，可观察到中国从昼半球，跨过昏线，进入夜半球，其他地区也是如此。经过夜半球后，经过自转，又跨过晨昏线进入昼半球。

3. 接下来模拟地球公转时的昼夜交替现象。冬至日时南极圈内出现极昼现象；春秋分时昼夜半球平分；夏至日时北极圈内出现极昼现象。从冬至到夏至晨昏线变化情况将可以通过实验观察到。

4. 讨论交流，得出实验结论。引导学生发现多种假设都能解释昼夜现象的成因，他们的不同之处在于地球与太阳运动关系的不同，最后归纳总结出解释昼夜交替现象的关键在于确定地球与太阳的运动关系。

■ 注意事项

实验时最好选用阴面的教室或有遮光设备的教室。

■ 拓展创新

1. 为什么平时我们看到的是太阳在空中移动，而不像实验中所观察到的那样。究竟是什么原因造成这样的错觉？感觉不到是地球的自转引起了昼夜的变化呢？

2. 实验后可以利用 VR 技术直观地感受地球的昼夜变化。

3. 谁先迎来黎明模拟实验

■ 实验内容

运用"地球椅"模拟实验的体验，并结合生活实践来理解相对运动的特点，运用各种实验逐步认识地球的自转方向。

■ 重要概念

地球在围绕太阳自西向东旋转的同时，它还在围绕着自己的轴自西向东不停地自转，自转1周，约为24小时，并形成了天体东升西落的现象。东边的北京比西边的乌鲁木齐先迎来太阳。感知物体的运动方向与看到的景物的移动方向相反，这就是相对运动。

■ 实验目的

一是模拟实验，利用人体围成的"地球"对照北京和乌鲁木齐，观察哪座城市先看到太阳，明确地球自转方向的不同会导致不同的结果；二是根据日常经验、转椅上观察到的现象、日常观察到太阳的运动方向，理解相对运动确认地球自转方向；三是在确认地球的自转方向后再次模拟验证谁先迎来黎明。

■ 器材准备

打印好的"北京""乌鲁木齐""东""西"大字（剪成合适大小）、双面胶、红色圆卡纸、可以旋转的办公椅、手电筒、学生制作的地球模型、小圆片贴纸。

■ 实验过程

1. 在地球仪上观察并确认北京和乌鲁木齐的地理位置，确定北京在乌鲁木齐的东边,乌鲁木齐在北京的西边。在确定好北京和乌鲁木齐地理位置后,大家手拉手,面朝外围成一个圆圈,模拟地球。其中一个同学身上贴上写有"北京"和"东"的纸片,代表"北京";在他右手边的一个同学贴上"乌鲁木齐"和"西"的纸片,代表"乌鲁木齐";再请一个同学站在圈外举个红色纸片,代表"太阳"。大家按照由"西"向"东"的方向慢慢转动时(即逆时针方向),会发现"北京"先迎来黎明;当按照由"东"向"西"的方向慢慢转动时(即顺时针方向),会发现"乌鲁木齐"先迎来黎明。

2. "地球椅"实验:坐在椅子上,左肩贴"东",右肩贴"西",分别从西向东和从东向西匀速转动椅子,观察景物的运动方向。自西向东(逆时针)匀速转动椅子,看到的景物是自东向西(顺时针)转动;自东向西(顺时针)匀速转动椅子,看到的景物是自西向东(逆时针)转动,我们看到的运动方向与实际看到的方向是相反的,这就是相对运动。

3. 根据平常看到的日月星辰的方向是自东向西,由相对运动关系推测出地球运动方向是自西向东。在地球模型上再次模拟北京和乌鲁木齐的昼夜变化。先将反光小圆片贴在地球仪北京和乌鲁木齐的位置上,再用手电筒模拟太阳照射。一个同学让地球模型按正确的方向旋转,另一同学从"太阳"的位置进行观察。

4. 讨论交流,得出实验结论:通过第一个实验明确谁先迎来黎明与地球转动的方向有关;第二个实验感知物体的运动方向与看到的景物的移动方向相反,这就是相对运动;第三个实验确认后地球的自转方向是自西向东,再次模拟验证谁先迎来黎明,并得出结论:"实验观察自转一周时,一个地区只有一次黎明,而我们生活的城市每天也只有一次黎明,所以可以推理出自转一周就是一天,即24小时。"

■ **注意事项**

1. 仔细观察地球仪的细节,在地球仪上找到"北京"和"乌鲁木齐"的准确位置,确定"北京在乌鲁木齐的东边,乌鲁木齐在北京的西边"。

2. 注意控制转椅的速度。

3. 实验时最好选用有遮光设备的教室,便于第三个实验的开展。

■ **拓展创新**

1. 实验一需要较大的空间才能让地球转起来,可以选择到操场做实验。

2. 为了保证学生能让地球模型自西向东转动,教师可以让学生在"乌鲁木齐"上画一个指向"北京"的箭头,这个箭头方向就是自西向东。

3. 为观察到迎来黎明的过程,需同时让两个城市处于"夜"中,慢慢地转到"昼"中,然后再连续地进行转动。这样,学生才能观察到本模拟实验的另一个教学目标,即"地球自转一周每个地方只能迎来一次黎明"。

4. 有条件的学校可以考虑使用AR、VR设备模拟实验,效果更好。

4. 制作简易圭表来观察日影的四季变化

■ **实验内容**

通过制作简易圭表,尝试复制古代天文仪器,模拟测量四季的影长。

■ 重要概念

圭表是中国古代测量正午时刻的日影长度、定节气用的天文仪器，它由圭和表组成，圭面上有刻度，不同的刻度可以代表不同的节气，古人的观测仪器——圭表的结构特点和古人的观测结果——夏短冬长，循环变化。圭表一定要正南正北放置。

以北半球为例，夏至正午时分物体的影长最短，冬至正午时分物体的影长最长。从夏至到冬至，正午时分物体的影长逐渐变长。从冬至到夏至，正午时分物体的影长逐渐变短。春分与秋分正午时分物体的影长一样长。在连续测量到正午时分物体的影长最短或最长之间的时间是一年。

■ 实验目的

通过实验收集数据、分析数据帮助我们发现正午的日影长度变化规律是"从夏到冬，逐渐变长；从冬到夏，逐渐变短"。

■ 器材准备

卡纸，直尺，橡皮，双面胶，剪刀，铅笔，手电筒，"春分、秋分、冬至、夏至"的标志物。

■ 实验过程

1. 在圭面卡纸上用直尺画上刻度，制作圭面刻度纸。

2. 将表面模型的一端中间剪开，分别向两边对折，用双面胶粘贴在圭面刻度纸上，注意表与圭上的"0"刻度对齐。

3. 确定春分、秋分、冬至、夏至的位置，摆上标志物，用手电筒模拟太阳的不同位置，观察影子的长度变化。或者把自制的圭表放在正午时分太阳可以照射到的窗边，记录影子的实际长度，在其他季节，也进行测量和记录。

4. 讨论交流，得出实验结论：日影变化与太阳在天空中的位置变化有关。夏季太阳位置高，冬季太阳位置低，春季和秋季太阳位置适中。太阳位置高，影子就会短。正午的日影长度变化规律是从夏到冬逐渐变长，从冬到夏逐渐变短，夏季影子短，冬季影子长，春季和秋季影子适中。

■ 注意事项

卡纸有足够的硬度，立起后基本不弯曲，立表还需要支撑的配件，让其立稳在纸面上，我们可以对折卡纸，用双层卡纸制作表，既能形成两个支撑点，又能增加强度。

■ 拓展创新

1. 也可以提供各种生活中的材料，让创意得到充分发挥。

2. 可以直接用直尺代替圭面刻度尺，这样就不用画刻度了，在提高精确度的同时可以节约时间。

3. 实际观测环节，建议作为学生的课后探究。

5. 地球的公转与四季变化

■ **实验内容**

探究地球绕太阳公转与四季变化的关系。

■ **重要概念**

因为地轴存在倾斜角,地轴垂直于赤道面,而赤道面和黄道面之间的夹角为23.5°。就是因为这个夹角的存在,会导致太阳直射点在南北回归线之间往返的移动,导致了地球上一年四季的变化。

■ **实验目的**

研究公转的特征和了解公转与四季变化的关系。

■ **器材准备**

乒乓球、油性笔、圆盘、4个地球模型、4个测温仪、取暖灯灯泡。

■ **实验过程**

1. 塑料小球模拟地球,用油性笔在塑料小球上画出条线模拟"赤道",将圆盘模拟地球公转轨道,贴上春夏秋冬4个季节,在夏上面画根线表示起点,让小球在圆盘中运动起来(如图6-2),观察小球的运动,通过模拟实验,地球公转1周是1年,在1年内会发生四季变化。

2. 分别将4个地球仪固定在春分、秋分、冬至、夏至的位置上,代表地球公转至这4个位置,地球始终倾斜并指向1个方向上,在北半球的同一地点立1根高度相同的标杆,正对太阳并连接好测温仪,接下来依次测量地球公转至相应位置时杆影的长度及1分钟后该地点的温度,打开取暖灯,模拟太阳,用软尺和测温仪分别测量杆影的长度和温度,对

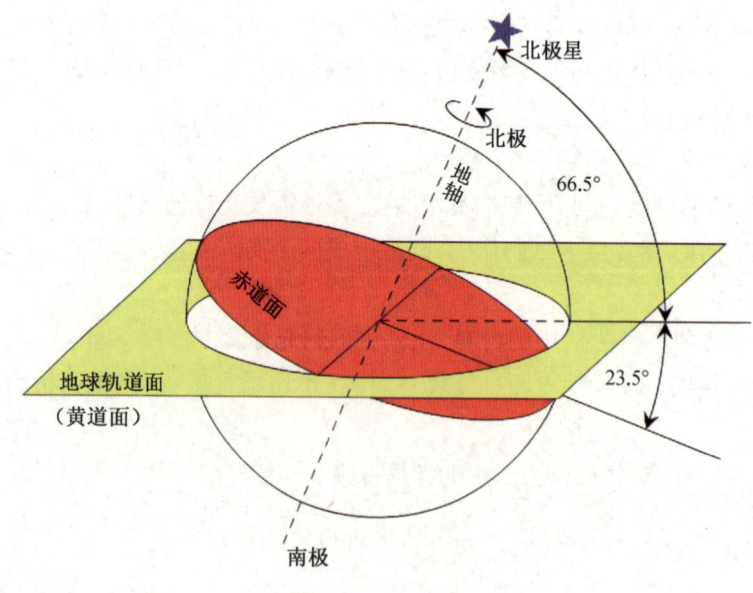

图6-2 地球的倾斜角

比分析得出,影子长温度低是冬季,影子短温度高是夏季,影子长短和温度高低都与地球围绕太阳公转过程中地轴始终倾斜,并且倾斜方向保持不变有关,这就是地球上形成四季的原因。

3. 讨论交流,得出实验结论:地球自西向东绕太阳公转,公转 1 周是 1 年;公转过程中地球地轴倾斜的方向总是不变,始终指向北极星;地球公转轨道的形状是椭圆的,有近日点和远日点,每年一月初地球与太阳的距离最近,每年七月初地球与太阳的距离最远。地球距离太阳近时,是北半球的冬季;地球距离太阳远时,是北半球的夏季。同一时间地球上南北半球的季节正好相反,而同一时间地球距离太阳的远近是一个定值。

■ 注意事项

小球模拟地球时,地球一直是"斜着身子"公转的样子,很难模拟出来。

■ 拓展创新

1. 可以结合实际,增加含有特定信息的示意图片、视频等,更全面地了解地球公转的特点。

2. 利用三球仪模型进行实验,可以保证地球匀速运动,也能保证地球倾斜的方向保持不变。

6. 建立行星的位置关系模型

■ 实验内容

按一定比例对数据进行处理,并在此基础上用一定的材料建立行星的相对位置关系模型。

■ 重要概念

太阳系的基本结构主要是由 8 颗行星的运动和分布状态决定的,按它们距离太阳由近至远的顺序,依次是水星、金星、地球、火星、木星、土星、天王星、海王星。同太阳相比,行星质量极小,所以在太阳的巨大引力下,它们都共同围绕着太阳旋转。8 颗行星在太阳系的空间分布不是均匀的。在太阳系中,与太阳相比,8 颗行星是十分渺小的。

■ 实验目的

通过实验知道太阳系有 8 颗行星,它们在其特定的轨道上绕太阳运转。

■ 器材准备

3 条长度相同的纸带、透明胶、双面胶、铅笔、剪刀、马克笔。

■ 实验过程

1. 仔细观察分析 8 颗行星的基本数据表(如表 6-1),为了展示 8 颗行星在太阳系中的位置关系,重点分析处理与太阳的平均距离的数据,忽略赤道直接将 8 颗行星当作 1 个点,这种方法在科学上叫作主次法或极端简化法。

2. 选择 1∶10 000 的比例尺,也就是将他们的距离缩小到 $\frac{1}{10\ 000}$,根据这个比例计算出行星与太阳的平均距离缩小后的数据。

3. 将 A4 纸沿着竖着的方向连续折 4 次，然后将折叠好的纸平均分成 3 份，将 3 份折好的纸打开，首尾不重叠用胶带粘在一起，在折痕处标志数字，这样做出的纸带一共有 48 处折痕。将水星标志在第一个折痕中间稍微偏右一点的位置，金星标志在第一个折痕稍微偏右一点点的位置，根据同样的方法标志出其他行星的位置，这样八大行星的位置关系模型就做好了。观察我们的纸带模型，对比我们的模型与平时常见的太阳系 8 颗行星的图片有何不同。

表 6-1　8 颗行星的基本数据

行星	与太阳的平均距离/万 km	赤道直径/km
水星	5 800	4 878
金星	10 800	12 104
地球	15 000	12 756
火星	22 800	6 787
木星	77 800	142 600
土星	142 700	120 000
天王星	287 000	51 200
海王星	449 600	48 600

4. 用 1 个红色原片模拟太阳，将各小组制作好的纸带模型，以太阳为中心，按照正北、东北、正东、东南、正南、西南、正西、西北 8 个不同的方向（呈放射状）摆放，把各条纸带上相同的行星以弧线相连成圆形，即能够较为直观地看出 8 颗行星绕太阳运行的轨道。

5. 讨论交流，得出实验结论：从教科书上的 8 颗行星示意图中，可能会认为 8 颗行星以太阳为中心，间距基本相等，在同心圆上做循环运动。但如果真正地去建立行星位置关系模型，并将所有模型放在一起观察，就会发现，教科书中的示意图与真实的太阳系相差甚远，实际上 8 颗行星距离太阳的远近实在差异太大。

■ 注意事项

虽然八大行星的基本数据表中有行星直径大小的数据，但是因为行星直径大小相差巨大，无法在纸带上呈现，所以行星直径大小的数据无须处理。

■ 拓展创新

在太阳系的 8 颗行星中，木星巨大而又明亮，很容易辨认出来，并且我们还可以借助双筒望远镜等工具来观察木星及其卫星，让学生意识到随着科学技术的发展和观测工具的进步，人类对于宇宙的认识会逐渐深入。

7. 日食

■ 实验内容

运用模拟实验的方法模拟日食现象。

■ 重要概念

太阳的直径是地球的 109 倍，地球的直径是月球的 3.7 倍，正是由于月球、地球、太阳三者特殊的相对大小关系和相对距离关系，当月球运行到地球和太阳中间，并处在一条直线时，月球就会挡住太阳射向地球的光，月球身后的黑影正好落到地球上，这时发生日食现象。日食分为 3 种，即日全食、日偏食和日环食。日食现象反映了一个事实——宇宙天体是运动着的。日食形成的原理是光的直线传播。

实验目的

通过科学实验感受日食是日、地、月 3 个天体运动形成的天文现象,根据模拟实验中的现象,推测日食的成因。

实验材料

3 张颜色和大小不同的圆纸片、支架、双面胶、画日食现象的圆片纸。

实验过程

1. 用大小和颜色不同的纸片分别代表太阳、地球和月球。

2. 将 3 张原卡纸粘在支架上并摆放在同一直线上:大号红色圆片纸代表太阳;小号黄色圆片纸代表月球;中号蓝色圆片纸代表地球。注意 3 张圆卡纸的圆心高度保持在同一直线上,在蓝色圆片中间开一个小孔模拟从地球上观察。

3. 将月球纸片转到离地球纸片远近略有不同的 2 个位置上,通过观察孔观察"月球"挡住"太阳"的情况。

4. 讨论交流,得出实验结论:月球靠得近时,我们只能看到黄色;月球离得远时,我们可以看到中间是黄色,周边有 1 圈红色。所以当月球把太阳完全挡住时,我们称为日全食;当月球离地球远一些,只挡住太阳中心部分,边缘仍然明亮,形成光环,这样我们把它称为日环食(如图 6-3)。

图 6-3　日食

注意事项

这个实验的室内光线必须是黑暗的效果才会明显。

拓展创新

1. 可以用大泡沫球、小泡沫球分别模拟地球和月球,手电筒模拟太阳做实验,但需要注意,地球的体积比月球的体积大得多。

2. 日食总是发生在农历初一。此时是新月,月亮正处于太阳和地球之间。但不是每个初一都会发生日食。如果从侧面看去,月球的位置有时高,有时低,只有三者恰好处于同一直线上时,才会发生日食。

3. 金星凌日:金星运行到太阳与地球之间,恰好三者排成 1 条直线时,就会出现金星凌日天象。凌日现象发生时,地球上的人们看到金星在太阳的圆面上缓缓移动,从太阳的东边缘进入,最后从太阳西边缘移出。但是凌日现象发生时,金星看上去只有 1 个小黑点。太阳的直径大约是金星的 115 倍,但是太阳与金星的平均距离只有金星与地球平均距离的约 2.6 倍。相比月球,金星虽然大很多,但离得实在太远了,所以看上去才只有 1 个小黑点而已。

8. 建一个星座模型

■ **实验内容**

制作星座模型,对模型进行合理推理并做出解释。

■ **重要概念**

宇宙中的一切物体都在运动和变化之中,恒星也会发生变化。它们分布在离我们有 50~150 光年远的宇宙空间里。我们抬头所见的星座,其实是我们从地球角度看到的一些恒星组成的图形。肉眼可看到的星星有 6 000 多颗,有些星星看起来距离不变,但随着季节变化他们在天空的位置会有规律地变化,把相对不动的星星分成一群,划成不同的区域。而这些恒星的大小可能不同,与我们的距离也不相等,它们彼此之间的距离也十分遥远。

■ **实验目的**

采用建立模型的方法,引导学生建立一个北斗七星的模型,让学生客观真实地去认识和了解星座,建立有关星座的正确概念,同时培养和提高学生的空间想象力和推理能力。

■ **器材准备**

纸板、细线、橡皮泥。

■ **实验过程**

1. 找一张边长为 50 cm 左右的正方形纸板,按图 6-4 所示打上 7 个小孔。

2. 在 1~7 号小孔上分别挂上 15 cm、12 cm、15 cm、17 cm、27 cm、27 cm、14 cm 长的细线,并在细线下端挂上大小相同的橡皮泥小球。

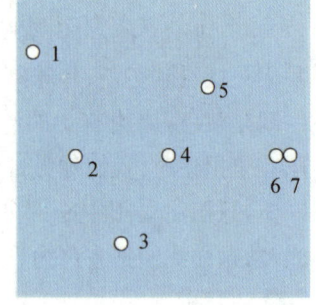

图 6-4 星座模型打孔

3. 用投影机的光从 4 个不同角度照射星座模型,橡皮泥小球会在屏幕上投下影子。把观察到的由橡皮泥影子组成的图像画下来(如图 6-5)。

4. 讨论交流,得出实验结论:转动模型,从不同的角度观察。发现不同的角度影子的形状并不相同,只有在一些角度,我们才能观察到北斗七星的勺子状(地球上)。

■ **注意事项**

纸板上的孔位和线长短的数据,实际上是根据北斗七星与地球的实际距离和 7 颗星的相对位置关系来确定的。

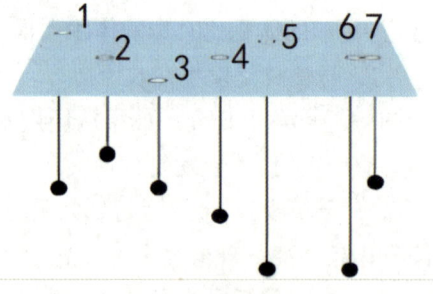

图 6-5 星座模型

■ **拓展创新**

1. 可以用泡沫板代替正方形纸片,用牙签代替细绳,将不同长度的牙签一端插上橡皮泥小球,一端插在泡沫板上,拍摄照片观看 7 个小球的位置。

2. 北斗七星是大熊星座的明显标志。组成斗状的7颗星其实离我们的距离并不相同，它们分布在离我们有50～150光年远的宇宙空间里。我们抬头所见的星座，其实是从地球角度看到的一些恒星组成的图像。而这些恒星的大小可能不同，与我们的距离也不等，同时彼此之间的距离也十分遥远。

9. 建立银河系模型

■ 实验内容
制作银河系模型，对模型进行合理推理并做出解释。

■ 重要概念
银河系是比太阳系层次更高的天体系统，太阳系只是银河系中一个极为普通的天体系统。银河系大约由2 000亿～4 000亿颗恒星组成，直径约10万光年。它是由恒星和其他各种天体组成的巨大天体集团，其中包括太阳在内的上千亿颗恒星和各种类似的星云以及星际物质。银河系中的天体围绕着银河系的中心高速公转。

■ 实验目的
通过制作银河系模型来了解银河系的结构，并观察、评价自己制作的银河系模型，提出一些对于理解宇宙的相关问题中有价值的问题。

■ 器材准备
陀螺、纸片、米粒、胶水。

■ 实验过程
1. 在纸片上模拟画出银河系的"核球"和几条"旋臂"，画好后剪下来。
2. 把一些米粒粘在纸上，模拟银河系的"恒星"。思考是什么把"恒星"固定在银河系中的。
3. 将纸片固定在陀螺上并开始旋转。
4. 观察旋转过程中的银河系，尝试用"巨大""运动"等关键词描述银河系是怎样一个星系。

■ 注意事项
陀螺底座可选用学具中牛顿盘的底座，可以选择材质较硬的卡纸，尺寸需比陀螺底座盘面稍大，米粒粘好后需适当压实。

■ 拓展创新
1. 通过VR、AR观察银河系。
2. 可以让学生计算一下1光年到底等于多少km，当学生对于那一长串的零无法读出时就会悟到这个距离之远，也会悟到宇宙之大。并且，我们的宇宙还处于膨胀之中。

第三节 地球系统相关实验

1. 风的模拟实验

■ **实验内容**

通过实验理解在模拟实验过程中,热空气上升引起的空气流动是形成自然风的主要原因。在已有生活经验和知识基础上,对实验现象做出合理的解释。

■ **重要概念**

风的形成:太阳光照射到地球表面的时候,地表的空气受热膨胀而上升,当热空气上升时,空出来的区域(低压区)将由附近的冷空气填补,低温的冷空气横向流入暖空气上升后留下的空间里,即形成了风。

■ **实验目的**

风的力量会磨蚀岩石并且搬运岩石破碎物,对地形变化起着重要作用,而且这种作用和变化是缓慢进行的。

■ **器材准备**

蜡烛盒、透明塑料膜、无盖的长方形纸盒、蚊香、双面胶和纸条。

■ **实验过程**

1. 准备好1个蜡烛盒、1张透明塑料膜、1个无盖的长方形纸盒、1段蚊香、1卷双面胶和1束纸条。

2. 在纸盒的左面下方和上面右侧各打一个直径约 2 cm 的孔。

3. 点燃蜡烛后,将蜡烛放在纸盒中,然后用透明塑料膜封住纸盒,透明塑料膜最好用比较硬且平整的材料,厚度也要适中。

4. 将蚊香放置在左面的洞口,纸条放置在上面的洞口,借助蚊香的烟雾和纸条观察空气的流动。画图解释观察到的现象:烟雾进入纸盒中,并呈上升趋势,从上方的圆洞飘出,纸条抖动。

5. 讨论交流,得出实验结论:点燃的蜡烛加热了纸盒中的空气,使热空气上升,从上面的圆洞中跑出,吹动上面的纸条,纸条抖动。同时周围的冷空气从下方的圆洞补充进来,将洞口处蚊香的烟雾带进纸盒中。纸盒中的空气冷热不均使空气流动,形成了风。

■ **注意事项**

1. 打圆洞的位置很重要,这两个方向比较容易看到烟的走向。

2. 为了使烟雾看得更清楚,可以把纸盒内部涂黑。

3. 注意蜡烛的使用,不要烫伤。

■ **拓展创新**

1. 大气时刻处于运动状态,其主要的运动形式是热的地方空气垂直上升,冷的地方空气流到热的地方,流到热的地方的空气受热又上升,在高空受冷后下降,下沉到低处的冷空气受热又上升,如此循环反复。日常说的风是指大气的流动。

2. 可以将出风口的纸条换成一个小风扇,观察小风扇的转动,也能明显看出风的形成。

2. 制作一个简易的日晷

■ 实验内容

通过自制简易日晷,掌握太阳与影子的变化规律。

■ 重要概念

日晷又称"日规",是我国古代利用日影测得时刻的一种计时仪器。通常由铜制的指针和石制的圆盘组成。铜制的指针叫作"晷针",垂直地穿过圆盘中心,起着圭表中立竿的作用,因此,晷针又叫"表",石制的圆盘叫作"晷面",安放在石台上,呈南高北低,使晷面平行于赤道面,这样,晷针的上端正好指向北极,下端正好指向南极。在晷面的正反两面刻画出12个大格,每个大格代表2个小时。当太阳光照在日晷上时,晷针的影子就会投向晷面,太阳由东向西移动,投向晷面的晷针影子也慢慢地由西向东移动。于是,移动着的晷针影子好像是现代钟表的指针,晷面则是钟表的表面,以此来显示时刻。

■ 实验目的

通过自制简易日晷,掌握太阳与影子的变化规律。

■ 器材准备

硬纸板、圆规、尺子、剪刀、竹签、笔。

■ 实验过程

1. 查阅当地纬度确定晷盘的倾斜角度。

2. 在正方形纸上剪下1个圆片,在该圆片上画出3个同心圆,再用量角器将圆片分成12等份,然后顺时针写上时刻。如图6-6所示。

3. 用另一张正方形纸剪出1个梯形,用胶水将其与表盘站在一起,把梯形对折立在桌子上。

4. 用剪刀在圆心扎1个洞,将竹签插入,1个简易的日晷就做好了。

■ 注意事项

注意使用剪刀和竹签时的安全。

■ 拓展创新

在淘宝购物平台搜索各种儿童科学实验教具,DIY各种造型独特的日晷,在比较中进行创新实践。

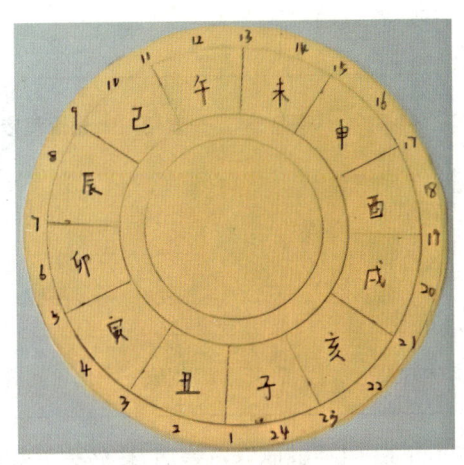

图6-6 日晷

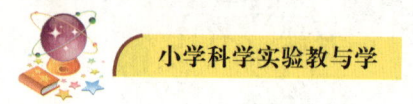

3. 认识几种常见的岩石

■ **实验内容**

通过感官和使用简单工具对花岗岩、砂岩、大理石的特征进行观察。

■ **重要概念**

1. 花岗岩：浅色粗颗粒的岩浆岩，由石英、长石和云母等矿物组成。

2. 大理石：有闪光的白大理石；有带彩色条纹或斑点的大理石（是由石灰岩中的方解石重结晶形成的一种变质岩）。

3. 砂岩：砂岩的颗粒均匀，质地细腻，一般结构比较疏松。

■ **实验目的**

让学生对花岗岩、砂岩、大理石这3种岩石进行观察，从初步观察到用仪器进行详细观察，让他们不仅了解这三种岩石的特性，最重要的是，掌握有条不紊地观察岩石的方法。学生主要通过比较的方法了解3种岩石的质地、层次、斑点、小孔、光滑度、粗糙度、光泽、硬度及岩石成分中的颗粒大小、成分是否唯一等。

■ **器材准备**

花岗岩、砂岩、大理石、放大镜、手电筒、小刀、铜钥匙、小钢锉。

■ **实验过程**

1. 先用肉眼观察每种岩石的颜色、纹理、气味、颗粒、软硬、光滑、粗糙、轻重等，尝试描述它们各自的特征。

2. 正确使用放大镜仔细观察3种岩石标本是否有纹理、分层、斑点、小孔，知道有无条纹、层次、斑点和小孔是指岩石的构造特点。岩石由大大小小的颗粒组成。组成岩石的颗粒有的细密、有的粗疏、有的粗大（表6-2）。

表6-2 岩石观察记录单

名称	颜色	软硬	光滑程度	光泽	有无层次、大小、斑点、条纹	组成岩石的颗粒特征		
						大小	颜色	种类
花岗岩	黑、白、肉红等	很坚硬	粗糙	无光泽	花斑状	大	黑、白、肉红等	多种
砂岩	红、土黄、灰等	硬	粗糙	无光泽	无组成岩石的颗粒特征	中等	红、土黄、灰等	多种
大理石	纯白色、黑色等	较软	比较光滑	有光泽	有条纹组成岩石的颗粒特征	较大	纯白色、黑色等	单一

3. 用手触摸岩石表面，比较岩石表面的光滑程度。

4. 用手电筒照射岩石，观察岩石的光泽度。

5. 用指甲、铜钥匙、小刀分别在岩石上刻画一下，比较岩石的软硬程度（如图6-7）。判断标准分为以下几种：

  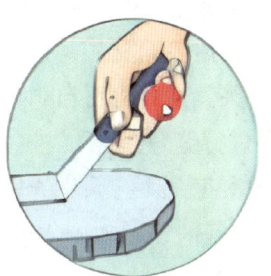

| 用指甲刻画 | 用铜钥匙刻画 | 用小刀刻画 |

图 6-7 岩石的硬度

软：能用指甲刻画出痕迹。

较软：不能用指甲刻画出痕迹，但能用铜钥匙刻画出痕迹。

软硬：不能用铜钥匙刻画出痕迹，但能用小刀刻画出痕迹。

硬：用铜钥匙、小刀都不能刻画出痕迹。

■ 注意事项

1. 在小刀的使用过程中不要伤到自己。

2. 在做硬度比较实验时，发现指甲受损，但在石头上留下了痕迹，这说明石头更硬。

■ 拓展创新

1. 观察和描述一种不知名的岩石时，我们可以用看、摸、照、刻画等方法观察，可以从颜色、条痕、光泽、透明度、软硬、触觉等方面对岩石进行描述。

2. 分别用小钢锉在岩石的一角锉出粉末，让粉末散落在白纸（接颜色深的粉末）或黑纸上（接颜色浅的粉末），观察岩石的内部物质是否一样。

3. 更多种类的矿物不容易找，教师可以采用让学生观看视频或图片的方式进行教学，让学生感受到矿物种类繁多、形态各异且色彩丰富的特点。

4. 制作岩石和矿物标本

■ 实验内容

用采集来的岩石和矿物制作标本，对照标本图鉴，根据岩石矿物的特征识别采集到的标本。

■ 重要概念

我们生产生活所需的矿产资源基本上来源于岩石和矿物；岩石是研究地球地质、地貌的基础；岩石是研究地球历史的依据。

■ 实验目的

以制作岩石和矿物标本的形式，借鉴图鉴对更多的岩石和矿物进行识别。

■ 器材准备

采集到的岩石和矿物、带盖纸盒（中间用硬卡纸隔开）、放大镜、标签纸。

■ 实验过程

1. 准备需要的材料，将搜集到的岩石和矿物擦拭清洗干净。

2. 给采集到的岩石和矿物编号，可以根据发现的地点给它们分类、编号，也可以简单地用序号进行编号。

3. 观察每一块已编号的岩石和矿物。首先用肉眼来看，然后用放大镜仔细观察，把具有相同特征的岩石和矿物分为一类，最后对照岩石和矿物的标本图鉴，识别采集到的岩石和矿物。如果对于无法鉴别的矿物和岩石可以先记录下它们的采集地、采集时间等相关信息，并给它们编上号，向老师或专家请教。

4. 为岩石贴上标签（标签包含编号、名称、采集时间、采集地点、采集者姓名、颜色、大小等特征信息）。

5. 将岩石和矿物按照编号顺序，摆放岩石时，把岩石最漂亮的一面朝上，放在盒子的格内，标签对应放好。

6. 展示制作完成的标本并交流。

■ 注意事项

1. 准备的岩石和矿物标本，要提前擦拭或清洗干净，还要保持干燥。

2. 标本盒应选择高度 4～5 cm 的塑料盒或纸盒，用硬卡纸把内部分成 5 cm×5 cm 左右的方格。

■ 拓展创新

1. 破碎测试：用抹布将一小块岩石样品包裹严实，然后用小锤子敲打。打开抹布，用放大镜观察岩石破碎后的样子。

2. 酸碱测试：用滴管在岩石样品上滴几滴白醋，仔细观察岩石表面是否有气泡产生。

3. 岩石随着时间的推移会发生一定的风化，在实验室也可以简单模拟岩石的风化，通过简短的实验操作，加深同学们对岩石的了解。

5. 比较岩石、沙和黏土

■ 实验内容

观察比较岩石、沙和土壤三者的不同特征。

■ 重要概念

沙、黏土是岩石风化后的产物，也是土壤中的主要成分。沙是一种直径为 0.062 5～2 mm 的矿物和岩石碎粒。由暴露在地表的各种岩石经物理风化、破碎而成。黏土是含沙粒很少、有黏性的土壤，水分不容易从中通过，因此具有较好的可塑性。一般的黏土都是在地球表面风化后形成的。沙、黏土由岩石变化而来，是岩石风化的产物。

■ 实验目的

感知物质形态的变化，从中发现三者之间的关联，逐步建构起土壤是岩石风化形成的这一科学概念，形成关于岩石、土壤的完整知识体系。

器材准备

岩石、沙和黏土的标本,白纸,水,放大镜。

实验过程

1. 将干燥的岩石、沙和黏土放在白纸上,先用肉眼观察,再用放大镜观察。

2. 用手扇着闻的方法分别闻一闻岩石、沙和黏土,感觉三者的不同。

3. 分别捻一捻,用手触摸岩石、沙和黏土,感觉三者的不同。岩石的特点是粗糙、颗粒大。沙的特点是粗、大颗粒。黏土的特点是细小颗粒。

4. 分别把潮湿的沙和黏土团成小球,并观察它们经过多长时间能够摊平到纸上。可以发现潮湿的沙子能团成小球,但随着水分减少,很快便会散落开来,而黏土很容易团成小球,且不容易散落,说明沙子没有黏性而黏土的黏性大。

5. 用手指分别蘸少量潮湿的沙和土壤,在白纸上涂痕。潮湿的沙和黏土都可以在白纸上留下痕迹,但水分消失后,黏土能够粘在纸上,而沙子可以直接从纸上被抖落下来。这个现象进一步说明黏土的颗粒间隙小,黏性大,而沙的颗粒间隙大,没有黏性(如表6-3)。

6. 交流研讨,得出结论:岩石的颗粒大,坚硬;沙子的颗粒中等,比较粗糙,没有黏性;而黏土的颗粒最小,细腻,黏性大。

表6-3 岩石、沙和黏土对比记录单

特征	岩石	沙	黏土
发现地	公园	沙滩	河沟
看	红褐色、颗粒较大	棕色、颗粒中等	土黄色、颗粒最少
闻	无味	无味	泥土气味
捻	颗粒坚硬	颗粒比较粗糙	颗粒细腻
团球	—	没有黏性	黏性大
涂痕	—	没有黏性	黏性大

安全提示

1. 注意不要把沙子揉到眼睛里。

2. 先观察干燥的岩石、沙和黏土。用眼观察时,应要求学生先用肉眼观察再用放大镜观察。用鼻观察时,教师一定要强调用手扇着闻。用手观察时,要求学生用捻摸的方式,细心体会不同。

拓展与创新

通过对不同地方的土壤进行对比分析,了解土壤的成分和所处环境的关系,加深同学们对环境的了解。

6. 观察土壤

实验内容

通过观察实验的方法了解土壤的组成成分,会用土壤沉积的方法观察到土壤成分是按颗粒大小分层的。

■ 重要概念

土壤是地球陆地表面能生长植物的疏松表层，由矿物质、有机质以及水分、空气等组成。由于土壤中生活着一些土壤生物，所以新鲜土壤中会含有活的小动物和动植物残骸。土壤由砾石、沙子和岩石破裂形成的黏土组成。土壤中的腐殖质有异味。土壤摸起来是湿润的，表明土壤中含有水分。干土更便于观察其各种颗粒。可根据粒径对细土颗粒进行分类：最大的土壤颗粒是砾石，其次是沙子，然后是比沙子小的粉砂，最小的土壤颗粒是黏土，这些一起被称为岩石颗粒。砾石直径超过 2 mm，黏土颗粒细小，肉眼也看不清。土壤中有空气。

■ 实验目的

观察分析土壤由哪些物质组成，了解土壤的成分，认识到土壤对生命的意义。

■ 器材准备

土壤、白纸、牙签、放大镜、玻璃杯、搅拌棒。

■ 实验过程

1. 收集土壤。在校园或田野里挖一块土，用塑料袋装好，带回教室。

2. 观察土壤。

（1）将土倒在一张白纸上，先用肉眼观察土中有什么，再借助放大镜观察。用肉眼直接观察，在土壤中发现动植物的活体和残骸，以及落叶、枯叶和一些小石子。再用放大镜观察，发现土壤中有大小不一、颜色不均的颗粒。

（2）先闻土味，再用手摸土。闻闻大地，它闻起来有泥土味。用手摸一摸泥土，感觉有点湿。用手一捻，土里有许多小石子和沙子碎粒。

（3）将土壤晒干、压碎。土壤干燥后比以前更容易破碎，土粒更容易分离。用牙签将土壤颗粒分离，借助放大镜仔细观察并描述颗粒大小。

（4）将水倒入装满土的烧杯中，用小棒搅拌，静置，观察并记录整个过程。将水倒入土中时，会出现很多气泡。搅拌后，土颗粒稍等片刻就会沉降分离，大颗粒在底部，细颗粒在顶部。水面上有一层黑色物质和动植物的残留物，用小棍子取一些黑色物质，涂在手上，会有黏滑嫩滑的感觉（如图 6-8）。

搅拌产生气泡

土壤的沉积物和悬浮物

静置后分层

图 6-8　观察土壤

3. 交流讨论，得出结论：土壤中除有机体及其遗骸外，还含有水、空气、沙子、黏土、腐殖质等物质。

■ **注意事项**

1. 防虫咬、必须有大人陪同方可去野外。
2. 注意不要追逐打闹，以免伤害同学。
3. 采集的土样应分别装入瓶中，并标明采集地点。
4. 采集时不要伤害动植物。
5. 完成实验时记得洗手。

■ **拓展创新**

土壤存在于地球表面，土壤覆盖了地球表面的大部分，并且因地区而异。在植物生长茂盛的地方，由于腐殖质较多，水分充足，土壤比较肥沃，表土颗粒疏松，许多小动物在土壤中活动，所以土壤颜色一般较深。

7. 比较不同的土壤

■ **实验内容**

用肉眼和放大镜观察土壤颗粒的大小。用手触摸、揉捏感受土壤的质地和黏稠度。通过渗水实验比较土壤的透水性。

■ **重要概念**

从土壤质地即土壤颗粒组成比例的角度，认识3种不同类型的土壤：沙质土、黏质土和壤土。砂质土是含沙量多、颗粒粗糙、渗水速度快、保水性能差、通气性能良好的土壤。黏质土是含沙量少、颗粒细腻、渗水速度慢、保水性能好、通气性能差的土壤。壤土则是由适当比例的沙粒、粉沙粒和黏粒所组成的土壤，土性疏松，通气、透水、保水、保肥，耕作方便，适宜作物生长。

■ **实验目的**

通过眼看、手摸和做对比实验的方式来认识3种不同土壤在颗粒大小、黏性和渗水性3个方面的特点。

■ **器材准备**

3种不同的土壤、白纸、放大镜、空塑料瓶、白纱布。

■ **实验过程**

1. 以下是3种不同成分的土壤，实验前先将3种土壤进行编号（如图6-9）。

1号土壤　　　　2号土壤　　　　3号土壤

图6-9　比较土壤

2. 观察3种土壤的外部特征，先用肉眼观察，再用放大镜仔细观察，还可以用手摸一摸、捻一捻，比较相同与不同。1号土壤颗粒比较大，含沙量高，摸起来比较硬，扎手；2号土壤颗粒比较小，黏土含量高，摸起来很滑腻；3号土壤颗粒大小不均匀。

3. 比较这3种土的黏性。用手团揉3种潮湿的土壤,看哪种能团成小球。1号土壤不容易团成小球,2号和3号可以团成小球,由此可以得出1号土壤黏性差、2号和3号土壤黏性好的结论。

4. 比较这3种土壤的透水性。准备3个大小相同的塑料瓶,去掉瓶盖后从塑料瓶中间剪开,将瓶子的上半部分倒置放在瓶子的下半部分上面,做成一个简易的漏斗,将纱布覆盖在漏斗的表面,将3种土壤分别装入漏斗并且保持在同一高度,再准备等量的水分别缓缓地倒入3个漏斗中,观察当水流过3种土壤时发生的现象。通过观察发现1号土壤渗水性最好;2号土壤渗水性最差;3号土壤渗水性一般,位于1号和2号之间。

5. 交流讨论,得出结论:1号土壤空隙大、透气性好、渗水性好但保水性差;2号土壤空隙小、透气性差、渗水性差但保水性好;3号土壤介于1号和2号的特性之间,科学上根据3种土壤的这些特征给它们分别命名:1号土壤为沙质土;2号为黏质土;3号为壤土(如表6-4)。

表6-4 3种土壤对比记录单

特征	1号土壤	2号土壤	3号土壤
感官观察	比较硬、扎手	很滑腻	大小不均
黏性	差	好	好
渗水性	最好	最差	一般
土壤类别	沙质土	黏质土	壤土

■ 安全提示

注意不要把沙子揉到眼睛中。

■ 拓展创新

检索信息并举例说明哪些植物分别适合以下3种类型的土壤(如图6-10)。

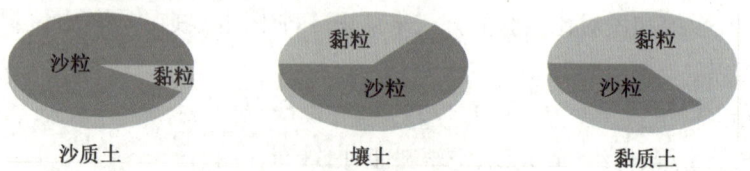

图6-10 3种类型的土壤

8. 地震成因模拟实验

■ 实验内容

通过模拟实验,探究地震形成的原因,分析地震给地表带来的改变。

■ 重要概念

地面的震动简称为地震,是岩石圈内能量积累到一定时候释放的一种形式,是自然界经常发生的一种地质作用。地震可分为天然地震和人工地震两大类。天然地震有两种:一种是"构造地震",是由地下岩石的构造活动产生的地震;另一种是由火山喷发而产生的"火山地震"。人工地震是用人为方法产生的地震,如工业爆破或地下核爆炸等。

构造地震又称断裂地震,是由地下岩石发生快速错断引起的。地下岩石由于地壳的运动会长期受到力的作用而发生形变。一旦这种作用力的强度超过了岩石的承受强度,岩石就要破裂或错开,同时将积累的能量迅速释放出来从而发生地震。构造地震分布广、危害巨大,强烈的地震能导致山崩地裂、地面沉降与隆升、地表错位、河道堵塞、房屋倒塌等。大多数地震都属于构造地震。中国是多地震的国家之一。

■ **实验目的**

知道岩层受到的挤压力超过了岩层坚固程度的时候,岩层就会被压断,释放出特别大的能量,发出巨大的声响,引起大地剧烈地震动,这就是地震。

■ **器材准备**

泡沫小盒、保鲜膜、泥土、水。

■ **实验过程**

1. 将泡沫小盒分成相等大小的两个,再把这两个部分拼接起来,在上面铺一层塑料薄膜。
2. 将土和水搅和成泥,并将它铺在有塑料薄膜的小盒中。
3. 等泥变干后,将这个小盒的两个部分迅速拉开或挤压。用两只手拉开或挤压小盒的两个部分,会观察到当"板块"受到的作用力达到一定程度时,会相互分离或碰撞,而这恰恰模拟了"岩石圈"内的能量积累到一定程度后会强烈释放,"板块边缘"附近的"地球表面"发生褶皱、断裂等现象。
4. 交流讨论,得出结论:组成地球岩石圈的六大板块在不停地运动,它们相互碰撞、彼此分离,地壳运动引发地震。

■ **注意事项**

1. 在拉开或挤压的时候不要伤到自己的手。
2. 要等泥土变干后进行实验。

■ **拓展创新**

建筑在地震中会受到损坏,损坏最严重的地方就是地震的中心。取出一个鞋盒在表面画出街道、路面的形状,模拟地球的表面,在街道的拐角处轻轻放上大小不一的小木块代表各种建筑物,在鞋盒下方敲击鞋盒使小木块倒塌,根据小木块的倒塌情况观察思考并找出地震的震中。拓展活动至少应进行两次,其中一次为在低震级的震动中找震中;另一次为在高震级的震动中找震中。选择易倒、较轻的小物品当建筑(如积木),这样效果比较明显。

9. 火山喷发模拟实验

■ **实验内容**

探究火山喷发的原因。

■ **重要概念**

火山是由地球内部的炽热岩浆及伴生的气体和碎屑物质喷出至地表后冷凝、堆积而成的山体。火山喷发是火山作用的表现形式,是岩浆活动的一种。火山之所以喷发,是由于岩浆在一定的地质作用下,沿着地球表层的薄弱环节喷出地表。地球表层由板块构成,板块的边缘便是薄弱环节,尤其是当一个板块俯冲到另一个板块之下,其俯冲带容易引起地球内部物质对流和熔融,产生岩浆,也就更容易引起火山喷发。高温高压、地壳中薄弱地带、岩浆中的大量气体都是火山喷发的重要原因。

■ 实验目的

知道火山喷发是由于地球内部的岩浆受到高温、高压的作用,冲出地表形成喷发的自然现象。

■ 器材准备

土豆泥、番茄酱、黏土、镊子、烧杯、铁架台(三脚架)、酒精灯、火柴、记号笔、注射器及输液导管、餐巾纸、护目镜、罐头盒。

■ 实验过程

1. 在罐头盒内放入一些土豆泥(模拟山丘)堆成小山的形状,并且在小山的顶部向下挖个小洞。

2. 向小洞内倒入一定量稀释过的番茄酱(模拟火山岩浆),再用一层薄薄的土豆泥封住洞口,当耳朵听到"咕隆咕隆"的声音,小孔位置出现裂缝。

3. 将罐头盒放在铁架台上,戴上护目镜,点燃酒精灯,用酒精灯外焰对罐头盒进行加热,自己观察,加热一段时间后形成火山口,继续加热。受热后的番茄酱冒着气泡往外溢流,番茄酱受热喷涌而出的过程和大自然中炙热的岩浆岩喷发的过程类似,越到地壳深处温度越高,压力越大,高温高压下的岩浆在遇到地壳的薄弱地段时,就会喷出地表,这就是火山喷发的原因。

4. 交流研讨,得出结论:火山喷发现象是由于地球内部的岩浆受高温的作用,沿着地壳薄弱地带喷发形成的自然现象。

■ 注意事项

1. 为了增强加热效果可以用酒精喷灯;
2. 番茄酱要适当稀释;
3. 土豆泥上挖的洞要到达盒底;
4. 封"火山口"的土豆泥要薄;
5. 注意带上护目镜,保护眼睛。

■ 拓展创新

1. 教材中的实验是在土豆泥的中央挖一个小洞模拟火山喷发口,不易于学生直接观察到实验现象,可以用漏斗模拟火山喷发口,使得实验更加直观形象。

2. 教材中的实验只是给番茄酱加热,除了加热,还可以施加适当的压力。这使学生更容易理解和掌握火山喷发现象是由于地球内部岩浆受到高温、高压的作用,沿着地壳的薄弱地带喷发的自然现象。

3. 火山喷发多具有间歇性。正在喷发的和人类有史以来常作周期性喷发的火山称为"活火山",其周期可为数十年或数百年;人类历史上无喷发记录且已遭严重破坏的火山称为"死火山";虽长期无喷发活动,但是还会再喷发的年轻且完好的火山称为"休眠火山"。

10. 模拟风卷起的沙子对岩石的影响

■ **实验内容**

做"模拟风卷起沙子对岩石的影响"的实验并对实验现象进行解释。

■ **重要概念**

大气圈是地球外部圈层最主要的组成部分,大气圈本身进行着各种各样复杂的物理化学过程,同时还与地球表面的岩石圈发生着各种复杂的地质过程,即风的地质作用。空气的运动很复杂,绝对水平运动的空气是不存在的,因此可以把近水平运动的空气称为风。风的地质作用是指气流对地球表面物质的动力作用及其相关的过程,主要形式有风蚀作用、风的搬运作用及风的堆积作用。

■ **实验目的**

风的力量会磨蚀岩石并且搬运岩石破碎物,对地形变化起着重要作用,而且这种作用和变化是缓慢进行的。

■ **器材准备**

岩石(砂岩)、砂纸、放大镜。

■ **实验过程**

1. 打磨前先用放大镜对岩石进行观察,可以看到岩石的表面较为平整。

2. 用砂纸模拟风被卷起的沙子,用砂纸沿水平方向打磨岩石,水平方向是模拟空气流动的方向,在打磨的时候可以看见不断地有岩石的碎屑物质脱落下来。打磨一会儿后,再观察打磨后的岩石,在岩石的表面可以看到非常轻微的磨痕。我们发现"风的作用"使"岩石"发生改变,这种改变相对缓慢、相对温和,所以形成"风蚀桥"需要非常漫长的过程。

3. 交流研讨,得出结论:风卷起的沙石从岩石上刮过,就相当于我们用砂纸打磨岩石,如同砂纸会把岩石的表面打磨掉一样,风卷起的沙石也会慢慢地打磨掉岩石的表面,经过几千、几万年的不停打磨,岩石就被打磨成各种各样的形状,这种作用被称为风蚀作用。

■ **注意事项**

打磨的方向应该模拟空气流动的方向,是水平方向的;打磨的过程代表风卷起沙子不断磨蚀岩石的过程。

■ **拓展创新**

让学生将风的作用与地震、火山喷发相比较,通过讨论加强"风的作用是缓慢的"的认知。

11. 降雨给土地带来的变化

■ **实验内容**

通过模拟实验探究降雨给土地带来的变化。

■ **重要概念**

降雨对地表产生了侵蚀和搬运作用,侵蚀使得一些地面突起的地方土壤流失,而沉积却填平了一些低洼的地方,侵蚀和沉积形成了地球上不同的地貌。雨量的大小不同,土地的坡度不同。地表植被覆盖程度不同对土地的影响也不同。

■ **实验目的**

通过模拟实验知道河流会侵蚀河床和两岸,这些被侵蚀的泥土在水流缓慢的地方又会沉积下来。河流的侵蚀和沉积作用,形成了许多不同的地形地貌。

■ **器材准备**

泥土、有颜色的沙子、报纸、小桶、自制喷壶、塑料盒(水槽)。

■ **实验过程**

1. 戴好手套,将泥土倒入水槽中,水槽底部留一个出水孔,用手将泥土轻轻压实,制作一个小山丘模型。在山丘模型表面均匀地撒一些带有颜色的沙子,便于观察"降雨过程"中山丘上松散的土壤是怎样移动的,又聚集到了哪里。

2. 将水槽架高,注意出水孔对准接水盆,用喷壶中的水洒小山丘的顶部,观察"雨水"对小山丘的影响,注意观察"降雨"时,土壤和彩色的沙子被细流带动沿坡面向下移动;水流到低洼处汇集后,水量变大,侵蚀力变强,"河道"变宽;土壤和沙子会堆积到坡脚。

3. 比较"降雨"前后小山丘发生的变化,用图画描绘出实验前后土壤的样子,认识到侵蚀作用会造成水土流失。

4. 交流研讨,得出结论:细小的水流会带动松散的物质沿着坡面向下移动;流水汇集到斜坡低洼处形成较强水流,侵蚀作用更强;松散物质会堆积在斜坡下部和坡脚处。

■ **注意事项**

用喷壶中的水洒向小山丘的顶部时要控制好水流的速度。

■ **拓展创新**

1. 在土的边沿造一个垂直的悬崖,让"雨水"降落到悬崖斜坡的土上,观察"雨水"降到不同"地形"上时会发生什么现象。

2. 做水土保持实验。

第四节 案例分析

1.《日食》教学设计

一、情境聚焦

出示日、地、月运动轨道图。

引导语:太阳系中的天体都在围绕太阳运行,比如说地球和月球,在运行过程中会发生一些有趣的天文现象,比如日食。

提问:你们观察过日食吗?知道日食是怎么发生的吗?

学生对日食现象进行简单交流。说一说对日食相关知识的理解和相关观察经历,例如如何观察日食;日食的现象是怎样的;日食发生的原理;日食持续的时间;等等。教师通过学生回答掌握学生对日食的认识层次。

小结:看来大家的科普知识还是挺广泛的,今天老师就和大家一起在已有经验的基础上继续研究日食。(板书课题:日食)

案例评析:通过提出问题,调查学生前概念,从学生的原有认知出发,引导学生分享自己观看日食的收获和感受,思考日食的成因,激发学生探究欲望和思维动力。日食是学生已知或观察过的一种天文现象,把日食作为主题,对学生来说不仅有趣,而且还很有吸引力。日食现象说明了宇宙中的天体是运动着的,是学生认识天体运动的典型素材之一。

二、合作探索

(一)模拟三球运动

1. 学生4人1组,借助手电筒模拟太阳发光、地球仪模拟地球、乒乓球模拟月球。其中1人将手电筒的光照向地球,1人模拟月球围绕地球公转。

2. 交流讨论:在运动过程中,观察太阳、月球、地球三者的位置关系,特别是有没有比较特殊的位置关系。

(二)模拟日食

1. 思考:太阳是太阳系中最大的天体,月球是地球的卫星,体积比太阳小得多,这么小的月球真的能够挡住那么大的太阳吗?

2. 模拟实验。

(1)用大小和颜色不同的纸片分别代表太阳、地球和月球。

(2)将3张原卡纸粘在支架上并摆放在1条直线上。大号红色圆片纸代表太阳;小号黄色圆片纸代表月球;中号蓝色圆片纸代表地球。注意3张圆卡纸的圆心高度保持在同一直线上,在蓝色圆片中间开1个小孔模拟从地球上观察。

(3)将月球纸片转到离地球纸片远近略有不同的两个位置上,通过观察孔来观察"月球"挡住"太阳"的情况。

(4)讨论交流,得出实验结论:月球靠得近时,我们只能看到黄色;月球离得远时,我们可以看到中间是黄色,周边有1圈红色。所以当月球把太阳完全挡住时,我们称为日全食;当月球离地球远一些,只挡住太阳中心部分,边缘仍然明亮,形成光环,这样我们把它称为日环食(如图6-11)。

图6-11 日食

案例评析:通过模拟三球运动为模拟日食做铺垫,然后学生汇报观察、讨论交流这3个活动,学生在谈话交流中生成研究问题——日食的成因与3个天体的运动位置有关,然后通过模拟3个天体的运行状态和利用带孔的圆形卡片,从地球视角观察日食现象,并探究日全食、日环食和日偏食发生时月球位置的不同。在整个探究过程中,引导学生积极探索,动手实践,尊重科学发现的规律,培养学生的实证意识和严谨的科学态度,让学生对日食现象从感性认识上升到理性认识。

三、交流研讨

1. 汇总观察结果。

学生将代表1号位置(近)和2号位置(远)所看到的日食现象圆片纸张贴在班级汇总表中。

2. 研讨:在模拟实验中,观察到日食现象了吗?远近两个位置分别得到了什么观察结果?

学生从汇总表中交流讨论,得出结论:当月球距离地球稍近时,月球能够挡住整个太阳;当月球距离地球稍远时,月球不能挡住整个太阳。这就是"近大远小"的道理。

3. 教师课件出示:1号位置发生的现象称为日全食,2号位置发生的现象称为日环食。如果没有在中心线上观察,还能看到部分遮挡的日偏食。

4. 思考:月亮比太阳小很多为什么能完全遮挡住太阳?

教师课件出示:太阳的直径大约是月球的400倍。太阳距离地球大约有1.5亿公里,而月亮与地球的距离是38万公里,也就是,太阳到地球的距离与月亮到地球的距离也是400倍。如此一来,当我们从地球上观察时,两者的大小非常接近。

5. 研讨:你觉得太阳系是一个怎样的天体系统?(从位置、大小、距离等方面说一说)

太阳系是一个运动着的天体系统,它们的大小和它们与我们的距离可能不同,相对运动过程中可能会发生一些有趣的天文现象。当我们抬头仰望天空时,看到的天体大小并不能反映它们真实的大小比例关系,因为这些天体和地球的距离是不一样的。

案例评析:学生通过模拟实验获得直观感受后,通过研讨和交流,引导学生理解和体会天体"近大远小"的特点,解决"为什么月球虽然很小,却能完全遮挡太阳"的疑问。引导学生用科学思维解释"日全食"和"日偏食"形成时月球位置的差异。在分析、讨论、交流的过程中发现科学规律,同时帮助学生梳理对太阳系这个天体系统的理解。

四、拓展延伸

材料准备:课件。

1. 进一步了解日食。

通过VR超级教室,让学生切身观察太阳系三球运动关系。

2. 认识金星凌日。

(1)什么是金星凌日?出示金星凌日的图片(或视频)。

介绍金星凌日是如何发生的?金星运行到太阳与地球之间,恰巧三者排成一条直线时,就会出现金星凌日天象。凌日现象发生时,地球上的人们会看到金星在太阳的圆面上缓缓移动,从太阳的东侧边缘进入,最后从太阳西侧边缘移出。但是凌日现象发生时,金星看上去只是一个小黑点。

（2）研讨：为什么金星直径与地球差不多，但看上去却这么小。

2.《风的作用》教学设计

一、情境聚焦

1. 教师：视频播放地球地形和地貌的改变。

教师提问：从视频中你们获得了哪些信息？

学生交流回答。

教师：火山喷发和地震塑造和改变着地球表面，这是我们在前面的学习中已经知道的，那视频中除了火山喷发和地震，还有哪些自然的力量会改变地球的表面呢？

学生回答：风、海水、河水、下雨、动物、植物等。

2. 教师：那你们知道风是怎么形成的吗？

生：空气流动形成了风。

教师：是的，地球表面被一层空气包围着，叫"大气层"，空气流动形成了风，从视频中我们知道风能改变地形，那么风是怎样改变地形的呢？

出示：风蚀图片。

小组讨论：结合"风蚀拱门"的图片，讨论、分析、汇总合理的信息。

小组交流汇报从图片中所获取的信息，教师将信息记录在黑板上汇总。

教师：这块岩石是怎样形成的？是风作用的结果吗？带着你从图片上获取的这些信息一起来探索风的作用。（板书课题：风的作用）

案例评析：回顾地震和火山喷发对地球表面的影响，引出"风"也是改变地形地貌的重要因素之一，然后追寻起风的成因，再聚焦本课的主题——风是怎样改变地球表面的，逐步引发学生深度思考。出示"风蚀拱门"的图片进行科学探究的第一步猜想，形成观点，有助于了解学生对风的作用的原有认知。讨论分析出合理的信息，达成一致的猜想，为之后的模拟实验明确了实验目标。

二、合作探索

1. 讨论并记录看法。

（1）教师讲述"研讨"方法：围绕着"风是怎样改变地球表面的"这个问题，进行小组内交流。小组长组织组员归纳本组的主要观点，并记录下来。

（2）学生分小组研讨，并完成小组研讨记录表。

（3）全班交流分享。教师把全班学生的看法归纳成几点。

（4）小结：风的力量可以搬运沙和土，也可以改变岩石的形状和大小。风卷起的沙子像磨刀石一样不停地打磨岩石，缓慢地改变着岩石的大小和形状。

2. 模拟风卷起的沙子对岩石的影响。

（1）我们的看法是否正确呢？我们通过模拟实验来验证一下。

（2）怎样做模拟实验呢？岩石用什么来模拟？风卷起的沙子用什么来模拟？

用砂岩来模拟岩石,用砂纸来模拟风卷起的沙子。

(3) 教师介绍模拟实验的方法(边讲解边演示)。①打磨前先用放大镜对岩石进行观察,可以看到岩石的表面较为平整。②用砂纸模拟风被卷起的沙子,用砂纸沿水平方向打磨岩石,水平方向是模拟空气流动的方向,在打磨的时候可以看见不断地有岩石的碎屑物质脱落下来。打磨一会后,再观察打磨后的岩石,在岩石的表面可以看到非常轻微的磨痕。

(4) 学生分组进行模拟实验,填写模拟实验记录表。

(5) 全班交流分享。

(6) 小结:风卷起的沙石从岩石上刮过,就相当于我们用砂纸打磨岩石,如同砂纸会把岩石的表面打磨掉一样,风卷起的沙石也会慢慢地打磨掉岩石的表面。经过几千、几万年的不停打磨,岩石就被打磨成了各种各样的形状,这种作用被称为风蚀作用。

(7) 你能根据模拟实验得到的结果,解释风蚀桥和风蚀蘑菇形成的原因吗?

案例评析:通过模拟实验,让学生通过真实的实验现象体会到风卷起沙子对岩石会产生怎样的影响,初步认识风的侵蚀作用,并体会风力的缓慢作用,理解风蚀桥和风蚀蘑菇地貌形成的漫长历程。

3. 了解更多的风对地球表面的影响。

(1) 观察戈壁、沙漠图片,阅读相关资料,分组研讨:风除了对岩石有磨蚀作用,还对地球表面有哪些影响呢?

(2) 全班交流分享。

(3) 教师讲解:大风或洪水的力量可以把细小的沙、土搬运到远方,只留下大大小小的石砾,便形成了戈壁滩。在风和流水速度减小时,被刮跑的沙子沉积下来,形成了沙漠。

4. 总结风对地球表面的影响,填写学生活动手册中的实验记录表。

(1) 风对岩石的磨蚀作用,改变着岩石的形状。

(2) 风能搬运沙、土,形成戈壁。

(3) 风力减弱时,风搬运的沙土沉积形成沙漠。

案例评析:通过观察图片和阅读资料,研讨完善学生对风的作用形式、作用结果的认识,加深对风的作用的理解,促使学生回顾并梳理对风的作用的认知,完善认知结构。

三、交流研讨

1. 在模拟实验中,是什么力量使岩石发生了改变?

学生回答:是风卷起的沙子,像磨刀石一样不断对岩石进行侵蚀,是磨蚀作用改变着岩石的形状和大小。

2. 根据模拟实验中观察到的现象推测敦煌地区地表特点是怎样形成的。

学生研讨前可观看雅丹地貌的视频或者图片。

3. 地球表面的变化还受到哪些因素的影响?这些因素和地震、火山喷发相比,引发的改变有什么不同?

案例评析:设置三个不同层面的交流研讨问题,引导学生反思研究过程,总结学习收获,建立对"风的作用"的更加完整的认识。首先,通过第一个问题对本课知识的回顾;然后由第二个问题进行对概念的迁移,引导学生用学到的科学知识解释自然界的现象,并与前面学习的"猜测地形地貌的主要形成原因"相呼应,体现知识结构的完整性、连贯性,同时培养学生思维的连续性;最后,将改变地球形态的内力作用与外力作用相比较,完善对地球表面变化原因的认识,加强学生对"风的作用是缓慢的"这一事实的认知。

四、拓展延伸

除了风之外,动植物、雨水、河流、冰川等对岩石和土地都有着不同程度的影响,这些都属于外部因素,它们对地球表面的改变是缓慢的。而火山喷发和地震是地球内部运动造成的,属于内部因素,对地球的改变是剧烈的和迅速的。

案例评析:引导学生对今天学习的内容进行回顾、总结,了解本课学生的学习效果,然后引出问题"动植物、雨水、河流、冰川等对岩石和土地都有着不同程度的影响",激发学生继续观察和探索的兴趣。

第七章 技术工程与社会

第一节 技术工程与社会概念概述

2022年版《科学课程标准》提出，人类为了适应自然、改善生存条件而产生了技术；现代技术、工程和科学越来越密不可分，在探索和改造世界的过程中，综合运用科学知识进行实践和创新，获得解决方案并创造产品，形成一种共聚力推动社会进步。人类系统地开发资源、生产产品、加工产品、建造房屋和各类工程项目等，从而使现有的物质材料和生活环境满足人们的需求，就产生了工程。

《科学课程标准》指出此章节需要围绕技术与工程素养进行教学，聚焦"工程设计"与"工程制作"中的核心技术知识，加强课程设计及物化过程的深入研究，从原本的科学探究升级到探究实践，倡导在实践的过程中使用新技术。新课标从课程目标、内容要求、学业要求和学业质量等方面，进行了系统性、规范性阐述。

一、工程设计

多国将技术与工程纳入科学教育课程体系，我国也十分重视。我国在技术与工程领域内容的选择和编排上具有内在逻辑性和关联性，强调科学原理到技术之间的转化，技术与工程教育理念已经渗透在小学科学课程低、中、高全学段。

工程活动的本质是创造人工实体，设计与物化是其中的重要环节。《科学课程标准》将工程设计与物化纳入核心概念。小学科学学科通过实践活动、项目化活动、跨学科活动、工程设计类实验以及创意作品等，帮助学生形成"物质与能量、结构与功能、系统与模型、稳定与变化"等跨学科概念。

小学科学课程中的工程设计实验（实践）课要以学习者为中心，设计的课程内容要符合学生的认知水平，不同学段需要分别定义和界定所需要解决的真实问题，围绕这个问题和所受到的限制条件,或者需要满足的标准,进行设计初步草稿图,提出多种较为可行的设计方案,再根据探索过程中发现的问题和小组或班级同学的有效建议,进行有针对性的改进和迭代,思考材料、工具、成本、安全性等影响和制约因素,最终确定一个较为优化的设计方案。

二、工程物化

工程物化是学习者通过设计图,选择合适的材料,规范使用工具,按照一定的制作过程和设计方案,将初步想法变成产品或模型,对产品或模型按照测试标准进行相关测试,并对测试结果进行评估和交流。在工程设计与物化的过程中,学习者通过观察、体验和实践操作,自发形成合作、探究小组,并更好地理解核心概念和跨学科概念等之间的联系和内在关系。工程设计需要遵循一定流程,"明确问题—设计—制作—测试—完善"是典型的工程设计流程,教学过程中要关注学生的实践技能,提供有效的技能指导,多增加学生使用工具的机会,从而提高他们操作能力,注重培养设计思维、工程思维、专家思维等,最终达成全面育人的目标。

第二节　工程设计与物化有关实验

1. 做一顶帽子

实验内容

利用不同的材料设计并制作功能和用途不同的帽子。

重要概念

不同的材料拥有不同的特点,材料决定了物体的性能,帽子的功能需要与所处环境相适应。一个物体可以由同种或多种材料组合制作而成。

实验目的

通过设计和制作帽子,了解不同的帽子因其用途和功能不同,需要选择不同制作材料、不同工具,采用不同的制作方法等,从而制造出形态各异的帽子,感受材料、结构、功能与环境之间的关系。

器材准备

儿童剪刀、小刀、软尺、胶带、彩笔、针线、扭扭棒、废旧材料、彩色卡纸、学生自由准备的材料和其他工具、空白设计图纸等。

实验过程

1. 观察周围不同职业的人佩戴的帽子,它们有什么特点?它们是什么材料制作的?
2. 设计一顶帽子,让它具备某种功能。同学间互相交流。
3. 根据功能需要,选择制作帽子的材料,思考怎样装饰自己的帽子。

4. 画出设计草图(如图7-1),可配上文字描述。

制作的帽子如何才能顺利戴在头上且大小适中呢?与帽子的帽圈有关,所以需要准确测量头围(头的周长),以便帽子能恰好戴在头上。

测量头围的参考方法:测量使用软尺,学生呈立姿或坐姿,用软尺从前额头的发根部位量起,通过后头部隆起点以下2 cm处绕着头围1周,再加放1~2 cm测量两耳上方水平所得的头部最大维度。测量时头发也是要包含在内的。在测量的过程中适度地拉紧卷尺,但不要让头部受到软尺的压迫,记录软尺测量对应到的长度。也可采用扭扭棒绕头1圈的方式进行测量。

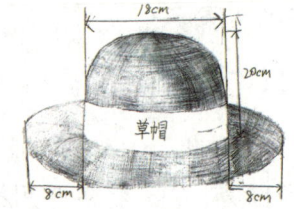

图7-1 学生设计的草帽草图

5. 根据设计图制作帽子。制作帽子时尽量以设计图为准。

6. 制作完成后,试戴帽子,发现不合理之处及时修改,如帽子大了,装饰物容易掉落。

7. 展示自己的帽子(如图7-2),介绍设计想法、主要用途、选择材料,评价自己帽子的优缺点,并提出修改帽子的方法。

图7-2 学生制作的特色帽子

安全提示

1. 提醒学生使用儿童剪刀、小刀等工具时要注意安全。

2. 如果学生携带针等尖锐材料进行缝补制作时,注意提醒他们不要戳伤自己,一旦受伤马上告诉老师。

拓展创新

1. 家庭实验室:制作一款家庭出行帽。

与爸爸妈妈一起设计一款亲子帽子,方便外出游玩时认出彼此,又能遮挡太阳且较轻便,你有什么想法?与家人一起动手制作吧。

2. 宇航员的帽子可神奇了,你知道他们的帽子设计有什么特别之处吗?请查阅相关资料。

2. 制作一个小温室

■ **实验内容**

设计并动手制作一个小温室。

■ **重要概念**

蔬菜大棚由骨架和塑料薄膜组成,它可起到透光、保温、遮风挡雨等作用。知道技术与工程改变了人们的生产和生活,给人们带来便利。

■ **实验目的**

通过分析温室的结构,知道温室的功能、组成与作用,学会设计绘制简单草图,并完成小温室模型的制作。

■ **器材准备**

小木棒若干、拱形编织带、橡皮筋若干、塑料薄膜1卷、胶带、安全剪刀、订书机、热熔胶枪、尺子、棉麻手套、笔。

■ **实验过程**

1. 反季节水果是如何种植的?(提出问题)

2. 观察蔬菜大棚,分析其结构与功能。蔬菜大棚由骨架和塑料薄膜组成,它可起到透光、保温、遮风挡雨等作用。讨论制作小温室的先后制作步骤,得出"先做骨架,再贴上塑料薄膜"的结论。

3. 设计小温室。认识实验材料中的两种骨架结构,设计并在纸上绘制温室的骨架(如图7-3),绘图尽量细致立体,画出材料连结的位置。学生间互提建议进行初步改进。

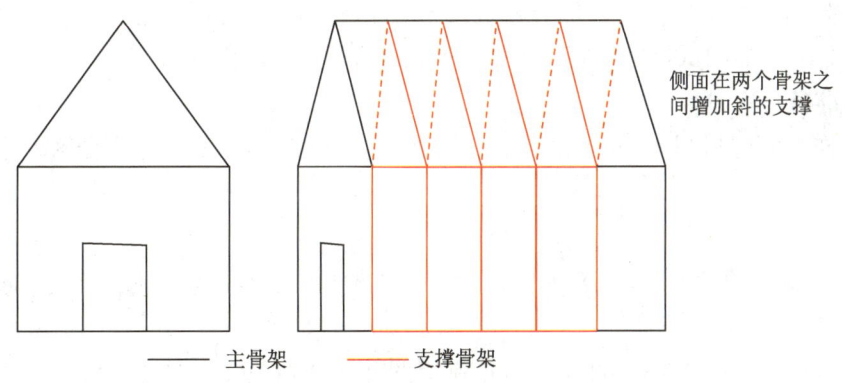

图7-3 学生设计小温室骨架

4. 制作小温室。按照设计图进行制作小温室,尽量以设计图为准,可在搭建的过程中进行适当调整,保证小温室的结实、透光、温暖和美观。使用热熔胶枪进行骨架中小木棒的连接,用小尺测量出合适大小的塑料薄膜,画上标记,方便进行裁剪和粘贴。

5. 展示小温室,解释小温室中各部分的作用。交流在制造小温室时遇见的困难和解决方法,是否有更好的设计来改进自己的小温室。可将小盆栽放入小温室中进行培养并观察研究。

■ **安全提示**

安全使用剪刀、胶带、热熔胶枪等工具,教师可以从旁指导热熔胶枪的使用,学生使用时带上棉麻手套保护手,以防烫伤。

■ **拓展创新**

1. 利用自己制作的温室种植小植物,在班级或家中摆放一个对比组,观察它们在小温室中生长与温室外生长的状态是否相同?可用自然笔记的方法记录。

2. 如果要在温室中增加几株较高的盆栽,如何改造已有的小温室?

3. 家庭实验室:设计一个适合多肉植物生长的温室。

有些多肉植物喜欢蓝紫光,你能与家人一起利用灯光、现代传感器、实时监控设备等,改造你的温室,设计符合多肉植物生长的小温室吗?

3. 制作一个过山车

■ **实验内容**

设计并模拟制作小型过山车。

■ **重要概念**

体验工程项目的建成需要考虑多方面因素,融合多方面的知识和技能。过山车由底座、直线轨道、曲线轨道等组成。过山车的运行速度与坡度有关,在坡度大的坡上运行,上坡速度慢,下坡速度快。过山车的运动方式有曲线运动和直线运动。

■ **实验目的**

通过观察真正过山车的运动,分析过山车的运动方式,设计制作自己的"过山车"和初步完成"过山车"的测试,并对自己的"过山车"进行评价和优化改进。

■ **器材准备**

若干样式的塑料积木、硬卡纸、双面胶、剪刀、美工刀、笔、小球、设计图纸、卷尺或棉线等。

■ **实验过程**

1. 观察真正的过山车,知道过山车由底座、支架、轨道组成,轨道有一定的坡度。

2. 设计自己的"过山车"。

绘制"过山车"设计图(如图 7-4),绘制简图并配合相关文字描述。设计图绘制小提示:(1)当俯视图上下线路有重叠时,下层路线可以不画或用虚线表示;(2)图文结合,特殊位置加以说明,箭头表示运动路线;(3)画完整过山车图,"过山车"要有起点和终点,运动路线要保持封闭和连续。

"过山车"设计要求:轨道总长 2 m 以上,且轨道高度不超 50 cm,小球要从起点滚到终点,不能卡在半道,不能脱轨;过山车有直线轨道和曲线轨道;"过山车"的轨道坡度有变化;整座"过山车"要稳固,并对自己的"过山车"进行综合评价优化。

3. 制作搭建"过山车"。

(1) 选择合适的材料搭建。

如卡纸或者塑料积木等轻便易得的材料,考虑底座的稳定性,"过山车"整体底座形状排布为三角形或对称排布;支架需要坚固,选择坚硬的材料;轨道有弯曲轨道,选择材料时考虑转角弧度的可塑性。

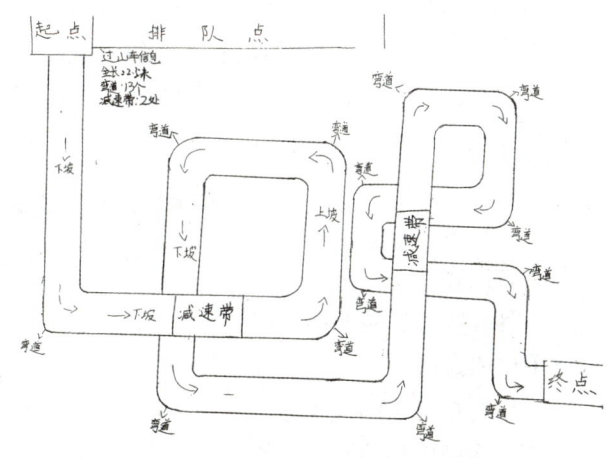

图 7-4 学生设计的"过山车"草图

(2) 裁剪"过山车"的各部分组成。

用卷尺测量过山车的轨道长度和宽度、各支架的高度,做好标记,用美工刀和剪刀进行裁剪,用双面胶将轨道粘贴在各个支架上。

(3) 搭建轨道和支架。

先搭建部分直线轨道,用小球测试是否滚动顺利。再搭建部分曲线轨道,用小球测试是否滚动顺利。建议由低到高搭建,即从位于"过山车"最低处的终点开始,沿着设计的轨道路线,搭建到"过山车"的起点,这样既能节约材料,又能省时高效。要求学生尽量按照设计图搭建,如需要修改,先在设计图上修改。

4. 测试"过山车"并提出优化建议。利用小球测试"过山车"轨道是否通畅,中途是否会停下,小球是否脱轨,"过山车"是否在运行过程中倒塌。用棉线或卷尺测量轨道长度是否达到 2 m。如果小球脱轨,则将轨道边缘建得高一些;轨道长度不够,就增加"过山车"的圈数或延长轨道;出现小球卡住的情况,则增加轨道的坡度,保证小球的动力充足;出现支架不稳的情况,则尽可能多采用三角形结构,使轨道呈现对称分布。

■ 安全提示

1. 安全使用美工刀、剪刀等工具。
2. 测试"过山车"时,注意小球的滚轮情况,在安静、安全的环境下进行测试。

■ 拓展创新

1. 你能尝试用多种材料做"过山车"吗?比如乐高积木、纸盒、扑克牌、PVC 塑料,在搭建和连接的时候要选择合适的工具,保证"过山车"不倒(如图 7-5)。

   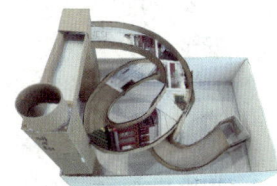

图 7-5 学生制作的多种类型"过山车"

2. 家庭实验室：设计制作一个电动过山车。

与家人一起外出游玩时，真实世界的过山车会出现乘客旋转在空中不掉落的情况，你能尝试搭建一个类似的吗？请家人帮助查找相关资料，试着借助电动机、电池、各种电子元件等材料制作一个"电动过山车"。

4. 模拟安装房间照明电路

■ **实验内容**

设计并模拟安装照明电路。

■ **重要概念**

一个简单电路的构成需要电池、导线、灯泡、开关等元件。其中开关可以控制电路的通和断。房间电路的设计要符合人的使用习惯和需求，这样的设计才能更方便。

■ **实验目的**

通过实验，知道一个电路需要电池、导线、开关、灯泡等元件，设计和修改电路设计图，完成模型房间的照明电路安装，学会将科学知识应用到科学实践中。

■ **器材准备**

一个纸箱（模拟房间）、若干导线、2节1.5V电池、2个小灯泡、2个开关、2个灯座、双面胶带、设计图纸、铅笔、橡皮、小刀、尺子等。

■ **实验过程**

1. 观察回忆家庭卧室的用电器和开关是怎样布局的。

2. 如果让你自由设计自己房间的电路，有什么想法？房间需要安装两盏电灯（照明灯和阅读灯），并由两个开关分别控制。如何设计控制更方便？

3. 设计房间照明电路。设计要求在房间平面图上绘制并标出用电器、开关和线路的布局，至少要有2盏灯即书桌上的台灯和房间照明的灯，且由2个开关分别控制，根据房间的家具和窗户进行合理布局。设计完成后，将房间电路设计图改画成简易电路图，采用2种颜色的笔分别画电路，易于区分两条电路，方便后续在纸盒上模拟安装正确的电路。

4. 绘制完成后，学生汇报设计的电路，并对每个电路进行分析，确保每个用电器都符合设计要求，由单独开关控制。各小组提出修改建议，各组进行再改进。（有的电路较长，设计时考虑节约成本。有的电路不能达成2个开关分别控制两盏灯，需要改进。）

5. 模拟安装房间照明电路。根据改进后的设计图，用双面胶带将2盏灯、开关、电池、导线粘贴在立体的纸盒上，测试确保每个用电器都符合设计要求，由单独开关控制。

■ **安全提示**

1. 电路连接前将电路中的开关断开。

2. 先设计方案，再进行安装，实验中出现电路用电器不亮的情况，要检测排除故障。

■ **拓展创新**

1. 家庭实验室：你能为家人制作1个变色的灯光礼物吗？

与家人一起收集发光二极管并学习发光二极管的相关知识，再设计电路图，在礼物盒的电路中安装不同颜色的发光二极管,组装制作出成品礼盒。

2. 课堂中电路安装好后,教师讲解电流流动方向时,很多学生难以理解,教师可以采用"电流模拟演示器"将电流流动方向转化为可视化的路径,有助于学生理解。

3. 现在家庭的智能语音控制逐步普及,请你查阅资料,了解它们是如何工作的,需要哪些高科技。

4. 想一想,家庭电路中会出现插座不够的情况,外接插排是如何帮助用电器工作的?插排中三孔和两孔有什么区别呢?

5. 设计制作一个降落伞

■ 实验内容
设计并制作一个降落伞。

■ 重要概念
降落伞下降快慢的实验原理是降落伞利用空气阻力使人或物从空中缓慢向下降落。降落伞在降落时会和空气接触,伞面越大,所受的阻力越大,下降速度越慢,反之则越快;如果携带的重物越重,下降速度越快,反之则越慢。

■ 实验目的
通过利用现有材料,设计并制作简易降落伞。了解科学探究的基本要素,能够设计实验,探究影响降落伞下降速度的因素,掌握"控制变量"等科学研究方法。

■ 器材准备
若干大小不一、形状不同(圆形或方形)的塑料布,若干型号的夹子(或橡皮泥)、棉线、剪刀、胶带、打孔器、秒表。

■ 实验过程

1. 观看飞行员跳伞视频,聚焦降落伞的主要结构(如图7-6)。

2. 设计一个降落伞并绘制草图。

3. 制作降落伞。

(1) 剪好四段或更多段线,把棉线用胶带粘或系的方式,与方形塑料布的四角或圆形塑料布的一圈系(粘)牢固,可提前用打孔器打孔方便系伞绳;

(2) 捏住伞面的中央,将线捋直,保证每根一样长,下降才能更加平稳;

(3) 用一个金属夹子夹在线的末端或者系上橡皮泥等悬挂物;

(4) 将线理顺,拎住伞面顶端,将线拉直,降落伞自由下落。

图7-6 降落伞的主要结构

4. 测试降落伞的滞空时间。将降落伞举到指定的高度,将细绳拉直,伞面撑开;计时员喊开始,释放降落伞和计时同步开始;当悬挂物接触到地板瞬间,停止计时,记录降落伞

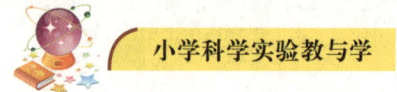

滞空时间，重复多次。

5. 评价和改进降落伞。将每组降落伞放在一起，按照滞空时间由长到短排列，交流讨论得出结论：在其他因素相同时，伞面越大，所受的阻力也大，下降速度越慢，反之则越快；在其他因素相同时，携带的重物越重，下降速度越快，反之则越慢。各组再次改进设计图，根据设计图制作降落伞，让降落伞的滞空时间更长一些。

■ **安全提示**

使用打孔器、剪刀等工具时注意安全。

■ **拓展创新**

中国航天事业蓬勃发展，航天器变得越来越多样化，为了保证航天器平稳落地，简单直接增加单个降落伞的面积已经不能满足需求了，目前采用多个降落伞组合形成群伞系统，来提供所需要的阻力。

假设你是一位航天工作者，如何设计并制作更加可靠的群伞系统模型？

6. 设计制作小车

■ **实验内容**

利用生活中的材料设计制作1辆具有动力的小车。

■ **重要概念**

制作的关键在于设计，人们通过改进完善设计以满足各种产品的需求。工程设计具有一定的程序。

■ **实验目的**

通过设计和制作小车，引导学生利用已有的经验、知识和技能，围绕一个主题"空气动力""橡皮筋动力""齿轮传动"等设计开展实践活动，通过小组分工合作解决实际问题，改进和完善制造出一辆具有动力的小车。

■ **器材准备**

小车模型、硬纸盒、安全剪刀、橡皮筋、气球、轮子、连接轴、胶水、吸管、胶带、秒表、卷尺、橡皮2块，也可以用其他自选材料。

■ **实验过程**

1. 观察小车模型了解小车各部分的结构和作用。车由车架（支撑和固定作用）、车身（美观和载人作用）、车轴（固定和传动作用）、轮子（滚动和前进作用）组成。

2. 设计小车并绘制设计草图。绘图要求：尽量画3幅图，分别为正面图、侧面图和俯视图，标注清楚各部分的长度和结构名称。

设计要求：(1)车身长度不超过25 cm；(2)用橡皮筋或气球做动力；(3)只能利用提供的材料；(4)能在5秒内把两块橡皮运输1 m远。

3. 组装小车，安装动力。

(1) 安装车轴与车架。

将硬纸盒的左右两侧打孔，左右对称，前后与盒子边缘距离相似且孔径大小相同。将车轴轻轻穿入已经打好的孔中。

（2）安装车轮。

花纹较多的车轮可起到防滑效果，是车轮选材的首选。安装时车轮与车身间留一定空隙，以减少两者之间的摩擦力，减少动能的损失，让小车跑得更远些。

（3）动力安装。

选择橡皮筋作为动力的，可将橡皮筋的一端用胶带固定在车头上，另一端固定在车轴上，旋转车轴橡皮筋产生动力，释放橡皮筋，利用弹力，小车就动起来了；选择气球作为动力的，安装1根吸管与气球嘴用胶带连接，粘贴在小车上，释放气球，利用反冲力，小车就动起来了。

4. 汇报展示动力小车，测试是否符合设计要求。用卷尺测量小车长度是否符合要求，用卷尺测出1 m距离，将小车放在起点处，车上放入2块橡皮，将小车动力调整好，释放小车同时秒表计时，看小车是否能在5秒内运行超过1 m。测试时为了排除干扰，可选择在较为空旷的地方，或者在教室内提前移动班级的课桌，为小车测试提供场地。

5. 小组间评价动力小车，提出修改优化的建议，完善动力小车。

可能出现的问题和解决方案：(1)小车行驶过程中不能走直线，可能原因是车轴不正或车轮未平衡着地，调整高度和角度，或固定好气球的喷嘴。(2)橡皮筋小车动力不足，可能原因是1根橡皮筋驱动力太小，加橡皮筋股数或长度；气球小车喷气时间太短，可能原因是气球太小，换用大气球或在承受范围内尽量吹大气球。(3)若小车摩擦力太小致使轮子打滑，可以增加小车重量或增大车轮摩擦力。(4)橡皮筋打滑，摩擦力不够，在车轮上多放几根橡皮筋。

根据建议和解决方案，可再改进小车进行测试，获得更具有动力的小车。

■ **安全提示**

1. 安全使用剪刀、胶水等材料。
2. 车轴安装进入车架时动作轻缓，避免用力过大，破坏材料。

■ **拓展创新**

1. 家庭实验室：周围还有哪些常见的材料可以做成动力小车呢（如图7-7、图7-8）？

图7-7 学生乐高版动力小车

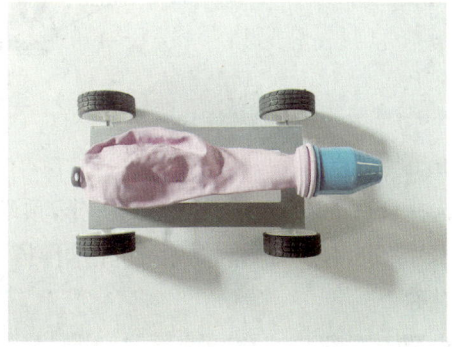
图7-8 学生金属版气球动力小车

2. 如果让动力小车运动时间更长,有没有什么其他的动力可以作为替换呢?

3. 真实世界中的新能源车和油车依靠什么进行运动?查阅相关资料进行学习。

7. 用浮的材料造船

▋ 实验内容

设计并利用浮的材料制造 1 艘船。

▋ 重要概念

浮的材料可以制作船,通过改变船的结构来改变船的载重量和稳定性。生活生产的需求推动了造船技术的进步。

▋ 实验目的

通过设计、制作、测试与完善竹筏模型的实验过程,发现浮的材料可以制作船,改变船的结构可以改变船的载重量和稳定性等。感受技术变革带来的便利。

▋ 器材准备

小木棒若干(竹筷、竹竿)、冰棍小木条若干、棉线、小橡皮筋若干、垫圈(重物)、水槽、抹布、小刀、棉麻手套、铅笔、砂纸等。

▋ 实验过程

1. 设计竹筏(木排)。

在纸上设计并绘制竹筏图(如图 7-9),设计时考虑牢固性、稳定性、承载量、浮在水面等因素。

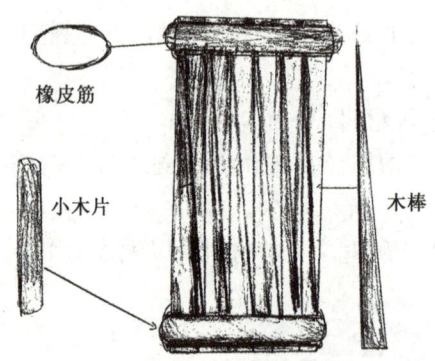

图 7-9 学生设计的木筏

2. 制作竹筏。

选择合适的木棒,排成平整的一排,顶端对齐。将木片上下放置在木棒上,先用橡皮筋将木片靠近木棒的 2 侧绷紧,防止木棒掉下来。再用橡皮筋捆绑木棒另一段,两端尽量保持对称。

3. 测试竹筏。

放入水槽 $\frac{1}{2}$ 容量的水,将做好的竹筏轻轻地平放在水槽的水面上。取 1 枚垫圈轻轻放在竹筏上,观察竹筏是否浸没水中,如未浸没水中,则再逐个加入新的垫圈。为了保证竹筏的稳定性,加入垫圈时对称放置,且动作要轻。以竹筏刚好浸没且垫圈(相当于货物)不湿作为判断标准。如果垫圈出现浸入水中的情况,则结束测试并记录垫圈数量。用抹布将垫圈和竹筏擦干净,重复上述实验3次,记录垫圈数量,最终取3次垫圈数量的中间数或平均数。

4. 改进竹筏。想一想,如何改进能进一步增加竹筏的载重量?

■ **安全提示**

1. 竹筷、木棒等边缘易出现不平整的情况,动手制作时小心操作,防止被木刺划伤,如果木质材料上木刺较多,可以佩戴棉麻手套进行实验。也可以用砂纸先打磨木质材料,使表面变得光滑。

2. 往水槽中加水不要太多,如出现水洒落的情况,及时用抹布擦拭干净。

3. 如采用竹竿作为实验材料时,选择尽量粗细和长短相似的放在一起,可用刀将其修剪成长度相似,每根竹竿上竹节的数量和位置对实验效果也存在影响,需要教师提前做预实验。

■ **拓展创新**

1. 你能用其他可以浮起来的材料造船吗?如塑料、泡沫。

2. 家庭实验室:制造1个可以载人的游览观光木筏模型。

与家人一起到河边乘坐观光游览的夜船,想一想,制造时有哪些方法可以增加承载人数,保持船的稳定性?如何增加竹筏底部的防水性,提高船的防水性能?如何设计和搭建竹筏上遮风挡雨的小屋?

8. 用沉的材料造船

■ **实验内容**

设计并利用沉的材料制造1艘船。

■ **重要概念**

利用沉的材料可以造船。利用相同质量、相同大小的材料,做成船的体积越大,受到的浮力越大,越容易浮在水面上。认识到船的稳定性与其结构有关。

■ **实验目的**

通过用橡皮泥或铝箔造1艘船,经历"问题—设计—制作—测试—完善"的工程设计典型过程,并能通过改变船的形状来改变船的承载量。不断改变船的形状和结构,通过改进设计,提高制作技术,使船具有一定载重量并实现较为稳定的要求,感受到科学的进步和技术的变革密不可分,为人类的发展做出了巨大贡献。

■ **器材准备**

锡箔纸、防水橡皮泥、水槽、垫圈、抹布、尺子、铅笔等。

■ **实验过程**

1. 沉的材料能造船吗?如果它还需要承载一定重量呢?

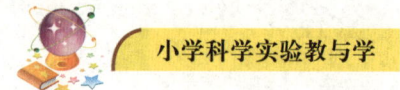

2. 设计绘制船的设计图。

设计绘制各种各样的铝箔船、橡皮泥船,为了提高实验的效果,在设计时画出小船的侧视图,并标出长、宽、高。

3. 制作船的模型。

按照设计图制作一艘橡皮泥船或一艘铝箔船,制作时船底部做得平整、宽阔些,这样容易放入垫圈。

4. 测试橡皮泥船或铝箔船的装载量。把造好的船轻轻放入水槽,取一枚垫圈轻轻放在船上,观察船是否下沉,如未下沉水中,则再逐个加入新的垫圈,为了保证船的稳定性,加入垫圈时分散放置,且动作轻,直至小船下沉。

以小船刚要下沉作为判断标准。如果小船刚要沉入水中,则结束测试并记录垫圈数量。用抹布将垫圈和小船擦干净,重复上述实验3次,记录垫圈数量,最终取3次垫圈数量的中间值。

5. 展示制作的小船模型。小组对比小船的样式和承载垫圈数量,观察承载垫圈数量较多的小船结构特点,发现加宽底部、改变形状等可以增加船的稳定性和排水量,从而增大承载量。

6. 思考:如何对自己的小船进行再改造优化,从而提高它的稳定性和载重能力,总结改进的方法。拓展阅读了解渡船和双体帆船如何增强稳定性。

■ **安全提示**

1. 铝箔非常容易出现破损、撕坏的现象,学生在动手把平面铝箔纸变成立体船的时候,用尺子先测量好长、宽、高,再轻轻折叠,否则非常容易出现损坏。

2. 不要在水槽中加入太多水,如出现水洒落的情况,及时用抹布擦拭干净。

■ **拓展创新**

1. 人力划船太累了,你能设计一个新动力系统改进现在的船吗?

2. 查资料,钢铁轮船是怎样设计增加稳定性的?试着做一个铁模型船。

3. 潜水艇可以在水中自由上升和下沉,它是如何控制的?

9. 设计制作一个生态瓶

■ **实验内容**

设计和制作一个池塘生态瓶。

■ **重要概念**

群落里的各种生物与环境中的非生物相互联系、相互影响,构成了一个整体,我们把这个整体叫作生态系统。生态瓶是一种人工模拟相对独立的微型水生生态系统,其中的生物种类和数量要维持一定的动态平衡,生物才能和谐生存。

■ **实验目的**

通过设计和制作生态瓶,学会分析动植物的生存条件,体会各种生物与非生物相互影响、相互依存。在生态瓶培养过程中,一旦出现失衡状态时能及时找出问题,针对问题改进生态瓶,让生物更好地生存下去。

■ 器材准备

大透明塑料瓶,水生植物(金鱼藻、水葫芦、浮萍等)、水生动物(金鱼、斑马鱼、小虾、田螺等)、捕捞网、沙子、各类石头、剪刀或小刀、自然水域的水或自来水。

■ 实验过程

1. 设计生态瓶。记录选择的生物种类和数量,需要的非生物条件,以文字和绘图的形式进行呈现,绘制生态瓶草图。

2. 根据设计方案,提前准备制作生态瓶的材料和生物。

3. 制作生态瓶。(1)找1个大透明塑料瓶,将塑料瓶等容器提前洗干净,放置太阳下晒干或者用酒精擦拭内部,以防容器内部出现病菌,影响接下来生态瓶的制作。(2)在瓶子底部铺入淘洗干净的石头和沙子约占容器的1/5,再装入自然水域的水或晾晒过的自来水约占容器的2/3。(3)将水生植物均匀地"种"入沙和石缝中,浮萍放在水面上,盖紧瓶盖,放入阳光下培养,等待几日观察植物的生长状态。(4)观察到植物正常存活后,放入小鱼、小虾等水生动物。建议生物数量不宜太多,约2条小鱼、2只小虾、2只田螺等,生态瓶达到平衡后,再增加数量。(5)每天观察并记录实验中的植物、动物、水质等情况。

4. 展示生态瓶。能解释设计放入动植物的理由,并从设计方案、制作过程、美观度和生态系统的稳定性等进行评价。设计并建立生态瓶长期评价表。

5. 改进和优化生态瓶。从多角度思考如何让生态瓶维持得更持久。为家庭生态小鱼缸寻找经验,如增加生态瓶的观赏性;利用科技手段监测生态系统是否平衡;增加技术和工具的应用,如太阳光能辅助等。

■ 安全提示

1. 实验前用剪刀或小刀裁剪植物等时,注意安全,不要划伤。
2. 实验中动作要轻,保护好小生命。

■ 拓展创新

1. 改变生态瓶里的生物数量和非生物条件,开展对比实验研究,观察生态瓶的变化。如减少一半的水,多增加一些水草,增加小鱼数量。

2. 可以组织学生设计制作更多样的生态瓶,如海洋生态瓶(如图7-10)、苔藓类植物生态瓶、陆地生态瓶等。

图7-10 学生设计的海洋生态瓶草稿

3. 家庭实验室:为家庭鱼缸助力。

家庭中会养殖一些鱼类来增添家庭的轻松氛围,提高观赏效果,与家人一起为家庭鱼缸这个小的系统进行设计和改进,让它们更持久、和谐地生存下去。可以尝试增加技术和工具的辅助,如增氧棒、太阳能灯等。

10. 制作一个潜望镜

■ **实验内容**

利用光的反射原理制作一个潜望镜。

■ **重要概念**

光是沿直线传播的，遇到障碍物能反光，光能多次反射，潜望镜利用了光的反射规律制作的。

■ **实验目的**

通过研究潜望镜内部结构及作用，再制作潜望镜。认识到潜望镜在军事方面的应用，了解生活中反射现象的应用，意识到科学技术的重要性，学会与他人合作，发现更多周围常见的材料制作潜望镜。

■ **器材准备**

纸盒2个或空牛奶盒、平面镜2个、三角板、直尺、铅笔、剪刀、潜望镜制作套盒（塑料镜筒、2个镜头、2个镜片等）。

■ **实验过程**

1. 打开潜望镜制作套盒，观察其内部结构，了解潜望镜的工作原理。

2. 设计并绘制潜望镜草图（图7-11）。思考其中镜子如何摆放，探究不同角度下反射的光路有何不同，找到最合适的镜子摆放角度，画出潜望镜内部光传播路径。讨论得出结论：上下各放一面倾斜45°角的平面镜，两者相对放置。

3. 制作潜望镜。

（1）在纸盒两个长边距边缘约1厘米处各画一条直线。

（2）用直角三角板在纸盒两端距边缘约1厘米处各画一条斜线（45°）。

（3）在纸盒的对应面上重复画上面的线（如图7-12）。

（4）用剪刀将4条斜线剪开。

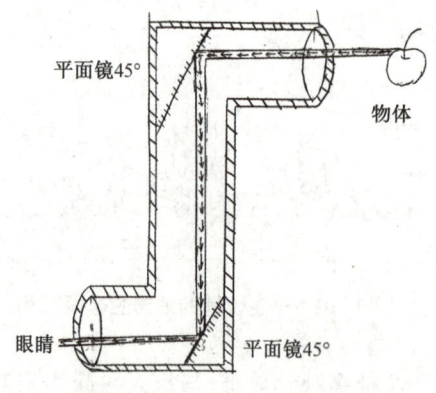

图7-11 学生设计的潜望镜草图

图7-12 潜望镜纸模型

（5）将两面镜子插入纸盒斜开口处，并保持镜子的反射面是相对的。

（6）在镜子的反射面前各开一个窗口。

4. 展示自制潜望镜。与他人交流自制潜望镜的优点和缺点。

5. 改进自制潜望镜。用改进后的自制潜望镜观察周围的事物。

■ **安全提示**

1. 安全使用剪刀、美工刀等工具，避免划伤。

2. 小心拿取和安装镜片，以防划伤。

■ **拓展创新**

1. 设计并用多种材料制作潜望镜（如图 7-13），比一比，谁的潜望镜更有创意？

2. 思考在黑暗环境下潜望镜还能工作吗？查阅相关资料。

3. 你能设计出一款可以观察多个方向的潜望镜吗？你能制造出可伸缩的潜望镜吗？

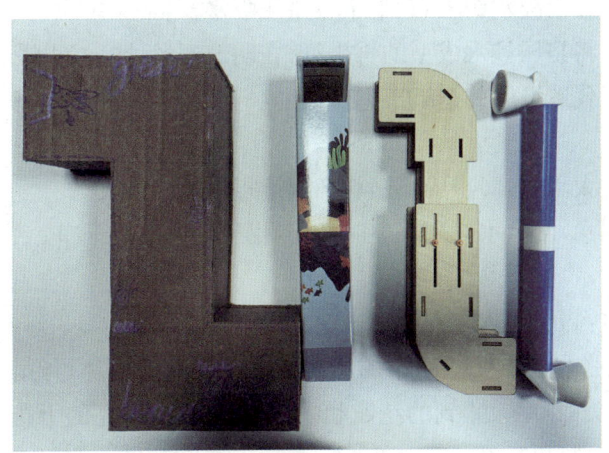

图 7-13　学生制作的潜望镜

11. 重现"造纸术"

■ **实验内容**

利用已有材料做一张再生纸。

■ **重要概念**

"造纸术"是我国四大发明之一。资源再生是指将人们在生产和消费过程中产生的废物作为资源加以回收利用，使一些废弃物变废为宝。纸的再生利用有利于节约资源、节约能源，减少污染。

■ **实验目的**

通过模拟再生纸的制作，培养学生强烈的节约资源的意识，感受中国传统文化的博大精深，从经济效益、环境效益等方面评价再生纸的意义。现代技术的发展推动造纸技术的进步，提高了生产纸的效率。

▪ 器材准备

可溶于水的纸巾（或回收的废纸、报纸等）、塑料杯、搅拌棒、干毛巾或棉布、抄纸网或尼龙纱布、塑料片、水、水槽、胶水、勺子。

▪ 实验过程

1. 把一张可溶于水的纸巾撕碎。
2. 将撕碎的纸片放入塑料杯中加水搅拌，直到成为均匀纸浆，搅拌期间可加入一些胶水增加黏稠度。
3. 平铺并设计纸的形状。用抄纸网或尼龙纱布抄纸，或将纸浆均匀地倒在抄纸网或尼龙纱布上。
4. 设计、调整纸的造型。可以用工具将纸浆摆成自己喜欢的纸造型，用塑料片尽可能地将纸浆铺压平整，不留空缺。部分空缺的地方，可采用盖浆的方式进行补充。
5. 挤压吸水。盖上吸水的棉布、毛巾等挤压吸水。
6. 通风晾干。将挤压排水成型的再生纸，在阴凉通风处自然干燥后，小心地揭下来。
7. 学习了解现代造纸厂的造纸工艺。

▪ 安全提示

1. 搅拌时不可太用力，防止弄坏塑料杯或搅拌时溅出纸浆。
2. 注意安全用水，发生水打翻现象时，立刻用干毛巾清理干净。

▪ 拓展创新

1. 家庭实验室：制作一款"花草纸"。

很多漂亮的纸张内会有一些细小的花瓣或者亮晶晶的闪片，与家人一起去野外或者公园里采集春天的美丽，用收集到的花瓣和小草，先制作成漂亮的干花，再利用造纸经验，创造一张精美的"花草"再生纸。

2. 调查家庭的废弃物品，从节约的角度出发，看看有哪些地方是我们能改进的。
3. 历史上中国四大发明之一的古法"造纸术"包含哪些具体流程？
4. 用再生纸写字、画画，比较再生纸与原来的纸张使用上有什么区别。

12. 制作一个保温杯套

▪ 实验内容

设计制作一个具有较好保温效果的保温杯套。

▪ 重要概念

热的不良导体吸热慢、散热也慢，可以减慢物体热量的散失，如空气。生活中的很多事物都利用了保温、散热等技术手段，人们利用技术改造产品。

▪ 实验目的

通过观察常用材料的导热性能，探究保温杯套和保温瓶内胆的原理，揭示其中关于热的物理规律，根据热传递的原理自主设计制作保温杯套，并在研究后进行作品改进，帮助学生更深入地了解生活中保温、散热等技术的应用。

器材准备

2个塑料杯、一些包裹杯子的材料、泡沫塑料、毛巾、锡纸、若干大小适中的冰块、胶带、实验记录表、计时器、剪刀、小尺、量筒、温度计或温度传感器。

实验过程

1. 观察和回顾已知材料的导热性能。哪些是热的良导体？哪些是热的不良导体？保温只能减缓物体温度的变化，但不能保持原来的温度。设计一个减缓冰融化的"保温"杯套。

2. 设计保温杯套。用图形和文字绘制保温杯套的草图。

3. 制作一个保温杯套。制作要求：用所给材料制作保温杯套，杯外的包裹物厚度不超过3 cm。制作小提示：利用热的不良导体作包裹材料，如泡沫塑料；用多层材料包裹，如增加毛巾包裹；利用反热辐射材料贴紧，如锡纸；杯盖也套上保温材料并捆紧。

4. 测试保温杯套。在2个塑料杯中同时加入相同大小和数量的冰块，其中1个套上制作的保温杯套，在每个杯子中加入1根温度计，每间隔2分钟记录一次温度，持续观察。10分钟后，将每个杯子中的水分别倒入量筒中，正确读出温度计示数，记录冰融化成水的量。

5. 评价保温杯套并改进。优点：设计的保温杯套保温效果较好，轻便，不易碎；缺点：每层材料间隙太大，建议每层均匀分布并粘贴紧；做工粗糙不美观，建议再设计得美观些；捆得太紧，拆卸不便，建议选择可拆卸、易定型的材料。

安全提示

1. 实验时，正确使用温度计。
2. 用量筒测量水量时，视线与凹液面齐平读数。
3. 制作保温杯套时，要小心使用工具，避免受伤。

拓展创新

1. 制作一个防止热水降温太快的保温装置。
2. 调查研究周围有哪些现代化的保温、防散热技术。
3. 查阅资料，学习保温瓶内胆的原理，其中木塞是热的不良导体，隔绝内部物质与外界空气的接触，减少热传导与热对流。外部镀银内壁以减少热辐射。保温瓶的真空技术又是怎样应用的？
4. 测量温度时可以利用温度传感器等信息化技术手段进行测量，不仅数据更直观，而且测试后会形成温度曲线图，更有利于数据的分析。

13. 搭建塔台模型

实验内容

设计搭建一个塔台模型。

重要概念

工程设计中蕴含着一定的科学知识。工程设计是一个复杂的过程，需要综合考虑各

个因素及其之间的关联。经历塔台模型的反复"评估—改进",理解工程要反复评估改进,不断完善,才能达到最终的工程要求。完成一项任务(测试)需要使用特定的工具。

■ 实验目的

通过实验学生亲身感受一个工程建造的系统过程。以建造塔台模型为目标,了解设计是工程的关键,发明是技术的核心。渗透工程思维,理解工程具有复杂性,从解决真实问题的角度培养学生的实践能力和创造能力,让学生对我国各种伟大的设计和建筑产生情感关联。

■ 器材准备

70根20 cm的吸管(单价1元)、胶带(一卷单价5元)、连接件(单价1元)、1把剪刀和1把尺子。

■ 实验过程

1. 观察图片和周围的塔台,分析其基本结构。

2. 设计塔台模型。塔台模型设计要求:塔台的高度为60 cm,且底部能被自由推动,不得粘在桌面上。塔台必须保证站立且能承受一定的重量200 g,抵抗一定的风力,并具有一定的抗震能力,要尽量节省材料,使塔台作品能达到稳固、美观、价廉的平衡。学生绘制设计图,以图形和文字的形式设计,设计图尽量画3个面(正面、侧面、俯视图),用数字标出部分结构的长度以保证搭建时更准确,以文字的形式解释塔台中的细节。

3. 制作塔台模型。(1)根据设计图,选择相应数量的吸管。先搭建平面支架,三角形结构不易变形、最稳固。再向高处搭建立体支架。搭建立体支架时,通过测量的方式保证立柱的高度等高,这样建立起来的塔台不容易倾斜,对于容易变形的支架可以加横梁或斜梁使之分解成几个三角形的方法增加其稳定性。(2)吸管之间的连接,可以用连接件,也可以采用一些固定技巧,如T形连接、斜接连接、延长连接、四边形连接等。边连接边查看连接口是否牢固,进行及时补救。

4. 测试塔台模型是否符合要求。(1)测高度:将塔台模型放置在平稳的桌面上,将米尺竖直放在塔台模型旁,可借助书本量出顶端所处高度,平视读出数值。(2)测承重:使用一样的重物测试塔台模型,将钩码或厚度相同的书本约50 g,放在塔台顶端,3秒稳定后,继续均匀叠加,倾斜后停止计数,倒塌时最后一次增加的本数不能计入,承载量达成200 g。(3)测抗风能力:用同一电风扇测试,电风扇的1、2、3档分别为小、中、大风量,依次测量,没有明显倾倒和移动则能抗该等级的风。(4)测抗震能力:用模拟地震仪调至不同等级来测试抗震能力。

5. 评价和改进塔台模型。根据测试结果,小组间互相评价,学生将大家的有效建议进行汇总并改进自己的设计图,再按照改进后的塔台模型设计图,进行搭建、测试和评估,使它符合设计的要求。

■ 安全提示

剪刀、尺子、连接件、胶带等工具的安全使用。

■ **拓展创新**

1. 在条件有限的情况下，可用人工晃动课桌或带滚轮的箱子，模拟不同等级地震来测试塔台模型的抗震能力。

2. 同学们课后可以自主进行一些工程类设计活动，如设计制作植物角的悬挂式花架。

第三节 案例分析

1.《小小工程师——"塔台模型"》教学设计

一、情境聚焦

1. 教师展示操场塔台图片，组织学生观察认识塔台的基本构造，提问："我校将进行足球比赛，教练们需要一个塔台，你能为学校设计一个塔台吗？"

2. 学生分组讨论，并绘制他们初步想法的塔台草图。

3. 教师请学生展示自己的设计，各小组提出修改建议，学生再次修改。

案例评析：使学生体会设计建设塔台是解决真实任务情境中的问题，初步体会"设计"是工程的关键。明白工程设计是一个复杂的过程，需要综合考虑各个因素及其之间的关联。

二、合作探索

1. 师：每一个工程项目开工之前，工程师们都会做个模型，考虑它的造价。让我们也来试一试做一个塔台模型。

2. 展示实验材料和使用价格，70根20 cm的吸管（单价1元）、胶带（一卷单价5元）、连接件（单价1元）、1把剪刀和1把尺子。

3. 小组讨论并汇报，实验材料的用途和如何使用这些材料更节约，更安全。

4. 教师出示塔台设计的任务要求。

（1）塔台模型的要求。

以小组为单位，制作1个高度为高60 cm，且底部自由推动，不得粘在桌面上的塔台。塔台必须保证站立且能承受200 g的重量，抵抗一定的风力，并具有一定的抗震能力。以图形和文字的形式设计，使用所给的材料，还要尽量节省材料，使塔台作品能实现稳固、美观、价廉的平衡。

（2）再绘制设计图的要求。

学生绘制设计图，设计图尽量画3个面（正面、侧面、俯视图），用数字标出部分结构的长度以保证搭建时更准确，以文字的形式解释塔台中的细节。

（3）教师展示塔台制作模型评价表（如表7-1）。

表 7-1 塔台模型评价标准

项目	1分	2分	3分
塔高	没有达到 60 cm 的高度	基本接近 60 cm 的高度	达到 60 cm 的高度
顶端承重	顶端无法承重 200 g	顶端承重为 200～400 g	顶端承重大于 400 g
抗风能力	能抵御 1 档（小风量）风吹	能抵御 2 档（中等风量）风吹	能抵御 3 档（大风量）风吹
抗震能力	能抵御 1 级（轻微）震动	能抵御 2 级（较强）震动	能抵御 3 级（强）震动
设计图及文字	缺少文字和图画设计	设计有文字和图画说明，但是说明较混乱，缺乏条理，没有用数字进行定量说明或者没有关键性的箭头指示等	设计合理，有文字和图画说明，对设计结构的表述条理清晰，对每部分使用的材料进行了加工和用量的详细介绍
分工合作	分工不明确，每个成员不知道各自应该做什么	有基本的分工，但是分工不系统，或执行分工不彻底，或有未承担任务的成员	有明确的分工且贯彻实施，为每个成员安排了相应的任务，并且每个成员都明确自己的任务，能有组织地执行
美观	结构欠佳、制作粗糙，或在所有小组中最差	结构比较合理、外形较为美观，或在所有小组中处于中等水平	结构合理、外形美观，或在所有小组中处于最高水平
材料成本统计	材料成本在 50 元以上	材料成本在 30～50 元	材料成本低于 30 元

案例评析：帮助学生理解塔台的建设需要具备方便移动、承载一定重量、抗风能力、抗震能力、安全等核心特点，成本和美观属于基于考虑的重点，两者的平衡才是工程设计追求的目标。帮助学生体会工程设计的复杂性。

5. 学生制作塔台模型。

（1）制作前，学生自主思考制作时的注意事项，并进行交流汇报。

小结：塔台模型制作的一般步骤为底座搭建、侧面搭建、辅助部件搭建、整体搭建、模型命名。

（2）教师展示制作模型的基本知识和技巧。

① 立足设计图。

不随意搭建，根据设计图选择相应数量的吸管。使用尺子测量的方式，保证立柱的高度等高，这样建立起来的塔台不容易倾斜。

② 搭建立体支架。

对于容易变形的立体模型，可以加横梁或斜梁使之分解成几个三角形的方法增加其稳定性，利用三角形结构不易变形的特点。

③ 吸管之间的连接。

可以用连接件，也可以采用一些固定技巧，如 T 形连接、斜接连接、延长连接、四边形连接等。边连接边查看连接口是否牢固，进行及时补救。

(3) 模型展示。

小组对自己搭建的塔台模型进行全面介绍,从结构和使用的材料数量等角度对照参评表进行综合评价自己的塔台模型。听取其他组对塔台模型的优化建议。

案例评析:学生在讨论设计和如何制作的过程中会自主发现,这些工作都需要同伴互助、合作完成,初步形成了互相合作、共同探讨的内驱力。

6. 测试塔台模型。

(1) 教师展示测试方法和对应的测试标准。

① 测高度:将塔台模型放置在平稳的桌面上,将米尺竖直放在塔台模型旁,可借助书本量出顶端所处高度,平视读出数值。

② 测承重:使用一样的重物测试塔台模型,将厚度相同的书本或约50 g的钩码均匀地叠放在塔台顶端,3秒稳定后,继续叠加,倾斜后停止计数,倒塌时最后一次增加的本数不能计入,承载达成200 g,此项获得满分。

③ 测抗风能力:用同一电风扇测试,电风扇的1、2、3档分别为小、中、大风量,依次测量,没有明显倾倒和移动则能抗该级别的风。

④ 测抗震能力:用模拟地震仪测试抗震能力,在条件有限的情况下,可用人工晃动课桌或带滚轮的箱子模拟不同等级地震来测试。

(2) 分小组互相进行测试,测试的方法、标准、工具都需要统一。各组根据塔台模型评价表打分,注意公平公正,及时记录数据。

(3) 计算塔台模型的制作成本。

各小组根据成本价目表,把使用的各种材料成本进行统计。各小组再结合塔台模型制作评价表中自己组的成本,成本低于30元得3分,30～50元得2分,超过50元得1分,计算出最终的总分。

案例评析:学生在模拟测试中,体会塔台在真实情境下可能面临的问题,有助于他们理解为什么一个工程会反复评估,需要使用特定的工具进行测试,需不断完善,才能达成最终的工程要求。加深对工程的认识与理解,认识到科学、技术与工程的关系。

三、交流研讨

1. 评估自己的塔台模型。

根据自己的塔台模型测试评价表中的得分,畅谈存在的问题和改进方法。其他小组及时补充,并提供有效建议。

2. 明确待解决的问题。

将自己和同学们的建议梳理清晰,制成修改清单。

3. 改进设计。

各小组拿出原始设计图,根据研讨出的修改方案有针对性地进行思考和修改。

4. 再改进塔台模型。

课后,同学们继续按照改进后的方案设计塔台模型,并进行测试和评估,使它符合设计的要求。

案例评析：学生能根据限制条件设计出符合要求的塔台模型，并能用文字和绘图的方式表达创意，再能根据评测结果，能听取同学的意见并不断改进自己的设计，梳理和归纳出需要进一步改进的问题，与同学合作共同完成任务，这是学生科学思维不断发展、探究实践能力提高的表现。

四、拓展延伸

1. 通过学习塔台模型的建设，大家可以利用所学的知识和方法，自主进行一些工程类设计活动，如设计制作植物角的花架、图书角的书架、家居入户门的鞋架等。

2. 如果让你制作1个真实带楼梯的塔台缩小版模型，你如何让它变得精致又能承受一定重量呢(如图7-14)？

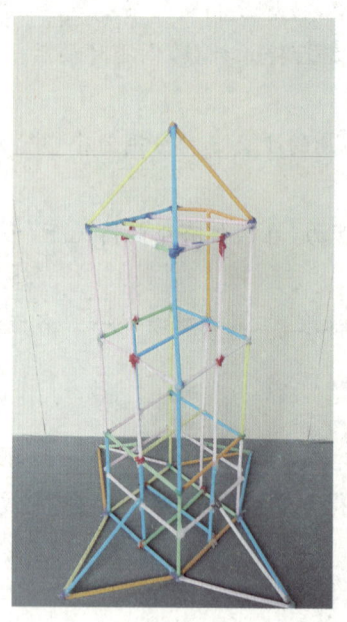

图7-14 学生制作的精美塔台模型

2.《"降落伞"实验》教学设计

一、情境聚焦

1. 教师播放神舟飞船返回舱降落地球、飞行员跳伞等视频，聚焦降落伞。

2. 展示各种降落伞图片，让学生观察并归类找出降落伞的主要结构(伞面、悬挂物、伞绳)。提问降落伞有什么作用。

3. 追问：是什么力量支持着降落伞在空中缓慢下降呢？

4. 小组讨论、交流、汇报。

预设：地球引力、向上的空气阻力、风力、上升气流托力等。

案例评析：播放神舟飞船返回降落地球的视频，厚植学生的爱国情怀，增强民族自豪感，体会科学、技术对航天事业的影响，直观地了解降落伞的主要结构，为下一环节制作降落伞做铺垫。

二、合作探索

1. 师：让我们一起来研究降落伞。利用桌子上的材料动手做一个降落伞。

2. 展示材料，学生自主探究，画出降落伞的设计草图。

实验材料：若干大小不一、形状不同（圆形或方形）的塑料布、若干型号夹子（或橡皮泥）、棉线、剪刀、胶带、打孔器、秒表。

3. 小组自主选择实验材料，并解释相关材料在制作降落伞时的用途。

（1）若干大小或形状不一的塑料布：用于制作伞面。

（2）棉线：用于系紧悬挂物与伞面。

（3）剪刀：裁剪出长度合适的伞绳。

（4）若干型号夹子（或橡皮泥）：充当悬挂物。

（5）打孔器：用于在伞面上打孔，方便棉线系牢。

（6）胶带：辅助系紧悬挂物与降落伞。

（7）秒表：充当计时工具，在降落伞放飞的时候，开始计时，记录降落伞滞空时间。

4. 按照视频制作降落伞。

实验步骤分析：

（1）剪好4段或更多段线，把棉线用胶带粘或系的方式，与方形塑料布的四角或圆形塑料布外围系（粘）牢固，可提前用打孔器打孔方便系伞绳。

（2）捏住伞面的中央，将线捋直，保证每根一样长，只有这样才能下降更加平稳。

（3）用一个金属夹子夹在线的末端或者系上橡皮泥等悬挂物。

（4）将线理顺，拎住伞面顶端，将线拉直，伞体自由下落。

案例评析：为了提高制作降落伞的成功率，教师应选择适合学生操作的材料和工具，将制作步骤可视化，排除干扰因素，为探究降落伞下降快慢的影响因素做铺垫。

5. 初步探究降落伞滞空时间。

学生以小组为单位，自由放飞降落伞，测试并记录降落伞滞空时间。

将降落伞举到指定的高度，将细绳拉直，伞面撑开；计时员喊开始，释放降落伞，开始计时；当悬挂物接触到地板瞬间，停止计时，重复多次。

6. 发现问题，明确再探究。

（1）同学们发现有的组降落伞降落非常快，有的组降落得非常慢，让我们来比一比、想一想原因。

预设：可能与伞的线长短有关。可能与伞面大小有关，伞面越大，降落伞就落得慢。可能与下面挂的重物有关。可能与伞面形状有关。可能与材料有关。可能与风有关，如果有风，降落伞就可能下降比较慢。

（2）设计实验，收集数据，填写实验记录单（如表7-2）。

表 7-2 "降落伞下降快慢与什么因素有关"实验记录单

问题	降落伞下降的快慢与什么因素有关?					
假设	和_____有关,如果_____,那么下降速度越慢					
保持不变						
需要改变						
实验设计与记录						
如何改变条件	下降时间/秒					平均用时(s)
	第一次	第二次	第三次	第四次	第五次	
结论						

案例评析:学生在设计"降落伞下降快慢与什么因素有关"的实验中,了解科学探究的基本要素,能够猜测影响降落伞下降速度的因素并设计实验探究,领悟"控制变量"等科学研究方法。对学生而言,掌握探究方法,进行规范的实验探究很重要。

三、交流研讨

1. 分析数据和论证

学生分组实验,填写实验记录单(如表 7-3),讨论后汇报实验结论。降落伞在同一高度下降,伞面要尽量大、伞线要尽量长、悬挂的物体要尽量轻,这样做出来的降落伞才能下降速度最慢。

表 7-3 "降落伞下降的快慢与伞面大小有关"实验记录单

问题	降落伞下降的快慢与伞面大小有关?					
假设	和伞面的大小有关,如果伞面越大,那么下降速度越慢					
保持不变的是	材料、绳长、放下高度、悬挂重物、下落的高度、场地、伞面形状					
需要改变的是	伞面直径					
实验设计与记录						
如何改变条件	下降时间/秒					平均用时/秒
	第一次	第二次	第三次	第四次	第五次	
伞的直径 30 cm	50.5	50.4	50.6	50.5	50.5	50.5
伞的直径 60 cm	51	50.9	51.1	51.1	51	51.02
结论	降落伞下降的速度与其伞面的大小有关					

2. 学生交流,比较、叙述自己降落伞设计的优劣。倾听别人对自己作品提出的意见和建议,并思考其建议是否合理。

可增加评价维度:降落时间,飞行姿态,降落伞美观度,下降过程是否平稳?伞面是否规整？伞面是否完全展开？

3. 改进自己的降落伞，尝试让降落伞下降速度减慢并更美观些。

4. 各组尝试"制作一个下降速度最慢的降落伞"的比赛活动(如图 7-15)。

案例评析：能通过比较，发现自己设计的降落伞的优缺点。倾听别人对自己作品提出的意见和建议，并思考其建议是否合理，是学生思维水平发展的体现。

四、拓展延伸

1. 伞的总重量？伞的形状？这些对降落伞的降落快慢有没有影响？如何设计实验。

2. 如果跳伞运动员在跳伞的过程中发现前方是树林需要避开，请你想一想，从设计降落伞的角度，有没有办法增加结构帮助他操控降落伞。

图 7-15　学生制作的降落伞在实验中

3. 中国航天事业蓬勃发展，航天器变得越来越大，为了保证航天器平稳落地，简单直接增加单个降落伞的面积已经不能满足需求了，目前采用多个降落伞组合形成群伞系统来提供所需要的阻力面积。

假设你是一位航空工作者，该如何设计并制作更加可靠的群伞系统模型。

案例评析：让学生感受到科学知识和技术对制作降落伞的重要作用，体会工程设计离不开技术的发展。群伞系统是目前航天航空的一种重要技术，在课堂中穿插一些最新研究成果有助于学生拓展思维和提升眼界，并为他们自主性课后研究提供思路。

第八章
小学科学实验室建设与管理

第一节　小学科学实验室建设

小学科学实验室是小学生进行探究实践和从事科技活动的主要场所，更是进行实验教学、完成科学课程目标的基础条件。因此，加强小学科学实验室建设是深化科学课程改革、提升科学教学质量、促进学生全面发展的重要途径。规范且适用的科学实验室是学校基本建设的重要组成部分。作为小学科学实验室管理人员，非常有必要了解和掌握实验室建设规范及技术标准，从而为学校科学实验室的建设和管理提供高质量服务。

江苏省教育厅颁发的《江苏省小学科学实验室装备标准》详细地规定了小学实验室的装备标准。

一、实验室通用要求

1. 使用面积：为 86 m^2/间，生均不小于 1.8 m^2（如老教室改造则不受此限制）。探究实验室使用面积建议在 96 m^2 以上。

2. 位置：实验室（楼）应保证最佳建筑朝向，室内避免直射阳光，主要采光面应位于学生座位的左侧。实验室（楼）要建造在地势较高处（或垫高地平）。

3. 照明：采用自然光及辅助照明。教师演示台及学生实验桌面的平均照度不应低于 300 Lx，书写板宜设局部照明，其垂直照度的平均值不应低于 200 Lx，实验台面与书写板面上的照度均匀度不应低于 0.7。室内无可见眩光，宜安装窗帘。

4. 噪声控制：室内环境噪声应低于 60 dB。

5. 温度：室内温度以不高于 30 ℃为宜，室温过高宜采用器械降温。

6. 供电：用电负荷应留有余地，以满足不断增加的现代化教学设备的需要；按规范敷设强、弱电线，空调专线敷设，安装漏电过载保护器和可靠的接地保护。

7. 水源：设置给排水系统。教师演示台设防锈水嘴，防堵、防臭水池；学生用水嘴、水池设置有两种方式：一种设在学生实验桌旁，一种设置在教室周边，提倡后一种设置方式。供水指标：供水水压不低于 2×10^5 Pa。冬季室温低于 $0\ ℃$ 地区的管道应有防冻措施。

8. 安全条件：配备防火、防潮、防盗等设施设备。

9. 实验室的平面设计要求：第一排实验台前沿与黑板的水平距离不应小于 2 500 mm，边坐的学生与黑板远端的水平视角不应小于 30°。最后一排实验台的后沿距后墙不应小于 1 200 mm，与黑板的水平距离不应大于 11 000 mm。

10. 环保：新建、改建、扩建实验室选用材料应符合相关环保要求，避免甲醛、苯、氡等有害气体和放射性污染。

11. 环境：环境布置应适合小学生身心发展和认知特点，营造探知科学的氛围，做到生动活泼。

二、实验室专用要求

1. 实验室功能要求（如表 8-1）

表 8-1　实验室功能要求

名称	主要功能	备注
科学实验室	科学课授课地点；科学实验的场所	标本陈列室选配的学校可把相关的标本、模型陈列在此室内
科学探究室	开展教学创新培养学生能力的活动和进行开放性实验的场所	
仪器准备室	存放仪器设备；进行实验准备；仪器设备维护	与实验室相邻
标本陈列室	存放标本、模型和相关科普资料；展示学生活动成果，供学生参观、查阅	
科学园	培养学生实践能力，可整合各方有效资源，彰显个性地进行种植、饲养	可设在校内或校外的教育基地内
小气象站	进行天文、气象的观测、记录	

2. 科学实验室配置要求（如表 8-2）

表 8-2　科学实验室配置要求

序号	名称	参考规格要求	单位	配备数量			备注
				Ⅰ类	Ⅱ类	Ⅲ类	
1	书写板	3 600 mm×1 200 mm	块	1	1	1	根据需要确定
2	演示讲台	2 400 mm×700 mm×900 mm	个	1	1	1	阻燃面板，规格根据需要确定
3	电源系统		套	1	1	1	通电到演示讲台
4	视频展台		台	1	1	1	

(续表)

序号	名称	参考规格要求	单位	配备数量 Ⅰ类	配备数量 Ⅱ类	配备数量 Ⅲ类	备注
5	计算机		套	1	1	1	
6	显示设备	不小于42英寸	套	1	1	1	
7	水嘴、水池	防锈水嘴,防堵、防臭水池	套	8+1	8+1	7+1	
8	网络信息口		个	2	2	2	
9	学生实验桌		张	24	24	12	阻燃面板,规格根据需要确定
10	学生凳		张	48	48	48	
11	学生成果展示柜		个	若干	若干	若干	
12	急救箱		个	1	1	1	
13	灭火器		个	1	1	1	

说明:Ⅰ、Ⅱ类学校实验室配备多媒体设备不少于1套。

3. 科学探究室配置要求

科学探究室应根据学校办学特色以及对科学探究室的定位,配备相关仪器设备,可以和科学实验室合用,有条件的学校应单独设置。

4. 科学仪器室、准备室配置要求(如表8-3)

表8-3 科学仪器室、准备室配置要求

序号	名称	参考规格要求	单位	配备数量 Ⅰ类	配备数量 Ⅱ类	配备数量 Ⅲ类	备注
1	仪器柜	1 000 mm×500 mm×2 000 mm	个	若干	若干	若干	可变通结构设计、数量按实际需要确定
2	准备实验台	2 400 mm×1 000 mm×850 mm	张	1	1	1	兼维修工作台,配电源,规格根据需要确定
3	水嘴及水池	防锈水嘴,防堵、防臭水池	套	1	1	1	置于准备台侧或室角
4	网络信息口		个	2	2	2	
5	资料柜		个	1	1	1	存放实验室管理资料
6	管理用计算机	含管理软件	台	1	1	1	
7	常用维修工具	金工、电工、木工等维修常用工具	套	1	1	1	
8	遮光窗帘			若干	若干	若干	根据需要

说明:仪器准备室宜与实验室毗邻设置,使用面积应满足仪器存放要求,并留有30 m² 左右的空间给教师进行实验准备。

5. 标本室配置要求(如表 8-4)

表 8-4 标本室配置要求

序号	设备名称	参考规格要求	数量	单位	备注
1	标本柜(橱、架)		若干	个	规格根据教学需要
2	模型柜(橱、架)		若干	个	规格根据教学需要
3	学生成果展示柜(橱、架)		若干	个	规格根据教学需要
4	干湿球湿度计		1	个	
5	遮光窗帘		若干	副	规格根据实际需要

说明:标本室使用面积:60 m² 左右/间,宜设在干燥、通风的环境中,可与仪器室相邻。也可以因地制宜,设置开放性标本墙,可设于教学楼大厅、转角、走廊等处,方便学生自主参观学习。

6. 科学园配置要求

(1)科学园应与校园环境有机结合。

(2)根据教学内容和学校的实际条件确定场地大小。可设计在校内或校外的教育基地内。

(3)园内可分实验区、植物种植区(绿植花卉和应季蔬菜)、小动物饲养区,也可有机结合。

(4)科学园应配备相应的设施,包括供水、排水、用电系统,荫棚、花架、水池、水箱、铁笼等。有条件的学校可建温室、无土栽培室、组织培养室、工具房等。室外的水电设施应有安全、保护措施。

7. 小气象站配置要求(如表 8-5)

表 8-5 小气象站配置要求

序号	设备名称	参考规格要求	单位	配备数量	备注
1	百叶箱		个	1	
2	最高最低温度计		个	1	
3	干湿球湿度计		个	1	
4	雨量筒		个	1	
5	风力风向计	带记录	台	1	
6	地温计		个	1	

说明:小气象站可设在校园空旷处或科学园内,处于一个四周通风较好的环境中。有条件的学校可设置校园自动气象站,自动气象站一般由气象传感器、变换器、数据处理装置、资料发送装置、系统电源等部分组成,可以连续对气温、气压、地温、湿度、雨量、风向、风速、辐射等气象要素进行全天候检测,将数据传输到软件平台数据库中,进行数据统计分析和处理。

三、科学实验室仪器配备

学生的科学核心素养是在探究实践活动过程中慢慢形成的,科学实验仪器在培育学

生科学核心素养的过程中具有重要意义,是对学生进行科学启蒙的重要工具。

1. 保质保量配置教学仪器

学校需要配备充足的常规实验教学仪器和实验操作材料,并逐年根据教学内容及时调整,对其进行更新和补充,确保消耗性实验材料的供给和补充,满足实验教学基本需求。重点配备通用仪器、测量仪器、专用仪器、模型、标本、学生动手操作的一般实验材料和常用工具、小学《科学》教学工具箱,还有其他必备的仪器。其中小学《科学》教学工具箱的材料主要分为两大类:一类是学生小组探究活动的材料,通常是按 12 套配置,例如放大镜 12 个、显微镜 12 个;一类是教师演示的材料,通常配置 1~2 套,例如筛子 1 个、潜望镜 2 个、比重计 2 支等。学生动手操作的一般实验材料,如锡箔纸、回形针、透明塑料袋、橡皮泥、种植土、种子、过滤纸、导线、干电池、碘酒、塑料吸管、食用油、食盐、红糖、沙子、气球等,这些材料学生生活中就能找到,可让学生自己动手准备,这样既拓宽了材料的来源和种类,又有利于发挥学生的主动性,方便学生自主选择实验材料,进行开放式探究实验。

科学实验室仪器配备的具体要求可参照教育部颁布的学科教学装备配置标准和《江苏省小学教学仪器设备配备目录(科学)》,并根据本校实际情况和新课标要求适当调整。

2. 实验器材体现生活化和趣味化

"瓶瓶罐罐"皆科学,我们要鼓励学生将生活中的物品设计制作成探究学习的仪器来进行实验探究,如:注射器可以用来研究空气可否被压缩;矿泉水瓶和一次性吸管可以用来研究空气能否占据空间;旧自行车可以用来研究杠杆、轮轴、摩擦等;蜡烛可以用来加热;口服液的瓶子可以用来研究液体的热胀冷缩;感温变色油墨用来研究热传导的过程……在设计制作仪器的过程中发展学生科学探究的能力,同时获得较强的成就感和自信心,以及对科学研究的兴趣。

3. 先进的设备、技术能让学生更加接近真实的科学研究过程

传统的实验器材在使用时存在某些实验现象变化太快或太慢,部分实验数据采集有局限性的问题,实验室可以引入数字化实验设备来优化现有的传统实验,帮助学生更准确地、更直观地观察实验过程以及数据的变化。针对部分实验、探究活动适合使用数字化实验设备的情况,挑选出对小学科学教材有用的传感器设备(力学传感器、电磁学传感器、光学类传感器、声学类传感器、热学类传感器、生命科学类传感器等)和实验数据采集仪器进行配置,以满足高年级学生进行定量研究。对于因受时空限制而在现实世界中无法观察和控制的事物和现象,以及有危险性、破坏性和对环境有危害的实验,可用增强现实、虚拟现实等技术手段呈现。如果条件允许的话,还可以添置部分 AR 模拟器、VR 眼镜全息设备等一些高端的设备,以加强学生的课堂体验,丰富学生的学习方式,提高教学效率。

4. 完善实验室安全防护用品

为了减少实验室安全事故的发生,保障师生的实验安全,学校要加强实验室安全防护工作。实验室需配备实验服、各类防护手套、护目镜、防护面具、简易急救箱、灭火器、危险化学药品柜等安全防护用品。

四、科学实验室设备配置

(一) 实验室基本设施设备

实验室设备包括演示讲台（带电源插座）、学生实验桌（可根据教学需要配置为四人桌、六人桌或八人桌）、学生实验凳等硬件配套设施。实验室设施包含水槽（排水口有过滤设置）、多媒体设备（计算机、投影仪、一体机等）、照明设备、消防设备、通信设备、陈列柜、防护用品及急救箱等设施。

科学探究需要灵活充足的空间、丰富的探究材料和充足的时间。要想提高科学探究的实效，实验室环境要有利于师生交流、生生交流以及学生自由活动，便于学生获取探究学习需要的材料和相关的信息。具体的要求如下：

1. 教师的演示讲台最好是平面的讲台，讲台的高度应该比前排同学坐下时的头顶稍微高一些，这样方便全班学生观察、感知演示实验的细节。讲台的面积要大一些，方便摆放更多的演示实验的器材。

2. 学生实验桌的设计和布局要适合学生小组活动的开展，便于学生间的讨论交流。实验桌间要留有适当的空间，方便教师对学生的活动进行指导。

3. 常用的实验仪器和实验材料可以放在实验室的储物柜中，方便师生取用。

4. 实验室配备的设施应注重现代教育技术与教育教学的有机融合，配备多媒体设备，便于学生随时获得与探究活动有关的信息、小组内或者小组间进行互动交流探讨，及时解决探究活动中遇到的困难和问题。

(二) 实验室安全设施设备

标准化、规范化建设实验室是实验室安全的有力保障。学校要强化实验室安全建设，加大在安全建设方面的资金投入，完善实验室安全的配套设施，除了按照国家建筑防火规范安装各类消防安全设施外，根据小学科学实验的特点，每个实验室都要安装漏电保护装置、空气开关；配备专门的废液回收桶；楼道中间安装紧急喷淋器；重点场所（如危化品存放点）安装监控设备。

五、科学实验室文化建设

实验室文化氛围对学生有潜移默化的影响，对学生有着启迪和教育作用。营造良好的实验室文化氛围是实验室建设与管理工作的一项重要内容。实验室应该营造一个探究性的文化氛围，让学生觉得实验室是一个有吸引力、有趣的场所，乐于在实验室里探索、求知。营造探究性的实验室文化可以从以下几个方面着手：

1. 改变实验室严肃、一成不变的装修风格，让充满新意的装修增添实验室的新鲜感。实验室的整体色彩搭配、实验室门窗、学生桌椅的形状和颜色都可以进行创新。

2. 实验室墙上的挂图除了可以展示标语口号、科学家名言、科学家肖像、实验室各项规章制度外，还可以展示一些学生感兴趣的内容，比如与实验有关的史实或者探究问题，让学生在实验室文化的熏陶下自主探索、学习。

3. 学生的实验桌可设计成四边形或者六边形，也可改变传统的课桌式布局，采用不同的布局方式，比如吧台式布局、圆桌式布局，以便于学生交流、讨论和合作，来营造一种轻松自由的探究学习的氛围。

4. 在实验室内可留出一定的区域作为成果展示区，把学生在科学学习方面取得的成绩在这里张榜公布，比如参加市航空模型比赛、省市科技创新比赛、省市中小学生实验能力比赛的成绩等。把学生制作的各种动植物标本、科学绘画、自然笔记、主题海报以及科技活动中制作的小发明、小创造等科技作品陈列摆放出来，使学生的个性得到充分展现，同时起到示范、榜样、激励的效果，让学生感受到科学研究和创新并非遥不可及，科学就在身边。

5. 向学生征集实验室文化建设的创意，发动学生提供科学小故事、科学家传、趣味实验、实验口诀等资料和素材，以此来增加教与学的互动。

六、科学综合探究室的建设微探

教育部《关于加强和改进中小学实验教学的意见》（教基〔2019〕16号）强调"各地各校要按照标准和实际需求建设实验教学场所，支持探索建设学科功能教室、综合实验室、创新实验室、教育创客空间等，鼓励对普通教室进行多功能技术改造，建设复合型综合实验教学环境"。《科学课程标准（2022年版）》中第二部分课程理念第4条强调"激发学习动机，加强探究实践"。其中"加强探究实践"这一特质，决定了小学科学综合探究室是学生科学学习的主要场所。因此，加强小学科学综合探究室建设是深化科学课程改革、提升科学教学质量、促进学生全面发展的重要途径。

随着我国对科学教育的持续加大投入，科学综合探究室的新建和一些改造工作陆续展开，借鉴建构主义的学习理论，在建设和改造过程中要充分考虑科学综合探究室的物理环境和人文环境，以发挥其教育功能的最大化。

1. 小学科学综合探究室设计的整体性

在学校建设的设计环节，就要把科学综合探究室建设纳入整体设计，选择的楼层适宜放在一楼且较为安静的位置，周边要有丰富的生物资源和适宜的土地资源，便于日后开展丰富多彩的科学实践活动，如科学观察活动、科学种养殖活动、气象观测活动等。探究室外的走廊和连廊可以放置一系列参与式互动体验设备，激发儿童科学探究的热情，也可以放置一些科技类图书，引导儿童通过阅读来学习、了解科学世界。走廊的顶部也可以进行规划，布置些星系、飞行器等模型。通过科学规划，营造一个整体的科学育人环境。

2. 小学科学综合探究室功能的开放性

建构主义学习理论指导下的科学综合探究室，要体现功能的开放性。具体表现为区域功能的多样性、功能转换的灵活性和区域之间交通的便利性。

（1）区域功能的多样性。科学综合探究室的空间区域划分要改变过去的单一实验功能，要体现多样性（如图8-1）。小学科学综合探究室，既是小学生进行动手操作、开展科学探究的场所，又是工具库、器材储藏库及成果展览室。基于它的功能，根据学生的年龄特征、心理特点，对于空间较大的科学实验室可相对划分成几个区域，一般要有供师生学习和教学的讲解演示区,要有呈现学生想法和作品的展示区,要有供学生动手操作的合作区,要有供学生查阅资料和数据处理的媒体中心(不需要太大),要有种植区和养殖区,要有供学生亲身参与的体验区(如体验斜面、杠杆、滑轮等),还要有材料放置区、个人交流区、教师办公区等。当然,这些区域并不必须存在,有些功能区域是长期存在的,有些功能区域是根据任务情境的需求而临时开辟的。

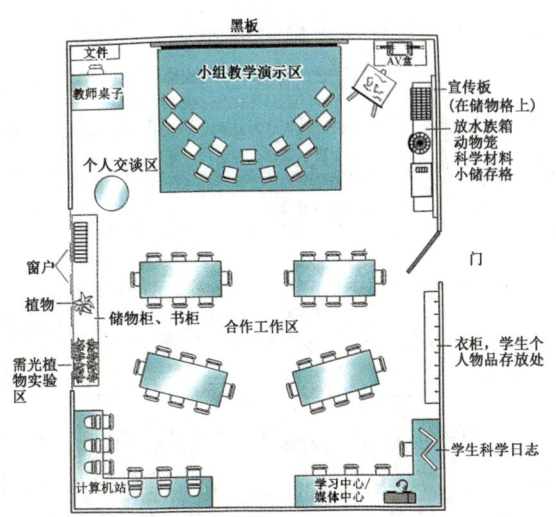

图 8-1 科学综合探究室的空间区域划分

(2) 功能转换的灵活性。在一个独立的空间要实现那么多的功能区域的划分是不现实的。我们要根据任务情境及时对区域功能进行调整和转换,有些需要合并,有些需要临时开辟,如体验区,完全可以根据任务情境进行必要的调整和删除;个人交谈区,可以根据现场的情况进行调整。当任务需要多台计算机时可以临时增加笔记本电脑和相关的数字化传感器。区域功能的灵活转化要求我们在进行空间布置时,尽量选用可以移动的课桌椅以及一些类似家具,以实现区域功能育人的最大化。

(3) 区域交通的流动性。人是在交往中学习的,因此,在科学综合探究室的建设中,我们要保证不同区域之间交通的流畅性,既包括不同功能区域之间的交通,还包括组际之间的交通。学生可以方便地从自己原有的空间顺畅地到达新的空间,如离开自己的小组前往别的学习小组进行参观学习,也可以离开合作区域到达体验区域或媒体中心进行个体学习活动,还可以单独和老师进行一对一的交流讨论。这种学习的流动性充分体现学习的社会属性,与人合作,解决问题。

3. 小学科学综合探究室功能的互动性

儿童只有借助合适的材料,充分调用自己的感官,科学学习才能深入。为了满足学生的这一学习特征,小学科学综合探究室在建设过程中要充分体现其参与性、体验性和互动性。要在保证安全的前提下科学合理的设计布局,充分利用好每一个空间。在走廊,可以放置一系列的交互式体验科学仪器,如壁挂式科学实验仪器;在空旷的地方放置微型气象站,让学习小组观察、记录、分析本地区的气候特征;在横梁上可以悬挂滑轮,让学生感受滑轮在使用过程中的作用;在室内放置斜面、旧自行车,让学生在使用中体验,有所感悟,有所收获。

4. 小学科学综合探究室信息的多元性

随着新技术的不断发展,技术与设备已融入学习环境之中,人机交互式学习将成为主流。科学综合探究室要参照学校智慧校园建设的整体要求,提升信息设备规格,丰富信息化教学手段,提高教育教学效率。科学综合探究室要架设无线网络环境,实现手机、电脑与显示器的同步屏,丰富学生人机互动学习形式,及时高效地收集、呈现、分析学生资源，并将此作为后续教学的新起点，提高科学育人的效率。科学综合探究室还可以引进 NOBOOK 虚拟实验室、仿真物理实验室等数字化资源开展实验教学，有条件的学校还可以建设基于 VR、AR 的沉浸式虚拟实验室，以弥补实验场地的不足，减少实验器材的损耗，避免实验中的危险和危害，促进学生的个性化、开放化学习，提高学生的动手操作能力，培养学生的实验素养。

第二节　小学科学实验室管理

建设高效能的实验室，关键在于抓好实验室管理。小学科学实验室管理就是对实验室配置的教学仪器设备进行保管、维护、修理和使用，使仪器设备处于完好可用的状态，在数量上保持动态平衡，提高仪器设备的利用率和完好率，并对实验教学进行组织、协调、服务，保证实验教学的顺利进行，达到教学的最佳效果。

一、实验室组织管理与队伍建设

1. 实验室组织管理

小学科学实验室的管理水平直接关系小学科学的教学质量，因此，学校要切实加强对实验室工作的领导，成立以分管副校长为组长、教务主任（或副主任）为副组长的工作领导小组，领导实验室工作；规模较大的学校可以设立专门的管理机构，指定专人负责实验室工作。分管副校长负责实验室标准化建设规划、实验教学人员配备、实验室及实验教学管理制度的制定与执行；教务主任负责对教研组和实验室的实验教学工作进行管理，督促实验教学人员积极开展探究教学，指导学生开展课外自主探究，同时帮助实验员提高业务水平和解决工作中的困难；总务处负责实验室设备设施采购、安装、维修、报废处理等物质保障和管理。学校要定期召开交流讨论会，充分发挥领导小组的作用，做到任务明确，责任到人，使实验室各项工作有条不紊，与学校教育教学中心工作紧密配合。

2. 实验室队伍建设

大部分小学实验室管理人员都是由科学教师兼任的，在一定程度上其业务素质的高低决定着实验室的管理水平。实验室管理人员的素质在品德结构、知识结构和能力结构上应体现自身工作的特点。在品德结构上，要有爱岗敬业的精神，认同自己的职业，热爱自己的岗位，充分认识到实验室工作的地位和作用；有乐于奉献、为人师表、关爱学生、主动服务的精神；有科学严谨的工作态度、整洁有序的工作习惯；有勇于探索创新的精神。在知识结构上，应具有国家规定的合格的学历；有理解儿童的知识、系统的科学专业知识、广博的跨学科知识和对科学深刻的理解；了解新一轮课程改革的重要意义，加强对新课标中新理论、新变化的学习和理解；掌握课程标准和教材对实验的要求；熟悉所有实验的名称、重要概念、目的、器材准备、操作步骤、重难点等；熟悉各类教学仪器的性能、构造、用途、操作规范、维护保养方法等。在能力结构上，要勤于学习，善于思考，掌握实验操作技能,所有实验都能独立、正确地完成;掌握各类仪器的使用方法和维修、排除故障的基本技能;能协助教师完成实验教学任务,具备一定的组织协调能力;能制作一些简单的教学器材,能跟学生一起制作一些作品,会研究实验内容,改进实验方法;能在课外组织和指导学生进行实验和科技活动;有较强的信息技术的应用能力,会不断探索把最新的信息技术融合到教学实践中,会使用计算机进行实验室管理。

学校应该制定实验室管理人员的进修和培训机制,并落实到人,增加其外出交流学习的机会,促使他们向高素质、专业化的方向发展,以建设高水平的与新课程相适应的实验室管理队伍。

要加强实验室管理队伍建设,还要认真解决实验室工作人员的归属问题。学校领导要关心小学科学教师的工作和生活,合理规定小学科学教师的工作量标准,制定劳动保护用品发放标准,并督促执行,在工资待遇、职务评定等方面与其他学科教师一视同仁,确保小学科学教师队伍相对稳定。

二、实验室仪器设备管理

教学仪器设备是学校资产的重要组成部分,要严格按照国有资产管理的有关规定进行管理,做到防微杜渐,防止流失和损坏,确保仪器设备完好安全。

(一) 仪器分类与存放

教学仪器的品种和数量繁多,同品种的仪器型号规格也各不相同。因此,不能乱堆乱放,一定按照科学的方法进行分类存放、分类管理。原则上要求按教育部颁发的《中小学理科教学仪器配备目录》的分类方法进行分类。教学仪器可分为9大类:计量仪器、通用仪器、专用仪器、模型、标本、挂图、玻璃仪器、药品与其他实验材料和工具。

科学合理地存放仪器设备是实验室实现精细化管理的重要表现。仪器放置的基本原则是科学、规范、安全、合理、美观、方便。选择密封性好的仪器橱,按照仪器的编号、规格、性能或实验开出顺序定橱、定位、贴标签,并做到合理排列、分类放置;同一橱柜中的仪器应小件在上、大件在下,矮件小件在前、高件大件在后,重件在下、轻件在上;精密仪器要专柜摆放;特高特大仪器设专柜,教师演示的实验仪器与学生分组的实验仪器可分开存放;危险化学品要做到专柜存放,双人双锁保管,注意防火防盗;要坚决杜绝仪器外放、堆放和混放。

(二) 仪器维护与保养

仪器设备的日常维护是实验室管理的一个重要环节。实验人员需定期对仪器进行保养和维护,以保证实验室仪器处于正常完好状态,使实验室设备保持良好的运行状态。根据各类仪器的特点,应采用不同的保养方式,如:电学仪器应注意防潮、防锈、防蛀、防震、防尘、防形变,定期通电检查和保养;金属仪器应注意防锈,每次用完后及时擦净上油;光学仪器应注意防潮、防尘、防霉,尤其在梅雨季节更要勤查、勤保养。同时,在经常保养时要及时做好仪器的维修、更换工作,确保仪器设备一直处于满足正常使用的状态。

(三) 仪器借还

教学仪器设备的借用和回收,都必须办理借还手续。做到发放有登记,回收有签收,借用有期限。本校教师借用教学仪器设备,分组实验仪器可用《实验通知单》登记,演示实验仪器可用《教学仪器借还登记册》登记;外校借用教学仪器设备,要凭单位介绍信,经校长批准并在借条上签字后,实验员方可借出,并要注意借用期限并及时回收。教学仪器设备借出和归还时应仔细清点,用完要及时归还;借用人要爱惜仪器设备,归还时应保持仪器设备完好无损;属于正常损耗的仪器设备,应履行报损手续并签字,如因保管不善造成损坏或损耗,应予以赔偿。

(四)仪器报损与报废

凡属废旧、损坏、老化、失去使用价值的仪器及零件、物品,无法修复的或虽可修复但修理费已接近仪器购价的,由实验员填写报废单,经教务处审查和校领导批准后作报废处理;教师在各类实验中,如发生仪器、物品损坏,须填写实验仪器报损单,经教务处签署意见后,交仪器室报损处理;若违反操作规程造成人为损坏应照价赔偿,教师在使用期间丢失,由使用人员照价赔偿;教学仪器、物品的报损和报废单,由实验员负责保管,于每学期结束分类整理,核销金额,调整账册。

三、实验室账册管理

实验室的各种仪器是国家财产。建立健全实验室的财产账是仪器在管理中保持数量平衡的基础。实验室要建立"三本账",即总账、分类账、低值易耗品账。记账要求:账册齐全,账目清楚,单据完整,记账正确。条件允许时,可以采用计算机建账。在现阶段用计算机管理时,应打印账本,可同时有纸质账本。实验室所有教学仪器应按统一编号进行登记造册,对购进或消耗的仪器要及时记入分类明细账,每学期末都要进行账物核实,并把核实的账目转入总账,力争做到账目、账物、账据、账卡的"四个统一"。

(一)建立教学仪器账

1. 教学仪器分类账

(1) 用途及记账要求

教学仪器分类账是反映每一种仪器的规格型号、数量、金额及存放位置的账目。分类账是记录总账的依据。

(2) 填写形式

每一页只填写一种仪器,同一编号、同一规格型号的教学仪器填写在同一页。同一编号、不同规格型号的教学仪器,应分页填写。

目录外的教学仪器和实验材料,按照无编号仪器处理,不填写编号栏,但要登记在同类教学仪器的后一页。相应的类别间应适当留有空白页以备后用。

(3) 填写范围

所有用于实验的调拨、自购、馈赠和自制教具的教学仪器。

(4) 填写时间

在对教学仪器进行盘存的基础上,每学期对分类账进行一次核查,做到账—卡—物相符。仪器的存量有变动的时候要及时填写,无变动时可不填写。

(5) 填写说明

① 编号——教育部对仪器的部颁编号。

② 存放位置——仪器存放地点,存放层数自上而下数,用铅笔填写,便于在仪器存放位置发生变化时修改。

③ 序号——对同一编号、同一规格型号的学生分组实验仪器按顺序编写的序号。

④ 进货——仪器的增加。

⑤ 来源——仪器的购入途径:调拨、自购、馈赠、自制。

⑥ 核销——仪器的减少:报损、报废、调出。

⑦ 单价——仪器购入实际价格,自制教具按成本价填写。

⑧ 实存——仪器目前的实际存量。

2. 低值易耗品账

(1) 用途

低值易耗品账用于记录玻璃仪器、药品、切片及其他消耗性实验材料的增加和减少,其账页内容和填写方法与分类账相似。

(2) 填写形式

每一页只填一种低值易耗品。

同一编号、同一规格的低值易耗品填在同一页。

(3) 填写范围

用于登记一些价格较低、寿命较短、易损易耗且需要经常更新、补充的玻璃仪器、药品、切片及其他实验材料。

(4) 填写时间

增加栏要及时填写;在每学期结束前将低值易耗品明细账盘存一次,并填写减少栏和实存栏。

(5) 填写说明

低值易耗品不需要填写编号。

① 规格——低值易耗品的计量单位,如 500 g/瓶,1 000 mL/瓶。

② 摘要——低值易耗品的购入途径,如调拨、自购等。

③ 实存——经盘点后结存的数量。盘点的药品以药品室的库存为准,学生分组实验所用剩下的药品算作已消耗。

3. 教学仪器总账

(1) 用途

教学仪器总账是在仪器分类明细账的基础上建立的,用来反映学校全部教学仪器的总件数和总价值及每年的变动情况。

(2) 填写方式

分类账中某种仪器当年增加数填入总账当年的"增加"栏;

分类账中某种仪器当年减少数填入总账当年的"报损"栏;

某种仪器当年的实际存量填入"结存"栏,若当年该仪器总数无变化,直接将上年结存量填入本年度"结存"栏。

(3) 填写范围

实验室中除低值易耗品以外的所有教学仪器,即仪器类记入总账,低值易耗品不记入总账。

(4) 填写时间

每年12月份填写1次,填写时应先将分类账与仪器实际存量进行核查,确认分类账无误后将分类账相关内容过入总账。

(5) 填写说明

存数——首次做总账,先做存数栏。

逐年增减数——每年对教学仪器的盘点。

★注意:

① 总账上所反映出来的每一种仪器,每一笔增加与减少的数字,都应当与分类明细账是相等的。

② 只有分类账上的仪器物品登入总账,低值易耗品和药品不登入总账。

③ 各学科实验室的总账要抄送主管部门保存、备案。

(二) 教学仪器报损和报废

报损与报废的区别:报损是指仪器在使用中造成的损坏且无法修复、遗失;报废是指仪器经长期使用已经老化,不具备保存价值,性能已达不到实验所需的最低要求。

1. 报损报废条件

教学仪器在使用中造成的损坏、遗失或长期使用已经老化无收存价值的仪器(低值易耗品除外),应办理报损或报废手续,并从仪器分类账中减去。

2. 报损报废标准

属于正常损坏且价值不大的仪器,填写损坏赔偿记录,经手人(损坏人)签字后,实验教师可以从分类账中减去。如价值较大仪器则除填写损坏赔偿记录外,还应填报损、报废单,由实验室负责人批准后,实验教师方可从分类账中减去。有关仪器价值的大小,各个学校自己掌握。

由于长久使用已老化或严重损坏无使用价值的仪器由实验教师填写报损、报废单,由实验室负责人组织鉴定同意后,实验教师方可记账。

3. 填写范围

实验室中所有教学仪器,不含药品和易耗品。

4. 办理时间

办理仪器报废可定期进行,也可随时进行。凡是当年应报废的仪器,在每年12月仪器核查时,必须全部办理手续并销账。

四、实验室制度管理

建立合理规范的实验室规章制度,将使得实验室管理的各个环节有章可循、有规可依,从而有效促进小学科学实验室的管理工作向科学化、规范化的方向发展。学校实验工作领导小组应积极建立和完善《实验室安全管理制度》《学生实验守则》《实验教师工作职责》《教学仪器借还制度》《教学仪器报损和赔偿制度》《教学仪器设备维修、保养制度》《危化品的管理和领用制度》等各项管理制度,并定期检查各项制度的落实情况,这样才能规范师生在实验室的言行,有效发挥教学仪器设备的效益,减少安全事故的发生,确保实验室教学活动有效开展。所有制度都要设计美观,放大印制,将其加上边框悬挂在墙壁的醒目位置。《学生实验守则》应挂于在各实验室的前面墙壁上,其余制度应挂在实验教师办公室或各仪器室。

实验室安全管理制度

一、加强实验室的安全管理,特别是危险化学药品的管理,完善实验室防盗、防火、防漏电、防漏水和防雷等设施,确保实验室管理规范安全、实验教学开展有序。

二、实验室门窗要牢固完好,安全标志齐全,安全通道畅通。室内杜绝无关人员进入,严禁吸烟。

三、实验室要配备干粉灭火器、沙袋等消防器材。过期的灭火器要及时更换。

四、实验室电气设备的安装和使用,必须符合安全用电管理规定。每个实验室必须安装能起自动断电保护作用的空气开关,要有可靠的接地措施,并定期检修。

五、危险化学药品要有专室和专柜存放,危险药品室实行双人双锁管理。化学药品严防流出实验室。危险药品使用后的废液、废渣应回收处理,必须排放的应经过净化,其有害物质浓度不得超过国家和环保部门规定的排放标准。

六、实验结束后,要切断电源、熄灭火源、关闭水源和关好门窗,清扫易燃物品、纸屑等杂物,消除安全隐患。

七、实验时教师要向学生讲清操作程序和注意事项,强调实验纪律,加强实验指导和监督,确保实验安全顺利。

八、学校要定期和不定期进行实验室安全隐患排查,节假日应加强实验室的巡查,并作好记录。在检查中发现的安全隐患要限期整改、解决,防止燃烧、爆炸、中毒、被盗等安全事故发生,对违反规定造成事故者要追究责任。

九、如发生被盗或事故,特别是剧毒品被盗,要立即采取措施,按规定上报有关部门,不准隐瞒不报或拖延上报,重大事故要立即抢救,保护事故现场。

十、实验室安全管理要落实责任制和责任追究制,校长为第一责任人,分管副校长和教务主任为主要责任人,实验员和实验教师为直接责任人。

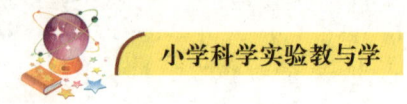

学生实验守则

一、实验室是进行实验教学和学生实验操作的场所,学生应遵守实验室管理制度,听从老师指导,保持实验室整洁、安静。

二、实验前,学生应对实验所需仪器、药品、器材进行认真清点,发现问题及时报告教师。实验台要保持整洁,各物品应放在合适的位置上。共用仪器使用后立即放回原处。

三、实验时,学生应以严谨的科学态度,积极思考实验课题,细心观察实验现象,如实做好实验记录。

四、遵循实验安全操作规程,爱护仪器设备,爱惜药品和实验材料。学生在实验中出现意外事故或损坏仪器应及时报告教师,并在教师的指导下迅速妥善处理。

五、增强环保意识,废液、废纸、火柴梗等杂物不得倒入水槽中或随地乱抛,应分别倒入指定的废液缸或垃圾箱内。

六、实验完毕,学生应整理仪器装置,关闭电源、水源。玻璃器皿清洗后放回原位。学生不得将实验用品及设备带出实验室。

七、认真分析实验结果,及时写好实验报告。实验报告应如实反映实验结果和实验过程,不得随意臆造或抄袭他人实验数据和记录。

实验教师工作职责

一、热爱本职工作,树立为教学服务的思想。认真钻研业务,熟悉教材,熟悉各类仪器的性能、构造、操作规范和保管知识,掌握各类仪器的使用方法和维修、排除故障的基本技能。掌握实验室计算机管理的基本方法。

二、与相关学科配合制订实验教学工作计划,按"实验通知单"准备好实验所需仪器、器材、药品,协助任课教师指导学生实验。按时做好实验教学课开设情况记录。实验完毕后及时清点仪器、器材,检查仪器的完好情况,发现问题,要查明原因,按有关规定认真处理。

三、熟悉全部演示实验和学生分组实验的有关理论、实验方法、注意事项,能熟练指导学生实验,处理学生实验中遇到的问题。

四、创造条件开放实验室,协助任课教师开展"探究性"实验和课外科技实践活动。加强和各科任教师联系,积极开展教学仪器研制和自制教具活动。

五、认真做好教学仪器的购置、验收、入库及登账、编号等工作。定期清点仪器、药品和实验材料,年终做好盘存工作,做到账账相符、账物相符。根据实验教学需要,及时编制仪器设备、药品添置计划。

六、负责教学仪器设备的定期保养、维修、维护、清点、检查、借出、回收等工作。保证教学仪器设备处于完好备用状态。

七、保持实验室整洁,做好实验室的清洁卫生和安全防范工作,熟悉各种消防设施的使用方法,消除事故隐患,落实发生事故的应急处理措施。

八、积极参与实验室建设和技术改造,严格执行实验室的各项规章制度,做好实验室的全面管理工作。

教学仪器借还制度

一、教学仪器设备的借用、回收都必须办理借还手续。做到发放有登记、回收有签收、借用有期限。

二、本校教师借用教学仪器设备,分组实验仪器可采用《实验通知单》登记,演示实验仪器用《教学仪器借还登记册》登记,化学药品用《化学药品领用登记册》登记。领用化学药品必须详细记录领用人、领用量、剩余量和归还日期。

三、外校借用教学仪器设备,必须凭单位介绍信,经校长批准并在借条上签字,实验员方可借出,并要注意及时回收。

四、化学药品除本校学科教师外一律不得外借,否则出了事故要追究实验员和相关人员的责任。

五、教学仪器设备借出和归还时应认真清点,用完要及时归还。化学药品当天领用当天归还,不得在仪器室外过夜。

六、借用人要爱惜仪器设备,归还时应完好。仪器设备属正常损耗的应办理报损手续并签字,因保管不善损坏或丢失的应赔偿。

教学仪器报损和赔偿制度

一、教学仪器设备和药品用后要及时检查,如发现有损坏、消耗或损失的要及时维修、报损、赔偿和申购。

二、教学仪器设备和药品属正常操作下损坏或消耗的,报学校领导审批后作报废处理;属非正常损坏丢失的要查明原因,照价赔偿。

三、教学仪器报损手续每学期办理一次。需报损的仪器设备,由实验员填入《教学仪器报损登记表》,教导处核实、分管副校长或校长批准并盖章,才能报损处理。

四、学生在实验时,由于不遵守实验规则,违反操作规程,导致仪器损坏者,照价赔偿。

五、教师因违反操作规程或工作疏忽,造成仪器损坏和丢失,报学校领导批准,责令部分赔偿或全部赔偿。

六、实验员未经学校领导批准私自外借教学设备而导致仪器损坏者,除使用人照价赔偿外,对实验员也应进行适当的经济处罚。

七、实验员如工作失职而被盗、遗失仪器,应由实验员负责赔偿。

八、损坏教学仪器设备赔偿金应交财会部门,实验员应对其登记。

教学仪器设备维修、保养制度

一、教学仪器的维修和保养属于实验室的日常工作。实验员应具有教学仪器的维修技能,做到一般仪器维修不出校。

二、有故障或损坏的教学仪器应停止使用，凡能修复的仪器应进行维修，维修不了可由学校请专业人员维修。修复费用超过原值50%的仪器，确无使用价值，可以申请报废。

三、教学仪器设备修复后，要将故障现象及原因、维修结果等记录存档。

四、认真做好教学仪器的防尘、防潮、防锈、防霉、防蛀、防冻、防爆、防光、防毒、防磁、防腐蚀和开机通电充电、计量标定及药品标签防脱涂蜡等工作，确保仪器设备性能完好。生物浸制标本要按要求定期补充防腐液。

五、仪器设备在使用前，实验员要进行一次检测，保证其性能完好。仪器设备归还后，再进行一次检修、复原，然后放原位保存。

六、精密贵重仪器要妥善保管，维修或者改用须经主管领导批准，严禁自行拆卸。若实验员不精通其性能，应委托专业人员维修保养。

七、每学期要对仪器设备进行全面的检查，集中维护保养一次，发现问题及时处理。

五、实验教学的管理

实验教学的管理主要包括以下几个方面：

1. 制订实验计划

各学校每学期初要对照科学课程标准和教材对实验的要求，认真制订学期、学年实验教学计划，做好统筹安排，排好实验课程表，并将实验教学计划和实验课程表上墙进行公布，计划制订后要认真执行，不得随意更改，学期末教务处要对实验开展情况进行考核。制订实验计划要明确实验的目的要求，根据学生的知识水平和年龄特点，提出不同阶段教学的目的要求，把培养目标分解到不同年级，并落实到每个实验中，明确通过实验要学到哪些科学知识，掌握哪些操作技能，培养哪些能力。

2. 准备实验

（1）实验环境的准备

实验室是学生进行实验的场所，实验前，要保持各项设施如水、电等能正常使用，并保持室内整洁、肃静。演示桌上一般不要堆放仪器，凡是还没有用到或已经用过的仪器应放在演示桌下，为探究实践活动营造良好的科学氛围。

（2）实验器材的准备

实验器材是开展实验教学的物质条件，通常的准备工作包括确定实验使用的仪器设备、检查仪器设备是否齐全完好、将完好的仪器按组放置在各实验桌上。对仪器的检查一定要认真做好，哪些应进行修理，哪些可以自制，都要在准备过程中及时完成，逐项落实。部分仪器在实验活动前，教师一定要试用，如果出现仪器故障要及时排除问题，否则会导致学生实验失败，甚至发生安全事故。提倡自制教具，适当应用数字化实验器材，提高教学效率。

（3）实验方法的选择

同一个实验一般可以选用不同的方法、使用不同的仪器来做，教师应根据课程标准、教材内容、学生的实际情况和学校条件选择最佳的实验方法。

（4）实验技术的处理

实验技术的处理包括设计实验程序、安排实验步骤、选用仪器设备、排除故障隐患等内容，甚至课堂中仪器先摆放在哪里，何时出示，何时回收，都要精心安排。

（5）实验效果的试验

对于各类实验，教师都应该在课前进行试做，进行"下水实验"。通过自己先做观察、实验活动，从学生的角度思考问题，实践操作，体验探究活动。只有这样才能更好地了解学生的学习情况，把握教学的重难点，做到有的放矢，提高课堂探究的实效。同时，预测实验中可能出现的问题，准备好应对措施；排除上课时可能出现的不利因素，避免因缺少某件小物品如火柴等影响实验的进行或者因选错实验材料影响实验的效果，从而影响科学教学的质量。

3. 组织实验

加强实验教学过程管理，做好实验前的指导、实验中的巡回指导、实验总结和作业布置四个环节的工作。

（1）实验前的指导

实验前的指导是保证一节课良性运行的预备状态。学生实验操作的规范程度将直接影响实验数据和实验现象的准确性。要求学生明确实验的目的、严格遵守实验纪律和操作规范的同时，还要讲解示范实验操作要点，或者师生共同讨论实验步骤和注意事项；指导要精炼，抓住难点，突出重点，时间不要太长，把时间的主动权交还给学生，保证学生有充足的时间动手操作。

（2）实验中的巡回指导

学生进行小组实验时，教师要进行巡回指导，引导学生注意操作的顺序、要领，按照实验步骤有条不紊地操作，认真观察产生的现象，及时记录实验数据和实验现象等，同时还要做到适时质疑，及时发现问题，调控实验进程，坚持个别指导与集中指导相结合；对个别小组或少数学生遇到的困难，要给予及时的辅导和帮助，当发现多数小组或大部分学生操作方法都出现问题时，应让全班学生先暂停实验，对问题进行补充说明后，再继续实验。

（3）实验总结

实验总结是一个容易被忽视的教学环节，没有实验总结，则是一堂不完整的实验课。这一环节应注意做好以下几点：

① 汇报实验结果。教师应组织学生通过记录单汇报实验的过程和结论，表述自己的想法。同时关注学生的语言表述，引导学生用科学的语言对实验过程、结论进行正确的表述。

② 实验情况评价。教师要对学生的回答和实验活动及时进行反馈和评价，肯定和表扬实验中按规程、守纪律、参与度高、效果明显、观察仔细等方面的小组或某些学生，指出实验方法不对的情况，帮助学生做出调整。同时在学生中开展小组自评和组间互评，让学生在评价中获得自我肯定。

③ 指导学生整理实验报告。

④ 组织学生整理好仪器装置,做好桌面和仪器设备的清洁工作。

(4) 作业布置

小学科学学科一般不布置书面的课外作业。实验作业的布置主要包括:准备下节实验课的材料,种植、饲养、制作、自然笔记、主题海报等活动,课外的观察记录,查找相关资料等。

4. 管理档案资料

实验室档案资料管理工作是实验室管理工作的重要组成部分,同时是充分发挥实验室效益的重要举措。实验室管理人员需要做好以下几个方面的工作:

根据本校自身的特点及实际情况,建立健全学生实验记录簿、低值易耗品登记簿以及实验仪器损坏、报废、赔偿、维修登记簿,自制教具登记簿、课外科技活动(含科学园和小气象站的日常管理、观察记录等)登记簿等一整套文本,用于实验室日常的管理。

做好实验室的技术资料(各类仪器的使用手册、保修卡、自制教具材料及实验中收集的数据等资料)、管理资料(有关文件、仪器验收单、仪器借还维修等账簿记录)和教学资料(实验教学计划、实验室课程表、实验教学总结等)的建立、收集与整理归档工作;做到及时归类,定点存放;为档案资料存取方便,可在实验室配置美观、实用的档案橱(柜)和档案袋。

六、科学实验室的使用

1. 提高科学课程实验开出率

开齐开足开好新课标和教材规定的各类实验,确保新课程标准所要求的学生基础性实验开出率达100%;适当增加与小学生日常生活有关的趣味实验;加强创新实验的开发,倡导将前沿科技知识和最新技术成果融入实验教学中;指导学生开展拓展性实验活动,包括教材拓展、课外实验探究、专题研究三类拓展性活动。

2. 有效开展科学探究实验

制订学生探究性实验计划,利用实验室现有资源,可以结合各校自身特点,开设有特色的校本实验课程及探究课题。创造条件开放科学探究实验室,满足学生的探究欲望,让学生亲历各种科学活动,加深学生对科学探究的理解,掌握科学探究的基本技能,提高学生的科学素养。有条件的学校可根据教材要求和学生实际水平增加学生探究性实验的实验次数、时数。

3. 切实提高学生实验操作技能

要求高年级学生具有通过小组合作,使用科学合理的过程和方法自行解决某种问题的能力,并能清楚表述探究实验过程,阐述自己得出的实验结论。让学生真实体验到科学成果的来之不易,培养他们良好的科学意志品质。帮助学生形成正确的操作技能、操作方法,使学生养成良好的实验习惯和严谨的科学态度,达到新课程标准和教材要求。

4. 其他方面

能结合探究活动自制适宜的教具、学具,不断对现有教学实验仪器进行改进和升级。

积极利用网络资源和现代教育技术手段进行科学教学。

　　充分挖掘科学园、校园气象站、校图书馆、科技馆、各类科普教育基地等各种校内外优质资源，激发学生对科学的学习兴趣，提高教学活动质量；常态化组织校园科技节、校园创想节、科普知识讲座等科普活动，积极组织和指导学生的课后实践活动，积极开展科学考察、科技小制作、小发明、小论文、饲养栽培、撰写考察报告等课外科技创新活动，让师生感受科技的乐趣与魅力，激发学生求知欲和好奇心，发展学生的创新思维，提升学生的科学素养。

　　小学科学实验室是学生进行探究实践活动的主阵地，因此它的标准化建设和管理显得尤为重要。我们只有建设好、管理好实验室，组织好实验教学，才能使实验室及其仪器设备的投资发挥最大的效益，使其真正为学生服务，为培育学生的科学核心素养、培养学生的创新精神与促进学生的全面发展打下扎实的基础。

第九章
学生科学创意实验

1. 巧做蛇形摆

■ **学习目标**

1. 知道摆的快慢由摆长长度决定。
2. 能对摆长决定摆的快慢进行分析、概括,建构蛇形摆的模型,并能解释蛇形摆的原理。
3. 能观察、画图并制作和调试,整理相关蛇形摆信息,表述探究结果。
4. 对蛇形摆保持足够的好奇心,乐于尝试运用不同的方法进行实践和创新。

■ **实验简介**

同学们,你们荡过秋千吗?在公园里,有大大小小一排秋千,仔细观察你会发现,不同的秋千,有的荡得快,有的荡得慢,像一条条小蛇一样摆来摆去。那是因为摆是一种简单机械,摆的快慢只与摆长有关,与摆锤的重量和摆动的幅度无关。今天我们就一起来制作像小蛇摆动一样的蛇形摆吧!

■ **材料准备**

没有弹性的棉线、钩码、铁架台、刻度尺、横杆、剪刀。

■ **安全及技术事项**

在使用剪刀时要注意安全,刀刃不能对着人。剪棉线时长短可以不同,防止浪费材料。

■ **实验过程**

1. 将横杆固定在铁架台上端,露出一定长度。
2. 用剪刀将棉线剪成长短不同的7根(根数不定)。
3. 将棉线一端打结,挂上钩码,另一端打结系在横杆上。
4. 按照从短到长的顺序排列好棉线(如图9-1)。
5. 将几个钩码推到同一高度,同时放开钩码。观察、比

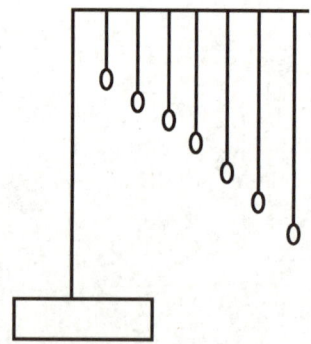

图9-1 巧做蛇形摆

较不同摆摆动的快慢。

6. 分析蛇形摆的摆动快慢与什么有关。有什么规律可循吗？

知识链接

16 世纪中叶，惠更斯根据伽利略发现的摆的等时性，发明了摆钟。早期的钟摆计时比较粗糙，后来经过不断改进变得越来越精确，到 20 世纪 20 年代误差就非常小了。目前世界上最准确的原子钟 2 000 万年才相差 1 秒。当摆动幅度不大时，钟摆的摆动周期只与摆长有关，摆长越长摆动越慢，人们可根据这一原理来对钟摆进行校时。

2. 一起来做吸尘器

学习目标

1. 知道流体流速与压强的关系：流速越大压强越小。
2. 能运用吸尘器的模型解释常见的现象，解决常见的问题。
3. 能自主制订和执行计划，应用所学原理制作简单的装置。
4. 在好奇心的驱使下，乐于探索，善于与他人交流合作。

实验简介

同学们，你们见过以下的现象吗？当马路上有汽车飞驰而过时，路边的树叶会被"吸"起来；当在火车站站台候车时，轨道旁边有一道黄色的线我们不能超过，工作人员怕我们被"吸"到轨道上；厨房的油烟机把油烟"吸"进排烟管道。那是因为空气可以流动，流动速度越大，压力就越小。它们的原理和家中的吸尘器一样呢，今天我们一起来做吸尘器吧！

材料准备

导线、电池盒、电池、小马达、滤网（丝袜）、吸尘器罩子（塑料瓶）、螺旋桨、螺丝螺母、开关、粗塑料管（如图 9-2）。

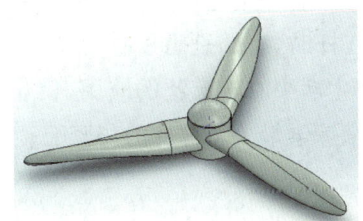   

图 9-2 自制吸尘器准备的部分材料

安全及技术事项

连接电路时，注意不要让电池短路，保护好电路，小马达连接时要关注旋转方向。

实验过程

1. 用螺丝将小马达安装在底座上。
2. 用导线将马达、开关和电池盒连接起来。
3. 安装上螺旋桨。

4. 将滤网(丝袜)安装在吸尘器罩子(塑料瓶)内部。

5. 将吸尘器罩子固定在底座上,插入粗塑料管。

6. 安装电池,闭合开关,测试吸尘器效果。

■ 知识链接

1726年丹尼尔·伯努利提出"伯努利原理"。这是在流体力学的连续介质理论方程建立之前,水力学所遵守的基本原理,其实质就是流体的机械能守恒。推论是流体流速越大,压强越小,反之越大。刮风的天气,房子外面空气流速大,而屋内的空气流动速度很慢,根据伯努利原理,就是屋子内部空气压强大于屋顶上的空气压强,当风越刮越大,这个压强差就会把屋顶掀起来,正如唐诗"八月秋高风怒号,卷我屋上三重茅"。同样,火车站轨道旁设置黄线也是因为这个原理。当列车进出站时,轨道上空气流速大,压强小,轨道边上空气流速小压强大,就会把近距离的物体压入轨道,所以我们在候车时一定要特别小心。

3. 小小杆秤最公平

■ 学习目标

1. 知道杆秤就是简单的杠杆。
2. 能基于杠杆的结构、功能展开想象,进行思维重组。
3. 能从杠杆的结构及相互的关系,提出问题,制定比较完整的探究杆秤的方案。
4. 能以事实为依据作出判断,尝试不断地探究和实践。

■ 实验简介

同学们,你们在菜市场或者超市见过称量物体重量的各种秤吗?如今科技发展迅猛,各种精密度高又使用方便的电子秤随处可见。但是在电子秤出现之前,人们常用的秤是杆秤,至今还有人在使用它。你知道它的原理吗?杆秤是杠杆的应用之一。杠杆是一种简单机械,是一根能绕着固定点转动的硬棒。人们在使用杠杆时,有的是为了省力,有的是为了省距离,有的既不省力也不省距离。各种简单机械在生活中有着广泛的应用,相互之间并不是完全独立的,而是存在着关联。今天,我们一起来探索最公平杆秤的秘密吧。

■ 材料准备

细长木棒、铁弯钩、金属环、细绳、美工刀。

■ 安全及技术事项

在使用美工刀做标记时要注意用刀安全。

■ 实验过程

1. 取出一定长度的细绳和金属环,将金属环系在细绳上,组成秤砣。
2. 取出短一点的细绳和铁弯钩,将铁弯钩系在细绳上,并将细绳固定在细长木棒的一端。
3. 在细弯钩和秤砣之间某一位置固定细绳,作为提扭。
4. 选择固定质量的重物进行测量,并用美工刀在细长木棒上做标记,标注刻度(如图9-3)。

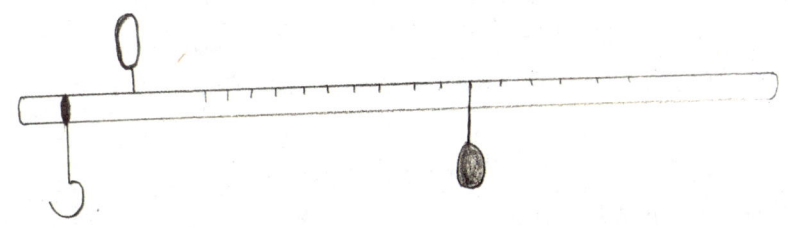

图 9-3 小小杆秤

5. 不断尝试。

■ **知识链接**

杆秤工艺在中国流传已久,有人说杆秤是鲁班发明的,也有人说是范蠡发明的。不管是谁发明的,大家都有自己的称量标准,都是利用杠杆原理进行工作的。杠杆原理讲杠杆五要素中,动力和动力臂的乘积与阻力和阻力臂的乘积相等。直到 20 世纪 50 年代,我们国家才实行统一的度量单位改革,把秤的称量 10 两统一改为 1 斤,也就是今天说的 500 g 是 1 斤,1 斤有 10 两。

4. 神秘空间——无限观赏盒

■ **学习目标**

1. 知道光遇到物体会发生反射现象,光的传播方向会发生改变;了解平面镜成像特点。
2. 能对无限观赏盒中的反射现象进行建构模型,进行一定的创意设计。
3. 会运用光的反射现象解释神秘空间的神秘之处。
4. 乐于尝试用多种思维和方法进行探究实践。

■ **实验简介**

同学们,我们一定照过镜子吧,在照镜子的过程中,我们能很清楚地看清自己的样貌和着装,镜子里的自己和真实的自己长得一模一样吗?你发现有什么不同吗?如果再给你一面镜子、两面镜子、三面镜子,会怎么样呢?光在均匀介质中沿直线传播,当光在传播过程中遇到物体会发生反射现象,光的传播方向会改变,改变方向后的光依然沿直线传播。今天,我们一起来探秘这个神秘的空间吧!

■ **材料准备**

卡纸、两面平面镜、双面胶、剪刀、水彩笔、打孔器、半透明玻璃纸。

■ **安全及技术事项**

平面镜易碎,使用过程要轻拿轻放;使用剪刀时要注意安全。

■ **实验过程**

1. 借助剪刀和双面胶,先把卡纸折成长方体,然后平展开。
2. 将其中的一个面裁掉,贴上半透明玻璃纸。

3. 在长方体内部两个平行的相对面分别贴上平面镜，光就会在两面镜子间多次反射(如图9-4)。

4. 在平面镜的边缘空白卡纸上用水彩笔画出自己喜欢的图案。

5. 在另外空白面用打孔器打一个观赏孔。

6. 将展开的卡纸折成长方体盒子。

7. 从观赏孔观察。

■ 知识链接

从前，一群猴子在水边玩耍，一只猴子突然发现水中有一个月亮，它以为月亮掉进水里了。于是，喊来很多帮手，让第一只猴子用尾巴勾住树枝，倒挂在树上，然后抓住第二只猴子的腿，就这样，一只接一只，一直到最后一只猴子的手能摸着水面。可是，一碰水面，月亮就碎了，怎么也没法捞起来。后来，一只小猴子抬头发现，月亮还高高地挂在天上呢。这就是著名的猴子捞月的故事。它蕴含的科学道理是平静的水面就像平面镜一样，可以呈现出物体的像，实质是光在传播过程中遇到水面发生了反射现象。

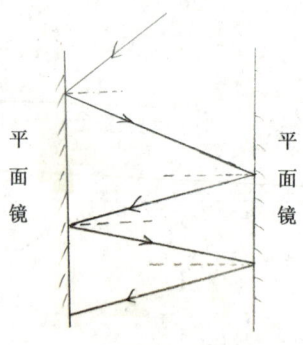

图9-4 利用两面平面镜进行多次反射

5. 模拟霜的形成

■ 学习目标

1. 理解水的3种状态，知道气态水可以直接变成固态的霜。
2. 知道水蒸气变成霜时没有产生新物质，其中伴随着放热现象。
3. 能利用所学知识进行模拟实验并进行简要的解释。
4. 乐于观察并思考，有保护环境、节约资源的意识。

■ 实验简介

同学们，大自然中的天气现象有很多，比如会刮风、下雨、阴天，会有露珠，会有雾，会下雪，等等，我们知道这些现象都是大气层中的水的形态发生变化形成的。霜是固态的水，和水蒸气是水的不同存在形式。霜和水蒸气在吸、放热过程中状态会相互转化。水蒸气是人眼看不见的无色无味能流动的气体，没有固定的形状和体积；霜是固态的水，有固定的形状和体积；但两者都有一定的质量，在相互转化的过程中没有新物质生成，伴随着能量的相互转移。今天，我们一起来模拟霜的形成吧！

■ 材料准备

易拉罐、碎冰块、食盐、玻璃棒、温度计、湿毛巾。

■ 安全及技术事项

冰块温度低，小心手部受凉；使用温度计时要注意轻拿轻放。

■ 实验过程

1. 将碎冰块放入易拉罐中。
2. 将食盐加入碎冰中，用玻璃棒搅拌，使碎冰和食盐充分混合，将温度计插入碎冰中，保证玻璃泡被碎冰完全包围。

3. 将易拉罐放在湿毛巾上(如图 9-5)。

4. 观察温度计示数变化，观察易拉罐外壁的变化。

▌知识链接

在寒冷季节的清晨，草地上或者地面上会覆盖着一层白色的晶体，太阳慢慢升起来，它就融化了，这正是霜。在严冬，夜晚温度降得很低，当低于 0 ℃ 时，空气中的水蒸气就会直接凝结成固态的小颗粒附着在草地或者地面上，这就是我们看到的白色的霜。它与露水的形成特别相似，区别在于当时的地面温度，当温度低于 0 ℃ 时会凝结成霜，高于 0 ℃ 时

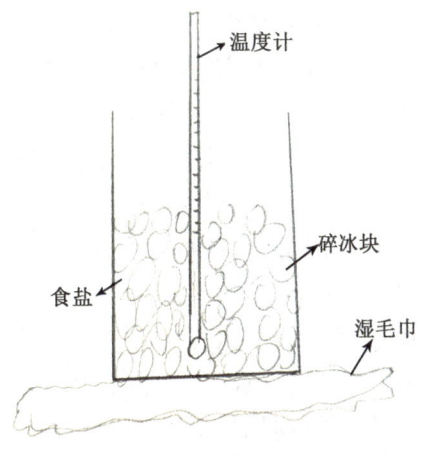

图 9-5 模拟霜的形成

会凝结成露。两者的相同点是在形成过程中水蒸气都要释放出热量，让自身的温度下降。1953 年 4 月，我国北方小麦遭遇强冷空气袭击，出现大范围的严重霜冻，导致当年的小麦产量大大下降。所以大自然的一些现象会直接影响我们的生产生活，我们需要时刻关注和保护我们的生存环境。

6. 自制酸奶

▌学习目标

1. 知道酸奶是乳酸菌使牛奶发酵变成的，发酵需要合适的温度。
2. 了解制作酸奶的一般工艺，能尝试自己动手制作酸奶。
3. 知道有些细菌可以对人类产生有益作用。

▌实验简介

你喝过酸奶吗？酸酸甜甜是不是很好喝呢？如果我们能够喝到自己制作的酸奶，相信会感觉更美味更好喝了！那你知道怎样制作酸奶吗？我们需要牛奶，还需要一种名为乳酸菌的细菌来帮忙。这是因为，乳酸菌在适宜的温度(30～45 ℃)下会使牛奶发酵成酸奶。今天就让我们在家里自制美味的酸奶吧。

▌材料准备

鲜牛奶、白砂糖、杯装酸奶、食品温度计、勺子、小奶锅、保温壶或保温杯。

▌安全及技术事项

一定要在家长指导下使用电磁炉或燃气灶加热牛奶；制作过程要始终保持干净、卫生，否则不能食用；自制的酸奶要放入冰箱冷藏，一般保质期为 3～5 天，存放太久易变质。

▌实验过程

1. 将 250 mL 左右的鲜牛奶倒入小奶锅，用勺子加入 1～2 勺白糖，并搅拌一下。
2. 将小奶锅放在电磁炉或燃气灶上加热至沸腾，进行杀菌，消除溶解氧，为乳酸菌提供良好的生长繁殖环境。

3. 停止加热后，当牛奶温度降到 40 ℃ 左右时（用食品温度计测量），加入 2 勺酸奶，并搅拌均匀。

4. 将搅拌均匀的牛奶装入保温壶中，盖好盖子，发酵 5~6 小时。

5. 发酵 5~6 小时后，检验酸奶是否制作成功，先看，再闻，最后尝一尝。如果酸奶表面洁白平滑、呈蛋羹状或豆腐脑状（如图 9-6），没有异味，酸甜可口，说明酸奶制作成功，要放入冰箱冷藏，一般保质期为 3~5 天，不宜存放太久。

图 9-6　自制酸奶

■ **知识链接**

乳酸菌是一类进行无氧呼吸、分解有机物产生乳酸的细菌的统称。这类细菌在自然界分布极为广泛，具有丰富的物种多样性，至少包含 18 个属，共 200 多种。除极少数外，其绝大部分都是人体内必不可少的，且具有重要生理功能的菌群，广泛存在于人体的肠道中。乳酸菌是一种益生菌，大量研究资料表明，乳酸菌能促进机体生长，维持肠道菌群平衡，改善免疫力，抑制有害菌群生长。目前，乳酸菌在工业、农牧业、食品和医药等与人类生活密切相关的重要领域具有极高的应用价值。

7. 神奇的紫甘蓝

■ **学习目标**

1. 知道紫甘蓝汁遇酸性物质变红，遇碱性物质变蓝，遇到既不是酸性也不是碱性的物质颜色不变。

2. 利用紫甘蓝自制酸碱指示剂，并检验白醋、柠檬水、盐水、肥皂水、苏打水、纯净水的酸碱性。

3. 体验化学变化的乐趣，激发对身边常见物质变化的探究兴趣。

■ **实验简介**

我们身边常见的物质有的是酸性，有的是碱性，有的既不是酸性也不是碱性，而是中性。那我们怎样判断一个物质的酸碱性呢？在自然界里，有许多植物色素在不同的酸碱性环境中会发生颜色的变化，比如紫甘蓝。紫甘蓝可是厨房中的"化学家"哦。它有一种特性——遇酸变红，遇碱变蓝，遇中性不变色。这是因为紫甘蓝中有花青素。花青素在酸性环境中颜色偏红，在碱性环境中偏蓝，在中性环境中保持原来的颜色，所以紫甘蓝汁可以作为一种酸碱指示剂。接下来，让我们动手利用紫甘蓝汁检验身边物质的酸碱性吧。

■ **材料准备**

新鲜紫甘蓝、白醋、柠檬水、盐水、肥皂水、苏打水、纯净水、透明塑料杯、筷子、热水、滴管。

■ 安全及技术事项

实验中使用过的紫甘蓝、白醋、盐水等物质不可再食用,要及时放入垃圾箱。注意紫甘蓝汁不要弄脏衣物。

■ 实验过程

1. 将紫甘蓝撕碎放入杯子中,再倒入热水用筷子充分搅拌后,过滤得到紫甘蓝汁,观察并记录此时紫甘蓝汁的颜色(如图 9-7)。如果家里有榨汁机,也可以把紫甘蓝和清水混合榨汁再过滤,同样可以得到紫甘蓝汁。

2. 在 6 个透明塑料杯中分别倒入白醋、柠檬水、盐水、肥皂水、苏打水、纯净水,保证量一样多。

3. 用滴管吸取紫甘蓝汁分别滴入(3~5 滴)白醋、柠檬水、盐水、肥皂水、苏打水、纯净水中,仔细观察它们的颜色变化并记录在表格(如表 9-1)中,判断对应物质的酸碱性。

图 9-7 紫甘蓝汁

表 9-1 加入紫甘蓝汁后液体颜色变化记录单

特征	白醋	柠檬水	盐水	肥皂水	苏打水	纯净水
加入紫甘蓝汁后颜色变化						
酸碱性						

■ 知识链接

300 多年前,英国著名科学家罗伯特·波义耳在一次实验中不小心将浓盐酸溅到一束紫罗兰上。为洗掉花上的酸液,他把花用水冲了一下,发现紫罗兰变红了。当时波义耳感到既新奇又兴奋,他猜测,可能是盐酸使紫罗兰变色。为了进一步研究,他将紫罗兰花束的花瓣分成小片放到其他的酸溶液中,发现花瓣都变成了红色。由此他推断,不仅盐酸,其他各种酸都能使紫罗兰变为红色。之后,他又使用其他花瓣做实验,并制取了花瓣的汁液或酒精浸取液,用它们来检验未知的物质是否为酸。同时,他又发现用花瓣检验一些碱溶液时也会发生变色现象。此后,波义耳从草药、牵牛花、苔藓、月季花、树皮等植物中提取汁液,并用它们制成了试纸。波义耳用这些试纸对酸性溶液和碱性溶液进行多次试验,终于发明了我们现在使用的酸碱指示剂。

8. 检验饮料色素

■ 学习目标

1. 了解色母片可以吸附色素,并能用色母片检验饮料中是否含有食用色素。
2. 能认真观察实验现象、及时记录,并以事实为依据得出实验结论。
3. 知道饮料中通常会加入食品添加剂,尽量少饮用,养成健康的饮食习惯。

■ 实验简介

生活中我们会接触到各种饮料。为保持饮料的外观、营养、口感,厂家在生产时会加入一些食品添加剂,如食用色素、糖等。你常喝的饮料是否含有食用色素呢?我们可以用色母片进行检验哦。色母片是由纤维材料构成,表面有很多小孔,对色素具有吸附作用。洗衣服时放入色母片,可以有效防止不同颜色的衣服互相染色。

■ 材料准备

色母片、一次性透明塑料杯、搅拌棒、镊子、常见的饮料(选择颜色鲜艳的饮料,如可乐、果味饮料、各种口味的汽水等)。

■ 安全及技术事项

实验中使用过的饮料不可以再饮用,要及时倒掉。

■ 实验过程

1. 将准备的每种饮料各倒 2 杯(半杯的量即可),同种饮料摆放在一起,方便观察。

2. 依次将色母片放入同种饮料的其中一杯,并用搅拌棒轻轻搅拌 1~2 分钟即可。

3. 依次用镊子将色母片从饮料中取出,观察、比较 2 杯同种饮料和取出的色母片的变化。饮料颜色变得越浅,色母片的颜色越深,说明饮料中的食用色素越多(如图 9-8)。

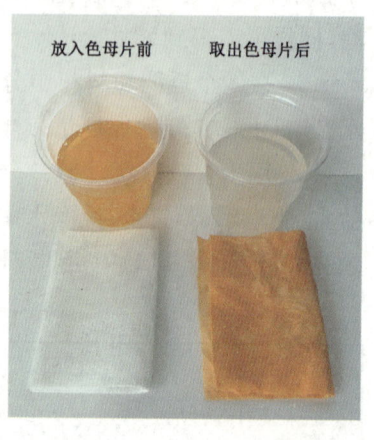

图 9-8 饮料中放入色母片前、后对比

■ 知识链接

食用色素是色素的一种,是指被人适量食用的、可使食物在一定程度上改变原有颜色的食品添加剂,分为天然和人工合成两种。食用天然色素主要是指由动、植物组织中提取的色素,绝大部分来自植物组织,特别是水果和蔬菜,安全性高,有的还兼具营养作用。食用人工色素主要是通过化学合成制得的有机色素。食用人工色素因色泽鲜艳、性能稳定、使用方便、成本低廉等特点而被广泛应用,但它有一个大缺点,即具有毒性(包括毒性、致泻性和致癌性)。因此国家出台了相关规定,严格限制食用人工色素的用量和使用范围。虽然按照国家标准添加人工色素的食品是相对安全的,但为了健康着想,还要尽量减少食用含有食用人工色素的食品、饮料,尤其是少年儿童。

9. 植物拓染

■ 学习目标

1. 了解植物拓染的方法,并设计、完成一件拓染作品,传承非遗技艺。

2. 感受敲拓的乐趣、自然的缤纷,锻炼动手操作能力,激发探索周围植物的兴趣。

■ 实验简介

在探索大自然的时候我们习惯用眼睛去欣赏,用耳朵去聆听,但你有没有试过用双手留下一抹大自然的色彩?植物拓染是一种利用植物的天然色素进行染色的技术,让我们发挥想象,创作一幅拓染作品,在敲敲打打中留下大自然最原始的香气、纹理、色彩吧。

■ 材料准备

完整的树叶或花朵、锤子、垫板、宽透明胶带、拓染方巾、明矾、水、勺子、水槽、手套、镊子、纸巾。

■ 安全及技术事项

用明矾水浸泡树叶可以起到固色作用。明矾具有腐蚀性,切勿碰到皮肤,取用时要戴手套,并有教师或成人指导。一旦不小心碰到皮肤,立即用大量清水冲洗。使用锤子时注意安全。

■ 实验过程

1. 采摘树叶或花朵,注意挑选叶脉清晰、颜色丰富的叶片(例如枫树叶、红花继木叶、小叶女贞等),不要挑选表面蜡质的叶片。

2. 取 2 g 明矾放入约 2 L 水中,并将收集到的叶片或花朵放入明矾水中清洗浸泡约 15 分钟。

3. 用镊子取出叶片或花朵,并用纸巾将上面的水擦去、晾干。

4. 将拓染方巾放在垫板上,再把叶片、花朵在拓染布上摆出合适的造型,并用大透明胶带进行固定,接着用锤子敲打进行拓染。在敲打的过程中适时观察拓染布的反面,检查拓染上色情况,当观察到植物叶片的每个角落都上好色后,取下透明胶带。(注意敲击的力度,力度太大,容易敲出植物叶片多余的汁液,导致周围晕染开,影响拓染效果;力度太小,导致上色慢或无法上色)

5. 将拓染作品上多余的叶片残渣轻轻去除,并进行第二次创作,可以配上创意性文字、写上作者名称(如图9-9)。

图 9-9 植物拓染作品

■ 知识链接

植物拓染是一种利用植物的天然色素进行染色的技术。早在古代,人们就开始利用植物提取的颜料对织物、纸张和皮革等进行染色。随着时间的推移,植物拓染逐渐演变为一门独特的艺术形式和手工技艺。植物拓染具有许多优点。首先,植物拓染使用的是天然材料,不含有害化学物质,对人体和环境无害。其次,植物拓染可以产生丰富多样的颜色效果,满足了人们对颜色的不同需求。最后,植物拓染还可以激发创造力和审美感,形成一种独特的艺术表达形式。目前,植物拓染广泛应用于纺织、手工艺品和艺术设计等领域。

10. 无字密信

■ 学习目标

1. 知道碘液遇到淀粉会变成蓝色。

2. 学会制作无字密信,体验动手实验的乐趣,愿意跟同伴分享、交流。

■ 实验简介

也许你在电影或电视剧里看到过这样的情景:传递战报的书信是空白的,收信人思考片刻,立即在纸上涂上特殊溶液或用火烤一下,文字就显现出来了。是不是很酷、很有趣?这就是"无字密信"!心动不如行动,快给你的好友写一封"无字密信"吧!

■ 材料准备

方法一:碘液、棉签、滤纸、玻璃杯、淀粉、水、勺子、搅拌棒、柠檬汁。

方法二:白醋或柠檬汁、棉签、火柴、蜡烛、白纸。

■ 安全及技术事项

选择的纸要稍微吸水,例如宣纸、绘画纸、滤纸等,淀粉液涂上去才易被吸收。点燃蜡烛时注意用火安全,实验结束后立即将其熄灭。

■ 实验过程

方法一:

1. 向玻璃杯中倒入适量淀粉(5勺),再倒入适量清水(50 mL),用玻璃棒搅拌至黏稠状。

2. 用棉签蘸取适量淀粉液,并在滤纸上写字或画图,滤纸晾干后看不到痕迹,无字密信就制作完成。

3. 将碘液轻轻涂抹在晾干后的滤纸上,本来已经"隐身"的文字或图案又重新出现(如图9-10),并呈现蓝色。

4. 阅读后,如果不想让其他人看见信的内容,可以把柠檬汁涂抹在纸上,纸上的文字或图案就会再次"消失"。

图 9-10 用碘液呈现"无字信"

方法二:

1. 用棉签蘸取白醋或柠檬汁在白纸上写字或画图,晾干后看不到痕迹,无字密信就制作完成。

2. 将白纸放在蜡烛火苗上烤一烤(或用稍微加热的电熨斗在纸上熨一下),用白醋或柠檬汁写过字的地方比没有写过字的地方更容易烧焦,棕黄色的字迹就显示出来了(如图9-11)。

■ 知识链接

碘伏是家庭常备药品之一,它是一种液体,呈棕色或棕褐色,有刺激性气味,适用于外伤消毒。碘伏不能受到阳光照射,所以通常装在棕色的瓶子里。碘伏具有广谱杀菌作用,可杀灭细菌繁殖体、真菌、原虫和部分病毒。它在医疗上用作杀菌消毒剂,可用于皮肤、黏膜的消毒,也可处理烫伤、皮肤霉菌感染等,也可用于手术前和其他皮肤的消毒、各种注射部位皮肤消毒、器械浸泡消毒等。碘伏之所以可以消毒,是因为细菌病毒的主要成分是蛋白质,而碘伏可以使蛋白质变性,细菌病毒失去活性,从而起到消毒的作用。

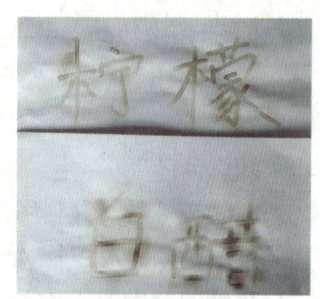

图 9-11 用火加热呈现"无字信"

11. 小小气象站

▢ 学习目标

1. 学会制作雨量器和风向标。
2. 正确使用温度计。
3. 了解温室效应产生的原理及绿色植物的光合作用。
4. 了解天气预报通常涵盖降雨量、风向、气温等因素。

▢ 实验简介

利用自己的多功能气象站观测和记录天气,这套设备包括1个风向标、1个风速表、1个温度计和1个雨量器,在瓶子里种植1株植物,还可以观测温室效应。

1. 风速表和风向标测量风。

风速表的杯状结构可以捕捉风并使风速计旋转。它旋转得越快,风速就越高。但是这个风速计不能准确地告诉你风速是多少。风向标指向风吹来的方向,你可以根据指南针估计风向标的指向。

2. 指南针有一个磁化的金属圆盘。

它的磁极标注着字母 S 和 N,表示南北方向。圆盘旋转使磁极指向地球的磁极,磁极靠近地球的地理极点。

3. 雨量计测量雨量。

漏斗接住雨水,帮助阻止管内的水蒸发,可以通过已有水的位置来计算降雨量。

4. 温度计测量空气温度。

温度计内部的特殊液体受热时会膨胀,膨胀时液体延伸到管的上方,显示出当前的温度。液体冷却后再次收缩。

▢ 材料准备

饮料瓶、塑料管、支撑柱(与矿泉水瓶口大小吻合的空心管)、温度计、支撑臂 4 个、硬纸板 1 张、铅笔 1 支、直尺 1 把、彩笔数支、剪刀 1 把、裁纸刀 1 把、饮料瓶盖 1 个、塑料小碗 1 个、胶带 1 卷、粗吸管 2 根和细吸管 2 根、乒乓球 2 个、椴木、打孔器。

▢ 安全及技术事项

1. 小心拿温度计。玻璃易碎,碎玻璃可能给人造成伤害且水银有毒挥发到空气中进入呼吸道会导致人体水银中毒。
2. 使用剪刀和打孔时注意安全。

▢ 实验过程

1. 组装气象站。

(1) 将支撑柱固定在 1 个干净的 500 mL 或 1 000 mL 的矿泉水瓶上。

(2) 找 4 根厚度约为 1 厘米的椴木木条,长短不一,便于交错安装 4 个部件。在木条的一端各钻 1 个直径与支撑柱相匹配的孔,另一端孔的直径大小根据实验中自己选择的风向标、指南针、雨量器和温度计的大小而定,进行钻孔,做成 4 个规格不同的支撑臂。

(3) 自制雨量器。在白纸上绘制 10 cm 长度的刻度,最小刻度为 1 mm。将刻度纸条剪下来贴在规格为 15 mm×150 mm 的试管上,在试管中倒入自来水,直至零刻度线处(由于试管底部有一定弧度会影响测量结果,每次测量前需要标记零刻度线),并用支撑臂将自制雨量器固定在支撑柱上。

(4) 自制风向标。①取 2 根粗吸管,1 根细吸管,将吸管的尖端全部剪掉,在其中一根粗吸管上剪下 3.5 cm,从中间竖着剪开至一半,将剪好后的开口打开,包裹在另一根粗吸管中间,并用胶带粘好,在长吸管两端竖着各剪开 1 cm 长的口子,把一根细吸管一分为二,分成两根小吸管。在每根小吸管的两端竖着各剪开一个 1 cm 长的口子,再在每根小吸管的中间,用剪刀剪开一个 1 cm 开口,将开口串在另一根完整的细吸管上,然后在长吸管的下方,用剪刀剪开一个 1 厘米长的口子,把做好的横向粗吸管,套在竖着的细吸管上,风向标的骨架制作完成。②下面来做箭头和 4 个方向牌,先用瓶盖在硬纸板上画出 4 个圆,在圆里,用英文字母标出 4 个方向,用不同颜色的彩笔把 4 个方向涂上色,然后把 4 个圆剪下来,另在硬纸板上画 1 个长方形,把长方形中间横着画一道,再竖着画一道,画 4 条斜线,画出方向标前面的那个箭头,在尾部再画 2 条斜线,画出后面的箭头,用彩笔涂上颜色,然后用剪刀剪成一大一小 2 个箭头,把 4 个方向牌和这 2 个箭头分别插在架子上的裂口里,1 个漂亮的能转动的方向标就做完了,检查风向标是否转动自如。用支撑臂将自制风向标固定在支撑柱上。

(5) 自制风速计。将乒乓球平均分成两半作为风速计的叶片,将风速计的叶片插入风速计中轴上,用支撑臂将自制风向标固定在支撑柱上。

(6) 用支撑臂将适当大小的温度计固定在支撑柱上。

(7) 在瓶子里种植物。准备一些堆肥、砾石和室内植物,把这个瓶子从气象站拧下来,用剪刀或手工刀剪掉瓶子上 1/3 的部分。在瓶子底部放入约 2 cm 的砾石,然后在瓶子里装满约 1/3 的堆肥,小心地将一两株植物的根部插入土壤,压实它们周围的土壤,用胶带重新封好瓶子。

(8) 成品类似于图 9-12(注:此图片来源于学生科教 DIY 小小气象站知识套装)。

2. 操作。

(1) 为气象站找个开放的地方,不避风,不被树遮盖,放在平坦坚实的地面上,转动它,让温度计朝北(这样可以防止阳光照射到液泡上,从而给出错误的空气温度读数)。

图 9-12 小小气象站

(2) 每天从仪器上读取 1 次读数,一定是每一天的同一时间读取,这样就可以比较第一天和第二天的天气。

①风速计:风速计没有刻度,但通过观察它,你可以判断风是平静的、轻风、微风还是

大风,记录下你的数据。

②风向标:看着指南针,估计风向标上的箭头指向哪个方向(北、西、东、南等),把数据记录下来。

(3) 在笔记本上做个表格,每天1行6列,分别是日期、降雨量、温度、风力、风向和备注。

(4) 把数据和当地天气预报比较一下,看看数据是否准确。

(5) 可以试着记录1天内的天气变化。每小时记录1次数据,在表格中写下时间和读数。

■ 知识链接

在阳光明媚的日子里,你可以用这个瓶子测试温室效应。把瓶子里植物移出来,把气象站放在阳光充足的地方几分钟,注意温度计上的温度,然后从支撑臂上取下温度计。从支撑柱上取下瓶盖。将1根线系在温度计上,将温度计放在瓶中几分钟。拿出温度计再读一遍,会发现读数上升了,这是因为瓶子吸收了一些来自太阳的热量,这些热量使里面的空气变暖。

这个塑料瓶会吸收太阳的热量,来自太阳的热射进入瓶子,加热里面的空气,但是里面的热无法逃逸。这种效应被称为温室效应,因为温室就是这样吸收热量。

地球大气中的气体吸收热量的方式与塑料瓶相似。二氧化碳是其中一种气体,燃烧汽油和天然气等燃料会向空气中排放二氧化碳,从而增加了空气中的热量,这就是众所周知的全球变暖的原因之一。

全球变暖正在改变地球,气候正在缓慢变化,气温上升使两极的冰融化,在未来,全球变暖可能会带来更多极端天气事件,如飓风和洪水。

12. 热风轮

■ 学习目标

1. 了解空气的受热膨胀,认识风能。
2. 指导空气的对流可以形成风。

■ 实验简介

点燃蜡烛,热风轮自动旋转起来;熄灭蜡烛,热风轮就停下来。你知道这包含了什么原理。觉得有趣吗?想自己试一试吗?

空气占据体积,空气受热膨胀,比重变小。当蜡烛被点燃,风轮内的空气因为受热而变得更轻并向上升,这些空气会从风轮的顶部溢出。同时,风轮下面和周围的冷空气也会进入风轮,形成一个对流的循环,这样就能够推动风轮的旋转。

■ 材料准备

边长60 cm的正方形框(可以是乐高积木)、蜡烛、双面胶、铆钉(根据正方形框自行选择可将铁丝固定在正方形框上的材料)、笔芯头、细铁丝、暗扣、硬卡纸、直尺、铅笔。

■ 安全及技术事项

在使用细铁丝和图钉时小心扎伤手。点燃蜡烛前注意周围不要有易燃易爆的物品,避免引起火灾。

■ **实验过程**

1. 取适当长度的 2 张硬卡纸,分别留出 1 cm 长的"舌头"用于连接,剩余部分平均分成三等份,围成六面体,每个面开 1 个长方形小孔,作为风筒(如图 9-13)。剪有 1 个六边形,每个面上开 1 个梯形小孔,作为风轮(如图 9-14)。

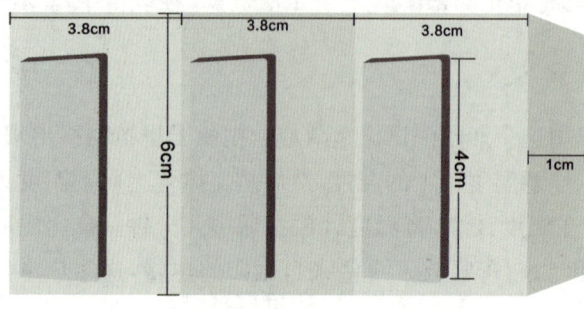
图 9-13　风筒尺寸图

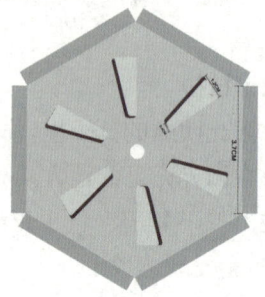
图 9-14　风轮尺寸图

2. 用双面胶把风轮和风筒粘贴好,记得把风轮每个面上的小孔和风轮上的小孔拨开。

3. 将细铁丝折成⌐形状,铁丝的一端需稍微打磨便于插进笔芯孔中,作为铁丝架,并在铁丝架上面安装笔芯头,将组装好的风轮和风筒放置在铁丝架上。

4. 点燃蜡烛放置在风筒下方即可观察到风轮的转动。

■ **知识链接**

1. 风力可以将植物的花粉、种子进行传递,协助它们进行授粉与繁殖。风媒植物指借风力为媒介进行传粉的植物,风媒植物约占有花植物总数的约 1/5,木本植物中的桦树、榛树、栎树、杨树等,草本植物中的水稻、苔草、车前等都是风媒植物。

2. "风能"分布广泛,是取之不尽用之不竭的绿色能源。利用风能发电,可减少化石能源的利用,减少环境污染,保护环境。

13. 日晷、太阳高度

■ **学习目标**

1. 知道太阳高度角的概念,并学会如何测量太阳入射角度。

2. 通过对太阳下影子的变化观察,了解古人计时的方法。

■ **实验简介**

众所周知中午时刻太阳处于我们头顶正上方,那其他时刻太阳处于什么位置呢？能不能根据太阳的位置判断时间呢？在古代并没有钟表,人们是如何利用太阳来计时的呢？让我们一起来制作一个既能测量太阳高度又能计时的组合器材吧。

■ **材料准备**

2 片直径 8 cm 的圆形卡纸、1 根牙签、正方形固定地板、立柱、销子(固定地板、立柱、销子可以从乐高积木中获取)、指南针、双面胶、直径 3 cm 的圆形塑料片 2 个、空心扣、长方形塑料片。

■ **安全及技术事项**

在给 3 cm 的圆形塑料片挖成十字形框时要选择合适的工具并注意安全。

■ **实验过程**

1. 将两张直径 8 cm 的圆形卡纸中间分别根据销子的大小钻孔,并用量角器标注如图 9-15 和图 9-16 所示的数字和 12 个时辰,一个用于测量太阳高度的底盘,一个为晷面。

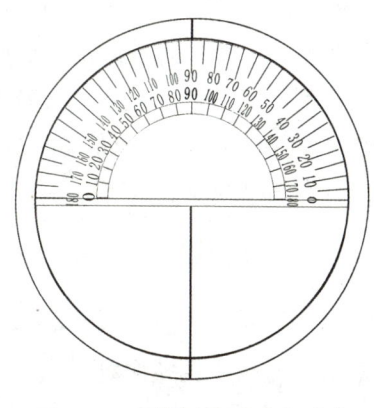
图 9-15 测量太阳高度角底盘

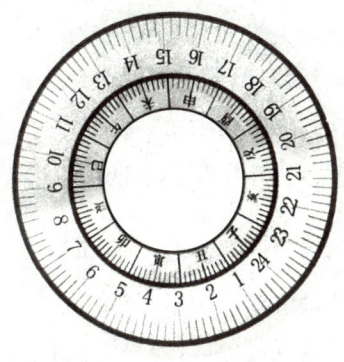
图 9-16 晷面

2. 将一个圆形塑料片挖空成十字形框,另一个圆形塑料片中间根据空心扣的大小钻孔并根据十字形框的方向制作十字形痕迹,作为承影板。

3. 取长 9 cm、宽 1 cm 的长方形塑料片中间根据销子的大小钻孔,两端与十字形框和承影板相链接,注意十字形方向一致。

4. 将测量太阳高度的圆形卡纸和长方形塑料片连接条用销子固定在立杆上,在室外调整十字形框使它的影像与承影板上的十字形状吻合就能得到太阳的高度了。

5. 将晷面用空心扣固定在承影板上,注意调整晷表上数字"24",使"24"处于表盘正上方。

6. 将牙签插在空心扣上,形成日晷,用于计时。调整牙签指向使其朝正北方,调整长方形塑料片连接条角度,使其与所在城市维度一致。

■ **知识链接**

太阳高度角指太阳光的入射方向和地平面之间的夹角。12:00 时太阳的高度是一天中的最大太阳高度。当太阳高度角为 90°时,太阳辐射强度最大;太阳斜射地面程度越大(即太阳高度角越小),太阳辐射强度就越小。

日晷的工作原理:在一天中,被太阳照射到的物体投下的影子在不断地改变着。影子的长短在改变,早晨的影子最长,随着时间的推移,影子逐渐变短,一过中午它又重新变长。影子的方向在改变,在北半球,早晨的影子在西方,中午的影子在北方,傍晚的影子在东方。

从原理上来说,根据影子的长度或方向都可以计时,但根据影子的方向来计时更方便一些。故通常都是以影子的方位计时。由于日晷必须依赖日照,不能用于阴天和黑夜。因此,单用日晷来计时是不够的,还需要其他种类的计时器,如水钟,来与之相配。

14. 自制经纬仪

■ **学习目标**

通过简单的制作,借助基础的实践,学生掌握了有关经纬网的基本概念,并且可以辨认出经纬线,理解经纬度,以及对于东、西、南、北四个半球的界定。

■ **实验简介**

经纬仪(Theodolite)是用来量度赤经、赤纬的。在茫茫大海中,当一艘正在行驶的船只遭受威胁或迷失方向需要紧急救助的时候,首要的任务便是告诉救助者该船的精确地点。通过测量经纬度,我们可以在广阔的海面上找到该船的精确地点。这样做的主要优点便是可以使我们更清晰、直观地找到一个事物的真正地点。经纬仪的重要性在生活、工作上都有着非常重要的作用。你是否也想拥有一个经纬仪呢?

■ **材料准备**

厚点的白纸、红笔和黑笔、直尺、竹签、剪子或裁纸刀。

■ **安全及技术事项**

纸条不可以反复穿插,容易因孔洞过大而脱出,尽量减少调整次数。

■ **实验过程**

1. 如图 9-17,纵向的红线表示经线,并标注度数。横向的黑线表示纬线,以赤道为界,上、下部各平均分成三等份,在 0°经线的纸条上标注了 30°、60°、90°(北纬和南纬)。纵向所有黑线和横向最上面、最下面的黑线是切割线。图中黑点是竹签穿过的位置。请根据竹签的大小自己确定纸条的大小。

2. 顶部、底部两条和沿纵向的所有黑线裁剪。

3. 按制作的先后顺序将纸条重新排序,并标注①—⑪号(如图 9-18),防止弄错。

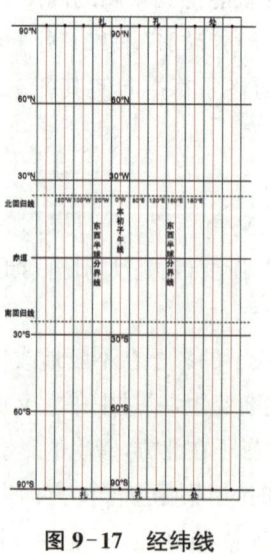

图 9-17 经纬线

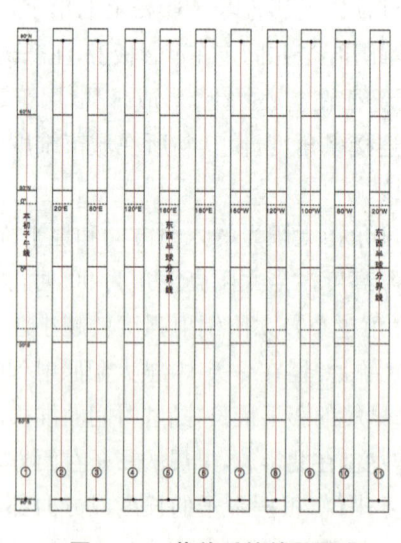

图 9-18 裁剪后的效果图

4. 把竹签穿过 1 号纸条的底部的黑点。

5. 按①—⑪的顺序依次穿到竹签上，同时按照纸条上写的经度大致分开适当的角度。

6. 底部穿完后穿纸条顶部，注意此时的顺序应该是⑪—①反着穿。顶部穿好后，调整好各纸条的位置。简易的经纬仪（地球仪）就完成了（如图 9-19）。

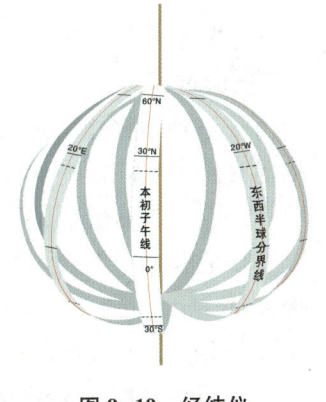

图 9-19 经纬仪

■ **知识链接**

经纬仪是一种基于角度测定的工具，主要用于测定水平与垂直的角度，它可以分为光学经纬仪与电子经纬仪两类，其中电子经纬仪的使用频率较高。

原始的经纬仪技术和航海活动之间存在紧密的联系。一些先进的国家，如英国、法国，在 15~16 世纪，由于航行和军事的需求，必须创作出多样的地理、海洋地图。三角测量法最初被用于地图绘制，其基本原理是根据两个已知点的观测数据来确定远处第三点的位置。然而，由于缺乏适当的测量设备，角度测量的方法受限，精度也不尽如人意，因此，所绘制的地形图的精度也相对较低。经纬仪的出现不仅提升了角度观测的准确性，也简化了测量和计算的步骤，同时也为地图绘制提供了更精确的数据。后来，经纬仪在各类工程建设中得到了广泛的应用。英国机械师西森（Sisson）在 1730 年率先开发了一种名为经纬仪的设备，并在此基础上做出了优化，最终在英国的土壤测定领域得到了应用。在 1904 年，德国启动了制造玻璃度盘经纬仪的工作。在 60 年代，由于电子科学的进步，诞生了电子导航仪。基于此，70 年代成功研发出电子测速仪。

15. 模拟雨

■ **学习目标**

1. 熟悉酒精灯的正确使用方法。
2. 通过模拟降雨形成的过程能简单阐述为什么会产生"降雨"现象。

■ **实验简介**

水在大气中广泛存在，在大自然界中不停旅行，并以不同的形态出现，有时成为雪，有时成为露，有时变成雨从天而降。在日常生活里，我们经常利用人工方式来减轻或者消除农田的干旱，提升水库的灌溉和供应的能力，甚至增加发电的数量。那么，雨的产生过程又是如何进行的呢？让我们一起来通过模拟雨的形成过程探究一下吧。

当水蒸气在上升的过程中遇到寒冷环境时会转化为小水滴，而随着小水滴的累积，它们最终会转化为更大的水滴。由于受到重力的影响，这些更大的水滴最终会掉落，从而产生降雨。

■ **材料准备**

酒精灯、三脚架、石棉网、烧杯、培养皿、保鲜膜、火柴、橡皮筋、冰块、取冰夹、干抹布、常温水、水槽、计时器。

■ **安全及技术事项**

在操作时小心热水烫伤。

■ **实验过程**

1. 选取酒精灯、三脚架、石棉网、烧杯作为实验器材,将三脚架放置在酒精灯上方,石棉网放置在三脚架上,烧杯置于石棉网上,将装置搭建完成。

2. 将培养皿置于烧杯中作为雨形成后的收集容器。

3. 在烧杯中倒入大约 60 mL 水,撕取适量的保鲜膜覆盖在烧杯口上,用橡皮筋固定保鲜膜。

4. 用取冰夹夹取适量的冰块,放置在培养皿的正上方。

5. 点燃酒精灯,给烧杯中的水加热,待保鲜膜上有水珠形成时,开始计时,观察保鲜膜底部观察看到的现象,以后每隔 2 分钟观察一次保鲜膜底部并记录观察到的现象。

6. 解释实验现象:在一定的时间内保鲜膜底部凝结的小水珠越来越多,最后变成小水滴在重力的作用下滴落下来。

■ **知识链接**

1. 人工降雨的定义。

人工降雨又称人工降水,是指根据自然界降水形成的原理,人为补充某些形成降水的必要条件,促进云滴迅速凝结或碰撞并增大成雨滴,降落到地面的过程。其方法是根据不同云层的物理特性,选择合适时机,用飞机、火箭向云中播撒干冰、碘化银、盐粉等催化剂,使云层降水或增加降水量。中国最早的人工降雨试验是在 1958 年,吉林省在这年夏季遭遇到 60 年未遇的大旱,人工降雨获得了成功。

2. 人工降雨有什么注意事项。

(1) 人工降雨只有在一定的自然云的条件下才能获取所需的增加水量的结果,技术条件还无法做到人工造雨。

(2) 对于不同条件的云进行同样的催化作用,可能会得出正、反两种不相同的结果。所以为了获得增雨效果,必须对自然云条件和降水过程进行更深入的探测研究。

(3) 人工降水已从初期的试验研究,逐步转为有严格设计、多种探测手段及作业技术现代化与通信等相结合的试验应用技术,成为我国及不少国家的抗旱减灾的措施之一。

16. 木工小匠制作粉笔盒

■ **学习目标**

1. 通过制作实践活动,设计需要的粉笔盒模型,提高综合能力,学会木材加工的方法。
2. 知道模型及其功能,理解模型制作在产品设计中的作用。
3. 体验到劳动的乐趣,掌握独立解决问题的能力,具备工匠精神、环保意识、创新意识。

■ **实验简介**

粉笔是课堂的好帮手,通常由纸质的盒子包装,但其在使用中很容易被损坏,导致粉笔散落在讲台,不仅影响桌面美观,还会影响我们的上课效率。每件物品的设计制作都要

230

与其功能相适应,请你思考如何设计制作一个耐用的粉笔盒。你的粉笔盒有哪些功能呢?让我们一起设计粉笔盒,帮助班级收集粉笔,把讲台变干净吧。

■ 材料准备

木材(中密度纤维板)、锉刀、砂纸、锯齿、手套、木工胶、铅笔、小型切割机、胶带、角尺等。

■ 安全及技术事项

1. 掌握木工专业知识和一些操作技巧,木材加工时保护自己,避免手碰到锯齿类器材。
2. 使用胶水时仔细认真,避免胶水碰到手或眼睛,一旦碰到,及时用清水清洗。

■ 实验过程

1. 绘制设计图。

学生精准绘制粉笔盒设计图(如图9-20),分别标出粉笔盒的5个面对应的长和宽。

2. 画线。

学生佩戴木工手套,根据设计图在板材上画线,部分连接处的尺寸稍微画得大一点儿,后期可以二次加工。画线时要利用角尺,以1条平直的边为基准,将垂直线、平行线画准确。

3. 切割木材。

学生根据画好的线,在老师或家长的指导下利用小型切割机,或者用锯齿锯掉多余的木材,再用锉刀和砂纸磨平木板,保证木板边缘光滑且尺寸精准。

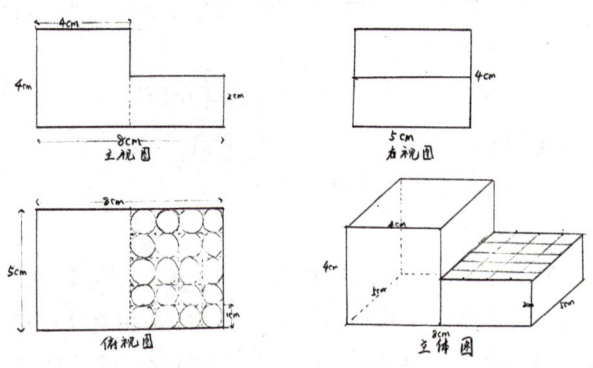

图9-20 粉笔盒的三视图(比例尺1∶3)

4. 组装拼搭粉笔盒。学生将切割的5个面进行组装,使用木工胶将木板进行组合拼接,等待胶干的过程中不要移动粉笔盒,可以用胶带先帮忙辅助固定。动手能力强的学生可以运用简单的榫卯结构,如一个面呈凹字形,一个面呈凸字形,将两块板牢固地组合在了一起。

5. 填缝。木头和木头之间出现了空隙,学生可以采用切割小木块把缝隙填充或者尝试借助打磨工具耐心地进行打磨直到合适的厚度。

6. 装饰。粉笔盒完成后,学生可在木材上画图案、涂色、粘装饰品来装饰粉笔盒。

7. 改进。可在粉笔盒中增加一些圆形孔槽,这样粉笔都是立起来的,取用粉笔时会更加方便。

■ **知识链接**

榫卯结构是极为精巧的发明,是木件之间多与少、高与低、长与短之间的巧妙组合。中国古建筑以木材、砖瓦为主要建筑材料,以木构架为主要的结构方式,各个构件之间的结点以榫卯相吻合,没有用到钉子,更没用到胶水,构成富有弹性的框架。榫卯是在两个木构件上所采用的一种凹凸结合的连接方式。凸出部分叫榫,凹进部分叫卯,榫和卯咬合起到连接作用。

17. 花朵小夜灯

■ **学习目标**

1. 通过连接组装电路,进一步认识用电器、电源等结构。
2. 掌握动手实践的技能,学会使用常见的电子元件来组装符合一定用途的产品。
3. 通过实践活动,提升审美能力和创造美的能力。

■ **实验简介**

日常家中夜间有时需要微弱的灯光进行照明,你能设计制作一个简易的小夜灯帮助照明吗?LED灯带是常见的用电元件,它经常被安装在室外黑暗的地方进行照明,一些用电元件的合理使用可以增加氛围感,给人类带来方便。

■ **材料准备**

LED迷你灯带、纽扣电池3节、自制小花瓣、小花瓶、胶棒、热熔胶枪等。

■ **安全及技术事项**

1. 在安全电源下连接LED灯带,不能与家庭电源相连接。
2. 制作过程中仔细梳理灯带,避免灯带过长而打结。
3. 使用热熔胶枪加固时,注意防烫伤。

■ **实验过程**

1. 收集器材。选择合适长度的LED迷你灯带,被装饰的物品可以是不发光的物体且容易被LED灯点亮,也可以是一些小功率的发光物体,在电路中进行串联。

2. 绘制设计图。设计符合要求的电路图,将LED每一个小灯串联在一个电源下,使电路形成通路。

3. 安装灯带和花瓣。将花瓣串在LED灯带上,每安装好一个花瓣通过灯带的扭转进行固定。

4. 安装电池,检查整个电路是否存在故障,每一束花瓣是否被照亮。

5. 装饰小夜灯。当花瓣都安装完以后,用热熔胶枪将花瓣的枝条定型,组装上简单的叶子,固定在花盆中(如图9-21)。

图9-21 小夜灯

■ 知识链接

发光二极管是一种电子元件,简称 LED。它的两根引脚中较长的为正极,较短的为负极。LED 灯带是利用发光二极管作为光源,具有亮度适当、功耗很低、非常节能、使用寿命很长的特点,而且可以制成红、绿、黄、橙、蓝等多种颜色,还可以展示变色效果。

18. 迷你扫地机器人

■ 学习目标

1. 通过尝试设计和制作扫地机器人的简化实物模型,了解其中的部分科学原理。
2. 通过观察、思考、创造、绘画等途径提高动手能力。
3. 乐于尝试多种方案,初步具备科学思维。

■ 实验简介

现代化家庭中的智能家用电器有很多,最常见的就是扫地机器人,又称机器人吸尘器,能凭借一定的人工智能,自动在房间内完成地板清理工作。一般采用刷扫和真空方式,将地面杂物先吸纳进自身的垃圾收纳盒,从而完成地面清理的功能。

你能不能制作一个迷你扫地机器人,帮助我们清理小范围的地面?

■ 材料准备

电池盒、电池、双面胶条、双面胶、马达、皮带轮、棉条、腰封、KT 板、圆规、剪刀等。

■ 安全及技术事项

KT 板材质较脆,使用时轻拿轻放,小心用力过猛造成折断。配件较小易误入口鼻。

■ 实验过程

1. 用圆规在 KT 板画 2 个稍微大一点儿的圆形(如图 9-22),作为扫地机器人的顶板和底板,圆心处挖个洞作为马达孔位。制作 3 个卡扣备用,将电池盒、2 根电线穿过 KT 板的上孔位,并用胶条将电池盒固定在顶板上。电池盒的位置影响机器人的运动轨迹。

2. 将电池盒电线两端分别接入马达铜片孔拧紧。电池提供电能,电动机将电能转化为机械能。

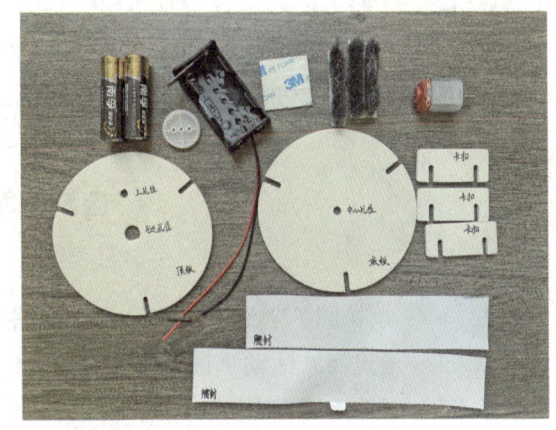

图 9-22 扫地机器人零件

3. 将马达后方卡入顶板中心马达孔位置。

4. 将三根棉条依次粘在机器人底板上。

5. 将底板中心孔对准马达中心轴插入,并将皮带轮(如图 9-22 中的白色圆片)旁边孔位插入马达中心轴。当机器人绕着圆心旋转时会产生向心力,当物体的惯性运动大于向心力时,就会摆脱中心束缚力离心而去,形成新的轨迹。

6. 在机器人顶板、底板对准相应卡扣卡入3块固定拼板,将马达位置固定紧(如图9-23)。

7. 用双面胶将两条腰封粘在机器人外围一圈,并装好电池。

8. 安装电池,打开开关,观察、测试扫地机器人的运动轨迹和清扫情况。

9. 通过以下措施可对机器人进行改进。在制作完成的扫地机器人表面画一些图案作为装饰;增加其吸灰尘、存小垃圾和纸屑的结构,就更便捷了。

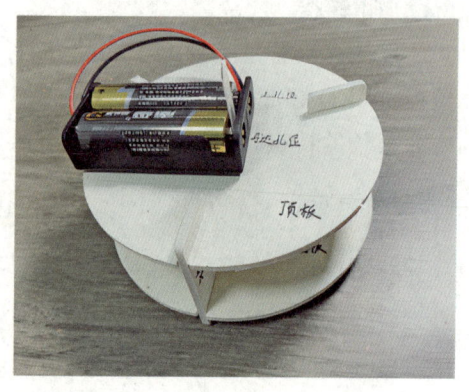

图9-23 扫地机器人半成品

■ 知识链接

现实生活中扫地机器人的机械部分主要利用的是齿轮传动和皮带传动的原理。皮带传动亦称"带传动",是机械传动的一种。由一根或几根皮带紧套在两个轮子上组成,两轮分别装在主动轴和从动轴上,利用皮带与两轮间的摩擦,以传递运动和动力。齿轮传动是指由齿轮传递运动和动力的装置,它是现代各种设备中应用最广泛的一种机械传动方式。它的传动比较准确,效率高。

家庭中扫地机器人的使用注意事项,如果不是干湿两用的扫地机器人千万不要吸水。一般不要长时间在潮湿的环境下使用扫地机器人,以免电机受潮发生短路起火。不要把火柴、烟头等易燃物品吸入扫地机器人,更严禁在易燃易爆的危险场合使用扫地机器人,以免引起火灾爆炸事故。每次使用时间不宜过长,如果机身过热,应该停止一段时间再使用,防止电机过热而烧毁。扫地机器人每次工作完毕会自动回到充电座充电,等待下次定时预约清扫时启动自动清扫。如果长期不使用扫地机器人,要将电源线从插座上拔下,将扫地机器人的电池取出并整理好,收藏在干燥的地方。

19. 自制弹簧测力计

■ 学习目标

1. 了解物体重力与质量的关系,树立数据意识。
2. 能够通过实践活动掌握制作弹簧测力计的工艺。
3. 能够设计方案,利用弹簧及其他材料和工具做成一个测力计,并利用自制测力计测量物体的重力。

■ 实验简介

弹簧测力计在学校的实验室中很常见,它作为一种测量工具,是小学阶段学生必须掌握的测量工具之一。本实验聚焦课程标准中"物质的运动与相互作用"这一核心概念,学习制作弹簧测力计,为后面有关力的探究奠定基础,有助于学生形成系统与模型等跨学科概念。

我们周围存在很多具有"受力大,伸长长"特点的物品,你能利用这些物品做成弹簧测力计吗？

■ **材料准备**

弹簧（弹性较大）或橡皮筋、长条形木板、若干50 g钩码或者已知重量的物体（如50 g鸡蛋、250 mL牛奶）、回形针、棉线、钉子、锤子、笔、尺子、白纸、胶、砂纸等（如图9-24）。

■ **安全及技术事项**

使用钉子、锤子等工具时注意安全。若木板出现木刺时，可用砂纸打磨，避免划伤。

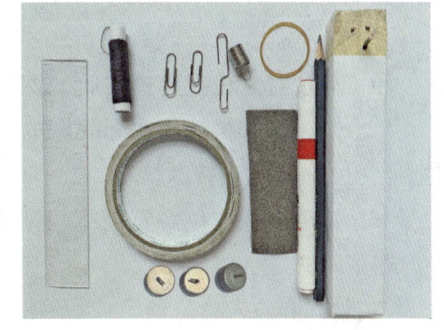

图9-24 自制弹簧测力计零件

■ **实验过程**

1. 认识测力计。

熟悉测力计的构造和正确使用方法，可以选择生活中常见的器材进行制作。

2. 制作测力计（如图9-25）。

（1）将长条形木板垂直放置，用胶将白纸贴在木板上。（2）将钉子钉在木板上端，在钉子上挂弹簧或橡皮筋，在钉子两侧绕多匝棉线，避免弹簧滑动，让其自然下垂，在它的最下端涂上红色，红色对应木板的位置标记为0刻度。（3）把回形针掰成S形。在弹簧或橡皮筋的下方挂S形回形针，在回形针下端挂一个50 g钩码后，弹簧的最下端红色对应的位置为0.5 N（0.1千克力约等于1 N），逐个增加钩码，每次增加完仍重复上述步骤做对应的标记1 N、1.5 N等，注意不能一直增加钩码，每个弹簧测力计都有最大量程。（4）将每两个0.5 N的标记之间平均分成5个小格，每个格子代表0.1 N。

图9-25 自制弹簧测力计

3. 调整测力计。

在制作好的弹簧测力计上，悬挂已知重量的物体，检测自制弹簧测力计的误差。

4. 改进测力计。

可采用将弹簧测力计各分度值标清晰，将橡皮筋末端贴上菱形标志代表指针等方法。

■ **知识链接**

物体的质量是物体所含物质的多少。常用的质量单位是千克（kg）、克（g）等，实验室中常用天平测量物体的质量。物体的质量不随位置变化而变化，如地球上的物体被航天员带到太空中，质量不变。测力计的种类有弹簧测力计、握力计、拉力计等。弹簧测力计的种类有条形盒测力计、平板测力计、圆筒测力计等。物体所受重力的大小可以用弹簧测力计来测量。

20. 水位报警器

■ **学习目标**

1. 通过对水位报警器实验的探究，了解水位报警器的知识。

2. 知道跨学科解决实际问题的方法，并尝试解决实际问题。尝试制作简单展示模型把科学原理转化为技术。

3. 知道工程物化需要经历"明确问题、设计方案、实施计划、检验作品、改进完善、发布成果等"过程。

■ **实验简介**

生活中，我们有时候会忘记关水龙头或者发现水管漏水等情况，导致水资源浪费甚至引发危险。你能设计并制作一个水位报警装置吗？在水位上升到一定程度时，该装置能够通过发光发声的方式向周围人传递水位消息。

学生需要经历明确问题、设计方案、实施计划、检验作品、改进完善、发布成果等过程。水位报警器利用水能导电，电流通过三极管将电流放大，蜂鸣器发声，从而实现了发出警报的效果。

■ **材料准备**

导线、蜂鸣器、LED 灯、快接、三极管、裸铜线、干电池、电源盒、杯子、水、双面胶等。

■ **安全及技术事项**

使用剪刀剥去导线线皮时，动作轻缓，注意避免剪伤内部导线和剪到自己。水位报警器的电源是电池，不可与家庭电源相连接。

■ **实验过程**

1. 发现问题。

周围存在很多需要水位报警器的物品，如水池、直饮水机。

2. 思考水位报警器的功能需求。

水位报警器能在水位上升时及时报警，电池更换方便，报警水位可调节，对用电元件有保护作用，体积尽量小巧，方便安装。需尽量控制产品所需成本。

3. 设计水位报警器（如图 9-26）。

发出信号的部分由导线、电源、蜂鸣器、三极管、发光二极管等组成。

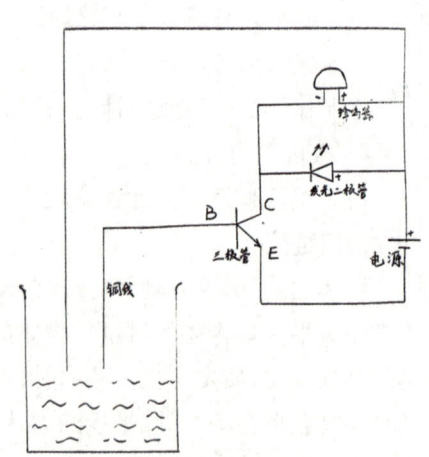

图 9-26 水位报警器设计图

4. 制作水位报警器。

用剪刀把蜂鸣器的导线剥去线皮。将 LED 灯插进快接中，长脚为正极，短脚为负极。将蜂鸣器、电池盒导线插入快接，注意正负极。将三极管 C 折弯插进快接，三极管具有电流放大作用。将裸铜线插入快接,用双面胶把快接粘在杯子上。最后装上电池,打开开关。

5. 检验水位报警器。

将水逐渐倒入杯子中,杯子里的水慢慢上升接触到探测线铜线时,电流通过三极管将电流放大,通过水来传递,电流导到蜂鸣器和发光二极管上。通过蜂鸣器的发声和发光二极管的亮度变化实现了报警的效果。

6. 展示并完善水位报警器。

各组交流各报警器之间的优缺点。

7. 改进。

如果水位警报可分不同高度的水位发出不同信号就能更准确地预警了,尝试采用多个不同颜色的发光二极管来辅助。

知识链接

根据导电能力通常把物体分为导体、绝缘体和半导体。容易导电的物体叫导体,常见的导体有金属、石墨、人体、大地和酸碱盐的水溶液。导体之所以容易导电,是因为导体中有大量自由移动的电荷。

发生洪水时,通常有充分的警戒时间。首先应在门槛外垒起一道防水墙,最好的材料是沙袋,用麻袋、塑料编织袋、米袋或面袋装入沙石、碎石、泥土、煤渣等,然后再用旧地毯、旧毛毯、旧棉絮等塞堵门窗的缝隙。